第三版

擬律判断 刑法編
ハンドブック

～急訴事案への適切・迅速な対応のために～

安冨　潔　編著

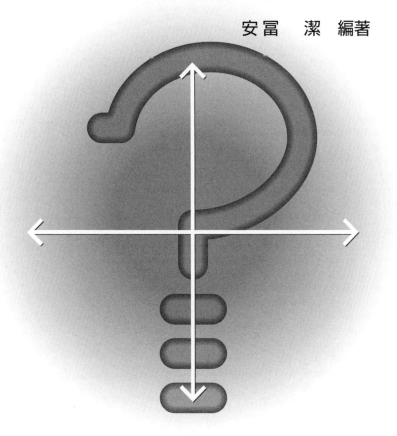

東京法令出版

第三版にあたって

　改訂版刊行後、「情報処理の高度化等に対処するための刑法等の一部を改正する法律」（平成23年法律第74号）や「自動車の運転により人を死傷させる行為等の処罰に関する法律」（平成25年法律第86号）、「刑法等の一部を改正する法律及び薬物使用等の罪を犯した者に対する刑の一部の執行猶予に関する法律」（平成25年法律第49号、平成25年法律第50号）など時代に即した重要な規定の刑法の一部改正がなされ、増刷にあたって補訂等してきました。

　また、平成29年「刑法の一部を改正する法律」（平成29年法律第72号）では、近年における性犯罪の実情等に鑑み、強姦罪の構成要件及び法定刑を改めて強制性交等罪とするとともに、監護者わいせつ罪及び監護者性交等罪を新設するなどの処罰規定の整備を行い、あわせて、集団強姦等に関する規定及び強姦罪等を親告罪とする規定を削除するなどした改正がなされています。

　これらをふまえて、今般、平成29年の改正を反映させるとともに新しい判例を追加することとして全体を見直し、第三版として刊行することとしました。

　現場で活躍されるみなさまの擬律判断の一助となれば幸いです。

　なお、第三版刊行にあたって、企画編集部の野呂瀬裕行様、若月みさ様には編集で大変ご尽力いただきましたことに感謝申し上げます。

　令和4年2月

安冨　潔

改訂にあたって

社会情勢が著しく変化するなかで第一線で活躍される警察官のみなさんのお役にたてばと急訴事案への適切・迅速な対応のために本書を刊行して5年が経ちました。その間、裁判員裁判が始まり被疑者国選弁護人制度も定着しつつあるなかで、新判例も登場したことから、これらを取り込んで改訂版とすることにしました。大きな変更点は、刑法総論の重要な論点や用語解説を加え、各本条について被疑者国選弁護人制度対象事件・裁判員制度対象事件をアイコンで示したことです。

これまで同様みなさんの擬律判断に少しでもお役にたてば幸いです。

平成22年7月

安冨　潔

増刷にあたって

増刷にあたり、補遺として「情報処理の高度化等に対処するための刑法等の一部を改正する法律」（平成23年法律第74号）の改正要点を登載しました。今後、適用事例の集積に伴い、裁判例も登載したいと考えております。

平成24年9月

安冨　潔

増刷にあたって

増刷にあたり、「自動車の運転により人を死傷させる行為等の処罰に関する法律」（平成25年法律第86号）の解説を登載しました。また、「POINT」解説に「刑の一部執行猶予制度」の要点を加えました。今後、新法の適用事例の集積に伴い、裁判例も登載したいと考えております。

平成28年7月

安冨　潔

はしがき

　昨今の犯罪情勢の凶悪化、巧妙・複雑化はわが国の治安に大きな影響を与えています。

　このような状況にあって多発するさまざまな犯罪に対して敢然と立ち向かっていかれる警察官のみなさんの活躍は市民にとって「安全・安心なまち」に暮らせることの慶びを感じさせてくれます。

　さて、このたび第一線で任務を遂行する警察官のみなさんが、急訴事案に的確に対応するために刑法上の擬律判断のポイントをまとめたものを出版できないだろうかという要望を受け、本書を上梓することとしました。

　本書はそうした意味で「刑事」のプロを対象としたものではありません。もっぱら、交番勤務や宿直等で刑事事件の急訴を受けたときに、担当者がまず適切で迅速な対応ができるようにと配慮したものです。そこで、刑法典に定められているすべての犯罪について取り上げるのではなく、発生頻度の高いと思われる犯罪や迅速な判断が求められる犯罪を中心として解説しています。また、擬律判断に必要なそれぞれの犯罪の成立要件のポイントをわかりやすくしようと図表やチャート等を用いて記述しました（本書の性格から、見解の対立するところは、できるだけ通説・判例に添うよう心掛けました。）。ことに、実務運用という側面から、裁判例や想定質問をあげ、より確かな理解を深めてもらうようにしました。

　本書が広く利用され、適正・迅速な捜査遂行にあたって読者諸兄のなにがしかの参考となれば幸いです。

　なお、本書の刊行にあたっては、長く刑事警察に携わっておられる経験豊富な方々のご協力をいただき、また、東京法令出版株式会社の工藤敦さんと松木規江さんには、ちょうど刑法の一部改正が行われた時期での編集作業であったために国会の動きを気にしながら最後まで多大なご尽力をいただいたことをここに深く感謝申し上げる次第です。

　平成17年8月

安冨　潔

目　　次

（※の項目は、条文のみを表示しています。）

第1編　個人の法益を侵害する罪

第1章　生命又は身体を害する罪

第2章　自由、名誉又は信用を害する罪

第3章　財産を害する罪

第2編　社会公共の法益を侵害する罪

第1章　公衆の安全を害する罪

第2章　国民の健康に対する罪

第3章　公共の信用を害する罪

第4章　風俗秩序に対する罪

第3編　国家の法益を侵害する罪

第1章　国家の存亡を危うくする罪

第2章　国家の作用を害する罪

POINT一覧

凡　例

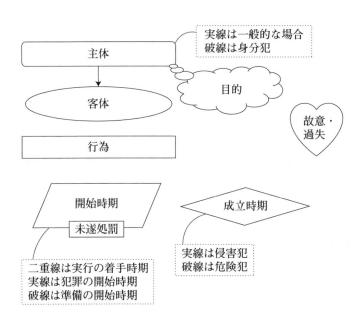

緊急逮捕が可能な罪名

裁判員制度対象事件
(取調べ録音・録画
対象事件) の罪名

親告罪の規定が
適用される罪名

―第●　○○○○罪 (△△△条)

第△△△条　○○○○○○○○○○○○○○○○○○○○○○○○○○○○○
○○○○○○○○○○○○○○○○○○○○○○○○○○

緊逮可　裁判員　親告罪

主体

実線は一般的な場合
破線は身分犯

客体

目的

故意・
過失

行為

開始時期

未遂処罰

成立時期

二重線は実行の着手時期
実線は犯罪の開始時期
破線は準備の開始時期

実線は侵害犯
破線は危険犯

擬▶ } ―擬律判断の考え方を示す。

本書で引用する判例集・文献等は、次のように略記する。

【略　語】

大判（決）　　　大審院判決（決定）

最判（決）　　　最高裁判所判決（決定）

高判（決）　　　高等裁判所判決（決定）

地判（決）　　　地方裁判所判決（決定）

【判例集略称】

刑録　　　　　　大審院刑事判決録

刑集　　　　　　最高裁判所（大審院）刑事判例集

裁判集　　　　　最高裁判所裁判集刑事

高刑集　　　　　高等裁判所刑事判例集

東高時報　　　　東京高等裁判所刑事判決時報

高刑裁特　　　　高等裁判所刑事裁判特報

高裁速報　　　　高等裁判所刑事裁判速報集

判特　　　　　　高等裁判所刑事判決特報

下刑集　　　　　下級裁判所刑事裁判例集

刑裁月報　　　　刑事裁判月報

判時　　　　　　判例時報

判タ　　　　　　判例タイムズ

【参考文献】

前田雅英編『条解刑法』［第4版］弘文堂　2020年

団藤重光編『註釈刑法』(1)～(9)補巻(1)(2)有斐閣　1964～1976年

大塚仁＝河上和雄＝中山善房＝古田佑紀編『大コンメンタール刑法』［第3
　　版］第1巻～第13巻　青林書院　2013～2021年

幕田英雄著『捜査実例中心　刑法総論解説』（第2版）東京法令出版　2009年

津田隆好『警察官のための刑法講義』［第二版補訂］東京法令出版　2021年

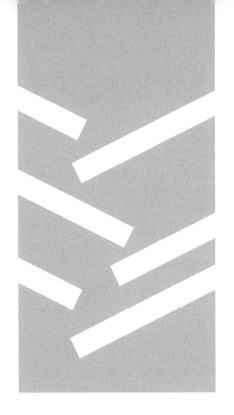

第1編

個人の法益を侵害する罪

第1章　生命又は身体を害する罪

① 殺人の罪

CHECK　殺人の罪は、人の生命という刑法の保護法益の中で最も重要な法益を侵害する犯罪で、他人の生命を故意に断絶させる行為を処罰するものである。

── 第1　殺人罪（199条）

緊逮可　　裁判員

第199条　人を殺した者は、死刑又は無期若しくは5年以上の懲役に処する。

成立要件
① 犯人（主体）
② 人（客体）
③ 殺した（行為）
④ 人の死亡（結果）
⑤ 殺意（故意）

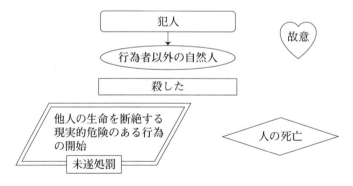

人

＊「人」とは、行為者（犯人）を除く出生から死亡までの生存している自然人をいう。

＊「出生」は、生きている胎児の身体の一部が母体から露出することをいう

（一部露出説）。

＊ 「死亡」は、心拍停止、呼吸停止、瞳孔散大という三徴候を基礎として総合的に判断する三徴候説が一般的であるが、脳機能の不可逆的喪失の時点とする脳死説も学説では有力である。

擬▶ なお、臓器の移植に関する法律では「脳死した者の身体」からの臓器の移植を認めていることから、臓器移植が関係する事案の場合には、脳死判定の証拠を収集しておく必要がある。

殺した

＊ 「殺した」とは、手段・方法のいかんを問わず、自然の死期に先立って生命を断絶することをいう。不作為・間接正犯による殺人もある。

POINT　不真正不作為犯

　作為の実行行為によって実現されることが予定されている構成要件を、不作為によって実現する場合をいう。例えば、母親が乳児に授乳しないで餓死させる場合などである。不作為が不真正不作為犯として可罰的となるためには、行為者が、①構成要件に規定された結果の発生を防止する法律上の義務、すなわち、作為義務に違反したこと、②構成要件的結果発生を防止するための作為が可能であること、③当該不作為が作為によって結果を生じさせたのと同視できる状態にあることが要件となる。

　なお、作為義務は、法令・契約・条理などのほか、先行行為や引受け行為によっても生じる。判例も、自己の過失により事務室内の炭火が机に引火し燃焼し始めているのを発見した者が、そのまま放置すれば事務所を焼損するに至ることを認識し、かつ、容易に自らこれを消火しうる状態にあるにもかかわらず、その結果の発生を認容する意思で、必要な消火措置をとることなく、その場から逃げ去ったときは、不作為による放火の責任を負うとする（最判昭33.9.9刑集12・13・2882）。

　不作為の場合にも因果関係が必要である。

　不作為犯の捜査では、①不作為による結果発生の客観的・実質的危険性について十分に証拠を収集すること、②作為犯と異なり、客観的な身体の挙動がないので、故意の立証に当たって、内心面の捜査が重要であること、③作為義務の有無について明確にしておくことに留意すべきである。

主要判例等

① 厳寒の深夜、酩酊しかつ暴行を受けて衰弱している被害者を河川堤防上に連行し、未必の殺意をもってその上衣、ズボンを脱がせた上、脅迫的言

動を用いて護岸際まで追いつめ、逃げ場を失った被害者を川に転落するのやむなきに至らせ、溺死させた行為は、殺人罪に当たる（最決昭59.3.27刑集38・5・2064）。

② 被害者が通常の意思能力もなく、自殺の何たるかを理解せず、しかも、被告人の命ずることには何でも服従するのを利用して、縊首の方法を教え、縊首させて死亡するに至らせたときは、殺人罪に当たる（最決昭27.2.21刑集6・2・275）。

③ 追死の意思がないのに、被害者を欺き、被告人も追死するものと誤信させて自殺させたとき（偽装心中）は、202条の嘱託・承諾とは認められず、殺人罪に当たる（最判昭33.11.21刑集12・15・3519）。

④ 重篤な患者の親族から治療を依頼された者が、入院中の患者を病院から運び出させた上、未必的な殺意をもって、患者の生命を維持するために必要な医療措置を受けさせないまま放置して死亡させたなどした場合、不作為による殺人罪が成立する（最決平17.7.4刑集59・6・403）。

⑤ 気管支ぜん息の重積発作により入院しこん睡状態にあった患者に、回復をあきらめた家族からの要請に基づき行われたものの、脳波等の検査を実施せず、発症から2週間の時点で、気道確保のため挿入されていた気管内チューブを抜管した医師の行為は、患者の意思に基づいていたとも治療義務が限界に達していたとも認められず、法律上許容される治療中止に当たらない（最決平21.12.7刑集63・11・1899）。

⑥ 生命維持のためにインスリンの投与が必要な1型糖尿病にり患した幼年の被害者の治療をその両親から依頼された者が、両親に指示してインスリンの投与をさせず、被害者が死亡した場合、母親を道具として利用するとともに不保護の故意のある父親と共謀した殺人罪が成立する（最決令2.8.24刑集74・5・517）。

POINT 正当防衛と緊急避難

(1) 正当防衛と緊急避難の意義

　　正当防衛は、急迫不正の侵害に対し、自己又は他人の権利を守るために、やむを得ず行った防衛行為をいう（36条1項）。正当防衛が成立すれば、違法性が阻却され、犯罪は成立しない。

　　緊急避難は、自己又は第三者の法益に対する現在の危難を避けるために、やむを得ずに行った行為で、これによって生じた害が避けようとした害の程度を超えない場合をいう（37条1項）。

　　正当防衛が「正対不正」であるのに対し、緊急避難は「正対正」となる。

(2) 正当防衛の成立要件

「急迫」とは、法益の侵害が現に存在するか、目前に迫っていることをいう。

「不正」とは、違法性があればよく、有責性は必要ない。

「侵害」とは、人の行為に限られ、災害や動物からの避難は緊急避難となる。

「やむを得ずにした行為」(防衛行為)が、必要最小限度であることをいう(相当性)。ただし、正当防衛は、不正な侵害に対する防衛行為であることから、緊急避難に必要とされる、「補充の原則」、「法益の権衡の原則」は必要とされない。

なお、防衛行為が相当な範囲を超えた場合は、過剰防衛(36条2項)となり、情状により、その刑を減軽し又は免除することができる(任意的減免事由)。

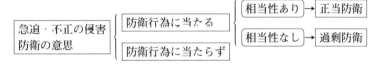

(3) 緊急避難の成立要件

「現在」とは、危難が現在し、又は切迫している状態をいう。

「危難」とは、法益侵害の危険性のある状態をいい、人の行為に限られない。

なお、緊急避難では、その避難行為が唯一の手段であり、真にやむを得ない行為であったこと(「補充の原則」)、及び価値の小さい法益を救うために価値の大きな法益を害することは許されない(「法益権衡の原則」)という相当性が要件とされる。

この緊急避難の相当性を欠く場合には、過剰避難(37条1項但書)として、情状により、その刑を減軽し又は免除することができる(任意的減免事由)。

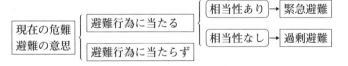

正当防衛行為でなくなるものではない（最判昭44.12.4刑集23・12・1573）。

② 　文化住宅の２階便所にいた被告人を鉄パイプで殴打した上逃げ出した後を追い掛けて殴り掛かろうとしていた相手方を、被告人が２階通路から外側の道路上に転落させる行為に及んだ当時、相手方において、勢い余って２階手すりの外側に上半身を前のめりに乗り出した姿勢となったものの、なおも鉄パイプを握り続けるなどその加害の意欲がおう盛かつ強固であり、間もなく態勢を立て直して再度その攻撃に及ぶことが可能であったと認められるなどの事実関係の下においては、相手方の被告人に対する急迫不正の侵害は終了しておらず、なお継続していたということができるとしつつ、相手方の不正の侵害は、鉄パイプで被告人の頭部を１回殴打した上、引き続きそれで殴り掛かろうとしたものであり、他方、被告人の暴行は、もみあいの最中にいったん取り上げた鉄パイプで相手方の頭部を１回殴打したほか、２階手すりの外側に上半身を乗り出した相手方の片足を持ち上げて約４メートル下のコンクリート道路上に転落させたという死亡の結果すら発生しかねない危険なものであったことに照らすと、被告人の一連の暴行は、全体として防衛のためにやむを得ない程度を超えたものであったと認められるとして過剰防衛に当たるとした（最判平9.6.16刑集51・5・435）。

③ 　相手方から攻撃された被告人がその反撃として傷害行為に及んだが、被告人は、相手方の攻撃に先立ち、相手方に対して暴行を加えているのであって、相手方の攻撃は、被告人の暴行に触発された、その直後における近接した場所での一連、一体の事態ということができ、被告人は不正の行為により自ら侵害を招いたものといえるから、相手方の攻撃が被告人の上記暴行の程度を大きく超えるものでないなどの事実関係の下においては、被告人の傷害行為は、被告人において何らかの反撃行為に出ることが正当とされる状況における行為とはいえないとして正当防衛を否定し、傷害罪の成立を認めた（最決平20.5.20刑集62・6・1786）。

④ 　相手方の急迫不正の侵害に対し、正当防衛に当たる暴行（以下「第１暴行」という。）を加えて同人を転倒させた被告人が、これと時間的、場所的に連続して暴行（以下「第２暴行」という。）を加えた場合において、相手方が更なる侵害行為に出る可能性のないことを認識した上、防衛の意思ではなく、専ら攻撃の意思に基づき相当に激しい態様の第２暴行を加えたなどの事実関係の下では、第１暴行と第２暴行の間には断絶があって、急迫不正の侵害に対して反撃を継続するうちに、その反撃が量的に過剰になったものとは認められず、両暴行を全体的に考察して１個の過剰防衛の成立を認めるのは相当ではない（最決平20.6.25刑集62・6・1859）。

⑤ 　行為者が侵害を予期した上で対抗行為に及んだ場合、侵害の急迫性の要件については、対抗行為に先行する事情を含めた行為全般の状況に照らして検討すべきであり、事案に応じ、行為者と相手方との従前の関係、予期

された侵害の内容、侵害の予期の程度、侵害回避の容易性、侵害場所に出向く必要性、侵害場所にとどまる相当性、対抗行為の準備の状況（特に、凶器の準備の有無や準備した凶器の性状等）、実際の侵害行為の内容と予期された侵害との異同、行為者が侵害に臨んだ状況及びその際の意思内容等を考慮し、緊急状況の下で公的機関による法的保護を求めることが期待できないときに私人による対抗行為を許容した正当防衛の趣旨に照らし許容されるものとはいえない場合には、侵害の急迫性の要件を充たさない（最決平29.4.26刑集71・4・275）。

故　意

＊殺人の故意は、未必の故意でもよい。

＊鋭利な刃物で左胸を刺したという場合のように、凶器の種類と被害部位によっては、それ自体で殺害の故意を推認させる場合がある。

擬▶ 殺意の認定においては、①犯行の態様（凶器の種類・形状・用法、創傷の部位・程度）、②犯行の背景、経過、動機、③犯行中あるいは犯行後の被告人の言動などが考慮される。

主要判例 クロロホルムを吸引させて被害者を失神させた上自動車ごと海中に転落させるという一連の殺人行為に着手して、その目的を遂げた場合には、犯人の認識と異なり、海中に転落させる前の時点でクロロホルムを吸引させる行為により被害者が死亡していたとしても、殺人の故意に欠けるところはなく、殺人の既遂となる（最決平16.3.22刑集58・3・187）。

故意と過失の分類

故意	犯罪事実について認識・認容あり	確定的に認識・認容	確定的故意	
		不確定的に認識・認容	不確定故意	
			犯罪実現について不確定	未必の故意
			実現される犯罪について不確定	概括的故意
				択一的故意
過失	犯罪事実について認識あり・認容なし			認識ある過失
	犯罪事実について認識なし			認識なき過失

共同正犯の成立範囲

　例えば、Xが傷害の故意で、Yが殺意をもって、共同してVに暴行を加えて死亡させた場合、X及びYにはどのような犯罪が成立するのか（共同正犯の過剰）。

　かつて判例は、殺人罪の共同正犯と傷害致死罪の共同正犯が重なり合う限度で軽い傷害致死罪の共同正犯が成立するものと解すべきである（最決昭54.4.13刑集33·3·179）としていたが、入院中の被害者に対する治療を親族から依頼された被告人が必要な医療措置を受けさせないまま放置して死亡させた場合について、殺意のない患者の親族との間では保護責任者遺棄致死罪の限度で共同正犯となる（最決平17.7.4刑集59·6·403）として、構成要件が重なり合う限度で共同正犯の成立を認める立場（やわらかい部分的犯罪共同説）にたっている。

― 第2　殺人予備罪（201条） ―

第201条　第199条の罪を犯す目的で、その予備をした者は、2年以下の懲役に処する。ただし、情状により、その刑を免除することができる。

成立要件
① 殺人罪を「犯す目的」
② 殺人の準備行為（行為）
③ 故意

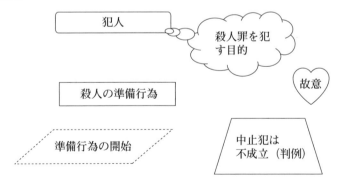

目　的
＊「目的」は、具体的に自らが殺害行為を遂行する意図をいう。

＊殺人を行う目的は、行為の時点において備わっていなければならない。

予　備

＊「予備」とは、犯罪実行の準備行為で実行の着手にまで至らないものをいう。例えば、殺人の目的で凶器を準備する行為などである。
＊殺人予備は、自らが実行行為をする目的で予備を行った場合にのみ成立し（自己予備）、他人に実行させる目的の予備（他人予備）は含まれないと解されるが、裁判例（最決昭37.11.8刑集16・11・1522、東京高判平10.6.4判時1650・155）には、他人が実行する準備に本罪の成立を認めるものがある。

罪　数

＊予備行為の後、実行に着手したときは、結果発生の有無により、殺人未遂又は殺人既遂が成立し、殺人予備はこれに吸収される。

他罪との関係

＊殺人予備の行為が、他の犯罪にも該当する場合には、殺人予備以外にその犯罪も成立する。
＊殺人の目的を有する者から毒物の入手方を依頼され、その使途を認識しながら、これを入手して依頼者に交付した者は、依頼者が殺人の実行に出なかったときは、殺人予備罪の共同正犯としての責任を負う（最決昭37.11.8刑集16・11・1522）。

── 第3　自殺関与罪（自殺教唆・自殺関与）（202条前段）

緊逮可

第202条　人を教唆し若しくは幇助して自殺させ、又は人をその嘱託を受け若しくはその承諾を得て殺した者は、6月以上7年以下の懲役又は禁錮に処する。

（主要判例）
① 自殺幇助は、自殺の決意を有する者に対して、その方法を指示し、器具を提供する行為をいう（大判大11.4.27刑集1・4・239）。
② 自殺の意思をもつ者に対し、自殺行為を容易にした以上、幇助行為は、それが積極的手段によるものと消極的なものとを問わず、また、有形的な方法であると無形的なものであるとを問わない（東京高判昭30.6.13高刑

裁特2·12·597)。

第4 自殺関与罪（嘱託殺人・承諾殺人）(202条後段)

第202条　人を教唆し若しくは幇助して自殺させ、又は人をその嘱託を受け若しくはその承諾を得て殺した者は、6月以上7年以下の懲役又は禁錮に処する。

第5 殺人未遂罪（203条）

第203条　第199条及び前条の罪の未遂は、罰する。

成立要件
① 犯人（主体）
② 人（客体）
③ 殺人行為に着手すること（行為）
④ 死亡の結果が発生しないこと
⑤ 故意

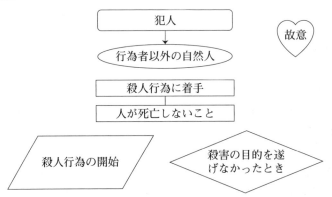

殺人未遂
＊殺人未遂は、殺人の故意をもって実行行為に着手したが、死亡の結果が発生しなかった場合である。

POINT　実行の着手時期

　学説は、①犯意の外部への発現の時点とする主観説、②構成要件に該当する事実の一部の実現した時とする形式的客観説、③実行行為、すなわち、犯罪構成要件の実現にいたる現実的危険性を含む行為を開始することをいう、あるいは結果発生の具体的危険が切迫したことをもって実行の着手とする実質的客観説、④行為者の計画を考慮した上で当該行為の危険の有無を判断すべきとの折衷説などがある。その中でも、結果発生の客観的危険性を有する行為の開始を実行の着手とする実質的客観説により説明するものが多い。

　判例は、一般的な判断をしたものはないが、構成要件的結果を直接惹起する行為以前の段階においても、法益保護の観点から、法益侵害の客観的危険性を根拠として、実行の着手を肯定しているものがある（窃盗罪について、118頁、強制性交等罪について、311頁、放火罪について、220頁参照）。

（他罪との関係）

＊犯人が行為当時被害者の生存を信じていただけでなく、一般人もそのように信じるであろうと考えられる状況下において、殺意をもって人を殺害するに足りる行為がなされたときは、たとえ後日に鑑定の結果、行為の直前に被害者の死亡していたことが判明しても、行為の危険性からみて、不能犯ではない。したがって、死体損壊罪ではなく、殺人未遂罪が認められる（広島高判昭36.7.10高刑集14・5・310）。

不能犯とは、一定の犯罪的結果を発生させようとした行為が、その性質上、およそ当該結果を発生させることができないようなものをいう。

未遂犯は構成要件該当性が肯定されるが、不能犯は、そもそも構成要件該当性が否定される。

未遂犯と不能犯の区別については見解が分かれているが、一般人の認識可能な事情と行為者の認識した事情のもとで、一般人の立場からみて犯罪実現の危険性の有無を判断し、これが肯定されれば未遂犯、否定されれば不能犯とする考え方が有力である。

判例も、人体に致死量をはるかに下回る分量の空気を注射しても、事情によっては死亡の危険性が絶対にないとはいえないとしたもの（最判昭37.3.23刑集16・3・305）がある。

② 傷害の罪

CHECK 人の身体は、人間の営みの担い手であり、身体の安全は保護されなければならない。人の身体に対する違法な攻撃は、傷害罪や暴行罪として処罰される。

第1 傷害罪（204条）

緊逮可

第204条 人の身体を傷害した者は、15年以下の懲役又は50万円以下の罰金に処する。

成立要件

① 犯人（主体）
② 他人の身体（客体）
③ 傷害すること（行為）
④ 人の傷害（結果）
⑤ 傷害行為と結果との因果関係（③→④）
⑥ 故意

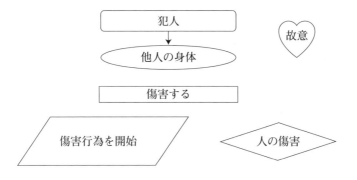

人

＊「人」は、行為者以外の自然人をいう。

傷 害

＊「傷害」とは、人の身体の生理的機能に障害を与えることをいう（最大昭

32.4.23刑集11・4・1393）。これには、人の健康状態を不良に変更すること
はすべて含まれる。

> 主要判例等　処女膜の裂傷（大判大3.7.4刑録20・1403）、中毒症状・めま
> い・嘔吐（大判昭8.6.5刑集12・736）、失神（大判昭8.9.6刑集12・1593）、皮
> 膚の表皮剥脱（大判大11.12.16刑集1・799）のほか、病毒に感染させる（最
> 判昭27.6.6刑集6・6・795）、外見的には皮下溢血、打撲痕がなくても暴行に
> より胸部に疼痛を生じさせた（最決昭32.4.23刑集11・4・1393）、自宅から隣家
> の被害者に向けて連日連夜ラジオの音声等を大音量で鳴らし続け被害者に慢
> 性頭痛症等を生じさせた（最決平17.3.29刑集59・2・54）、意識障害・筋弛緩
> 作用を伴う急性薬物中毒の症状を生じさせた（最決平24.1.30刑集66・1・36）、
> 医学的な診断基準において求められている特徴的な精神症状が継続して
> PTSDが発現した（最決平24.7.24刑集66・8・709）場合や、顔面を殴打し歯
> 根の炎症を生じさせた（福岡高判昭25.9.13刑特13・156）、陰毛を毛根から脱
> 取した（大阪高判昭29.5.31高刑集7・5・752）、皮下出血、腫脹などの他覚的
> 所見が認められなくても暴行により腰部等に圧痛を生じさせた（福岡高宮崎
> 支判昭62.6.23判時1255・38）、剃刀による毛髪の根元からの切断を生じさせ
> た（東京地判昭38.3.23判タ147・92）場合などが傷害とされている。

POINT　傷害の意義

　判例は、①人の身体の生理的機能に障害を与えることを傷害と解している
が、②人の身体の完全性を害すること、③人の生理的機能に障害を与えるこ
と又は人の外貌を著しく損傷すること、という考え方もある。
　①では、毛髪や爪を切り取った場合に傷害とならないのに対して、②では
傷害となる。また、③では毛髪や爪を切り取った場合でも、外貌に著しい変
化を生じないものは傷害とはならない。

擬▶ 傷害を与える手段・方法は、通常は、暴行によることが多いが、これに
　限られない。

> 主要判例等
> ①　性病に罹患している者が姦淫行為によって性病に感染させた（最判昭27.
> 　6.6刑集6・6・795）。
> ②　嫌がらせ電話によって精神衰弱症に陥らせた（東京地判昭54.8.10判時
> 　943・122）。
> ③　自宅から隣家の被害者に向けて連日連夜ラジオの音声等を大音量で鳴ら

し続け被害者に慢性頭痛症等を生じさせた（最決平17.3.29刑集59·2·54）。

POINT　けんか事案と正当防衛

　けんか事案で正当防衛が問題となる場合について、判例（最大判昭23.7.7刑集2·8·793）は、いわゆるけんかは、双方が攻撃及び防御を繰り返す一連の連続した闘争行為であるから、闘争のある瞬間においては、一方がもっぱら防衛に終始し正当防衛であるかのような観を呈することがあっても、闘争行為の全般からみて、正当防衛の観念を容れる余地がない場合があるとして全体的に観察すべきことを重視している。したがって、例えば、当初は素手で殴り合っていたのに、途中で突然一方がナイフを持ち出してかかってきたような場合には、正当防衛が認められることがある。

主要判例等
① 　互いに暴行し合ういわゆるけんかは、闘争者双方が攻撃及び防御を繰り返す一連の連続的闘争行為であるから、闘争のある瞬間においては、闘争者の一方がもっぱら防御に終始し正当防衛を行う観を呈することがあっても、闘争の全般から見て正当防衛の観念を容れる余地がない場合がある（最大判昭23.7.7刑集2·8·793）。
② 　けんか闘争において正当防衛が成立するかどうかを判断するに当たってはけんか闘争を全般的に観察することを要し、闘争行為中の瞬間的な部分の攻防の態様のみによってはならない（最判昭32.1.22刑集11·1·31）。

加害行為と傷害の結果との間の因果関係
＊暴行その他の加害行為と傷害の結果との間に因果関係が存在することを要する。

POINT　因果関係

　実行行為と結果の発生との間で、前者が後者を引き起こしたと認められる関係をいう。因果関係の存在が認められない場合には、構成要件該当性が否定される。
　因果関係の判断は、その行為がなかったならばその結果が生じなかったであろうという関係を前提に、「その実行行為がなければその結果は発生しなかった」といえるときには因果関係（条件関係）が認められる。
　因果関係については、捜査上、条件関係の存否に当たって法医学鑑定など

が重要となる。また、結果は、「現実に生じた具体的な結果」であり、行為は「実行行為」である。なお、現実に存在しなかった仮定的条件を付加した判断をしてはならない。

主要判例等

① 被告人らによって注射された覚醒剤により被害者の女性が錯乱状態に陥った時点において、直ちに被告人が救急医療を要請していれば、同女の救命が合理的な疑いを超える程度に確実であったと認められる事案では、このような措置をとらなかった被告人の不作為と同女の死亡との間には因果関係があるとして保護責任者遺棄致死罪の成立を認めた（不作為の因果関係を肯定）（最決平元.12.15刑集43・13・879）。

② 被告人の地下室における目張り等の行為がAの現実の強盗殺人の実行行為を幇助したといい得るには、被告人の目張り等の行為が、それ自体、Aを精神的に力づけ、その強盗殺人の意図を維持ないし強化することに役立ったことを要すると解さなければならないとして、当初の殺害予定場所であった地下室に目張り等をした行為につき幇助行為に当たらないとした（幇助の因果関係を否定）（東京高判平2.2.21判タ733・232）。

故　意

＊暴行により人を傷害した場合は、人に対し暴行を加えることの認識さえあれば足り、傷害の結果発生についての認識がなくても、傷害罪が成立する（暴行罪の結果的加重犯の形態）。

＊暴行以外の手段による傷害については、行為のときに傷害を負わせることの認識・認容が必要である。

POINT　責任能力と酩酊者

　犯罪が成立するためには、責任能力がなければならない。泥酔状態にある者の場合、公判で責任能力について争われるおそれがあるので十分な捜査が必要である。したがって、酩酊者の場合には、速やかにアルコール検知を実施するとともに、飲酒先や飲酒量、飲酒時間等の捜査が不可欠である。もっとも、単純酩酊は、一般に責任能力に影響を及ぼさないと考えられる。しかし、酩酊者は、寝込んでしまうと、酩酊時の記憶を失う場合もないわけではないし、回復したのち「あの時は酔っていて……」などと弁解することもあるので、寝込む前に、できるだけ事情聴取を行い、場合によっては、その状況を録音等して証拠保全を図るように努めておくべきである。

＊傷害の故意で暴行を加えたところ、傷害の結果を発生しなかったという場合には、単に暴行罪が成立するにとどまる。

＊暴行以外の手段による傷害については、傷害の故意が必要であり、傷害の結果を発生しなかったという場合には、傷害罪の未遂犯処罰規定がないので処罰されない。

主要判例等

① 同一被害者に対し一定の期間内に反復累行された一連の暴行によって種々の傷害を負わせた場合、その暴行が、被告人と被害者との一定の人間関係を背景として、共通の動機から繰り返し犯意を生じて行われたものであるときには、包括一罪と解される（最決平26.3.17刑集68・3・368）。

② 共謀加担後の暴行が共謀加担前に他の者が既に生じさせていた傷害を相当程度重篤化させた場合、被告人の共謀及びそれに基づく行為と因果関係を有しない共謀加担前に既に生じていた傷害結果については、傷害罪の共同正犯としての責任を負うことはなく、共謀加担後の傷害を引き起こすに足りる暴行によって傷害の発生に寄与したことについてのみ、傷害罪の共同正犯としての責任を負う（最決平24.11.6刑集66・11・1281）。

第2 傷害致死罪（205条）

第205条 身体を傷害し、よって人を死亡させた者は、3年以上の有期懲役に処する。

成立要件

① 犯人（主体）

② 他人の身体（客体）

③ 傷害すること（行為）

④ 人の死亡（結果）

⑤ 傷害行為と結果との因果関係（③→④）

⑥ 故意

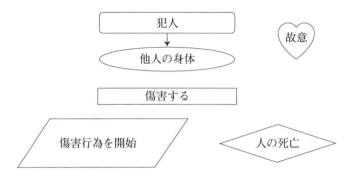

＊その意味については、傷害罪（204条・13頁）参照。

＊傷害致死罪は、傷害罪の結果的加重犯である（大判昭17.4.11刑集21・211）。

POINT　結果的加重犯

　結果的加重犯とは、ある基本的な犯罪行為から、行為者の意図していない
より重い結果が発生したときに、基本的な犯罪よりも加重された刑で処罰さ
れる罪をいう。例えば、傷害罪（204条）を犯したところ、その負傷が原因
で被害者が死亡したときは、傷害致死罪（205条）として処罰される。その
他、往来妨害致死傷（124条2項）、汽車転覆等致死（126条3項）、強制わい
せつ等致死傷（181条）、特別公務員職権濫用等致死傷（196条）、同意堕胎致
死傷（213条）、遺棄等致死傷（219条）、強盗致死傷（240条）なども同様で
ある。

　結果的加重犯が成立するためには、基本的犯罪行為と重い結果との間の因
果関係と基本的な犯罪行為についての故意が存在すれば足り、重い結果につ
いての故意は不要とされ、また重い結果の予見可能性も不要であるとされて
いる。

　最判昭26.9.20刑集5・10・1937は、傷害致死罪の成立には傷害と死亡との間
の因果関係の存在を必要とするにとどまり、致死の結果についての予見は必
要としないとして、2人以上の者が共謀しないで他人に暴行を加え、傷害致
死の結果を生ぜしめた者を知ることができない場合は、共同暴行者はいずれ
も傷害致死の責任を負うとする。

　結果的加重犯は、通常は、基本犯と重い結果とが「よって～させる」とい
う表現を用いて記述する。

死亡の結果

＊「死亡」については殺人罪の「人」の項目（199条・3頁）参照。

行為と死亡との因果関係

＊暴行・傷害行為と死亡の結果との間に因果関係がなければならない。

擬▶ もっとも、因果関係において想定できない異常な事態が介入した場合、例えば、被害者の身体的特異事情が死の結果を促進した場合、被害者の行為が介入した場合、行為者自身の事後行為が介入した場合（故意行為→過失行為、過失行為→故意行為、故意行為→故意行為、過失行為→過失行為）、第三者の故意行為・過失行為が介入した場合、それぞれの擬律判断が問題となる。

主要判例等　傷害致死罪の成立が認められている事例

① 被害者が傷害に基づく身体衰弱のために死亡した場合（大判明43.10.3刑録16・1589）

② 軽傷を負った被害者が余病を併発して死亡した場合（大判昭6.8.6刑集10・365）

③ 頸部を扼圧された特異体質の被害者がショック死した場合（最判昭32.2.26刑集11・2・906）

④ 被害者の心臓に重い病変があったため、暴行によって心筋梗塞を起こして死亡した場合（最決昭36.11.21刑集15・10・1731、同旨最判昭46.6.17刑集25・4・567）

⑤ 暴行を受けた被害者が憤激して脳出血を起こして死亡した場合（大判大14.12.23刑集4・780）

⑥ 暴行を避けようとした被害者が池に落ち込み、岩に頭部を打って死亡した場合（最決昭59.7.6刑集38・8・2793）

⑦ 傷害犯人が、被害者は既に死亡したものと誤信し、これを水中に投じて溺死させた場合（大判大7.11.30刑録24・1461）

⑧ 医師の不適切な診療が死亡の一因となった場合（大判大12.5.26刑集2・458）

⑨ 頭部を殴打して脳出血による意識不明になった被害者を資材置場に運んで放置したところ、その後第三者が頭部を殴打し、死期を早めた場合（最決平2.11.20刑集44・8・837）

⑩ 暴行の被害者が、長時間激しくかつ執ような暴行を受け、極度の恐怖感を抱いて、必死に逃走を図る過程で高速道路に進入するという極めて危険な行動をとったために交通事故に遭遇して死亡した場合（最決平15.7.16刑集57・7・950）

⑪　被害者が暴行による傷害の治療中に医師の指示に従わなかったために治療の効果が上がらず死亡した場合（最決平16.2.17刑集58・2・169）

故　意

＊手段が暴行である場合には、暴行を加えることの認識があれば足り、傷害を負わせることまで認識していなくても、その結果として発生した傷害が原因で死亡すれば成立する（最判昭26.9.20刑集5・10・1937）。

第3　現場助勢罪（206条）

第206条　前2条の犯罪が行われるに当たり、現場において勢いを助けた者は、自ら人を傷害しなくても、1年以下の懲役又は10万円以下の罰金若しくは科料に処する。

第4　同時傷害の特例（207条）

第207条　2人以上で暴行を加えて人を傷害した場合において、それぞれの暴行による傷害の軽重を知ることができず、又はその傷害を生じさせた者を知ることができないときは、共同して実行した者でなくても、共犯の例による。

暴行の同時性

＊207条は、共犯関係にない2人以上が暴行を加えた事案において、検察官が、各暴行が傷害を生じさせ得る危険性を有するものであること及び各暴行が外形的には共同実行に等しいと評価できるような状況において行われたこと（同一の機会に行われたものであること）の証明をした場合、行為者において、自己の関与した暴行が傷害を生じさせていないことを立証しない限り、傷害についての責任を免れないとしたものである（最決平28.3.24刑集70・3・1）。

＊2人以上の者の暴行が、時・場所を異にする場合でも207条の適用がある（大判昭11.6.25刑集15・823）。

＊207条は、共同行為でない2人以上の暴行が時間的・場所的に競合する場合に適用されるのであり、各暴行が同一の一定期間にわたり、同一場所において同一客体に対し相近接して数次に反復累行され、その行為が連続一罪たる傷害罪を構成する場合においては、日時及び場所的に相競合するも

のといえるから、本条に該当する（大判昭12.9.10刑集16・1251）。

> （主要判例等）　他の者が先行して被害者に暴行を加え、これと同一の機会に、後行者が途中から共謀加担したが、被害者の負った傷害が共謀成立後の暴行により生じたとは認められない場合に、207条の適用により後行者に対して当該傷害についての責任を問い得るのは、後行者の加えた暴行が当該傷害を生じさせ得る危険性を有するものであるときに限られる（最決令2.9.30刑集74・6・669）。

共犯の例による

＊「共犯の例による」とは、共同正犯として処断することを意味する。

> （主要判例等）
> ①　共犯関係にない2人以上の暴行による傷害致死の事案において、207条適用の前提となる事実関係が証明された場合には、いずれかの暴行と死亡との間の因果関係が肯定されるときであっても、各行為者について本条が適用される（最決平28.3.24刑集70・3・1）。
> ②　共謀成立の前後にわたる一連の暴行により傷害の結果が発生したことは明らかであるが、共謀成立の前後いずれの暴行により生じたものであるか確定することができないという場合にも、一連の暴行が同一機会において行われたものである限り、207条が適用される（大阪地判平9.8.20判タ995・286）。

─ 第5 暴行罪 （208条）

第208条 暴行を加えた者が人を傷害するに至らなかったときは、2年以下の懲役若しくは30万円以下の罰金又は拘留若しくは科料に処する。

成立要件

① 犯人（主体）
② 他人の身体（客体）
③ 暴行を加えること（行為）
④ 人を傷害するに至らなかったこと
⑤ 故意

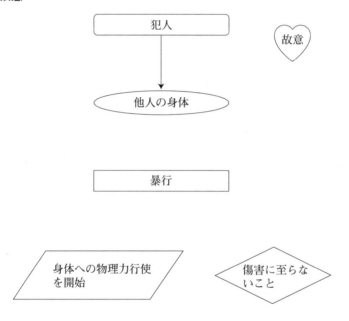

暴 行

＊暴行罪における「暴行」は、人の身体に対する不法な有形力の行使をいう。
＊刑法における暴行には、①有形力の行使のすべてを含み、その対象は人でも物でもよい（最広義の暴行）、②人に対する有形力の行使（広義の暴行）、③人の身体に対する有形力の行使（狭義の暴行）、④人の反抗を抑圧するか、著しく困難にするに足りる程度の有形力の行使（最狭義の暴行）に分けられる。

暴行の意味

	客体	程度	犯罪類型
最広義の暴行	人でも物でもよい。	一地方の公共の平穏を害する程度	内乱罪（77条） 騒乱罪（106条） 多衆不解散罪（107条）
広義の暴行	人の身体及び人の身体に物理的・心理的に影響を与えるようなものであれば物でもよい（間接暴行）。	各本条が予定する状態を現出させ、又は相手方に不当な作為・不作為を強要しうる程度	公務執行妨害罪（95条1項） 職務強要罪（95条2項） 加重逃走罪（98条） 逃走援助罪（100条） 特別公務員暴行陵虐罪（195条） 強要罪（223条）
狭義の暴行	人の身体	身体的苦痛を惹起する程度	暴行罪（208条）
最狭義の暴行	人	被害者の反抗を著しく困難にする程度	強制わいせつ罪（176条） 強制性交等罪（177条）
		被害者の反抗を抑圧する程度	強盗罪（236条） 事後強盗罪（238条）

(a) 「暴行」は必ずしも傷害の結果を生じさせる程度のものでなくてもよい。
　　帳簿を取り返すために他人に組み付く行為(大判明35.12.4刑録8・11・25)、他人の被服をつかんで引っ張り、又は取り囲んで自由を拘束して電車に乗り込むのを妨げる行為（大判昭8.4.15刑集12・427）、顎紐を掛けて被っていた巡査の帽子を奪い取る行為（東京高判昭26.10.2判特24・102）、仰向けに倒れた女性の上に馬乗りになる行為（大阪高判昭29.11.30高刑裁特1・12・584）、通り掛かりの女性に抱きつき帽子でその口を塞ぐ行為（名古屋高金沢支判昭30.3.8高刑裁特2・5・119）、食塩を他人の顔、胸等に数回振り掛ける行為（福岡高判昭46.10.11判時655・98）なども本条の暴行に当たる。

(b) 本条の暴行は、間接暴行でもよい。
　　通行人の数歩手前を狙って石を投げつけたが、相手に命中しなかった行為（東京高判昭25.6.10高刑集3・2・222）、人に対して拳大の瓦の破片を投げつけ、鍬を振り上げて追いかける行為（最判昭25.11.9刑集4・11・2239）、人の乗っている自動車に石を投げて命中させ、窓ガラスを破損する行為（東京高判昭30.4.9高刑集8・4・495）、驚かせるつもりで椅子を投げつける

行為（仙台高判昭30.12.8高刑裁特2・24・1267）、4畳半の室内で日本刀の抜き身を振り回す行為（最決昭39.1.28刑集18・1・31）、被害者の目前で包丁を胸ないし首の辺りをめがけて突きつける行為（東京高判昭43・12・19判タ235・277）、フォークリフトを被害者に向かって走行させ、これを同人に衝突させるかのような気勢を示しながらその身体にフォークリフトを近接させる行為（東京高判昭56.2.18刑裁月報13・1=2・81）なども本条の暴行に当たる。

　　有形力の行使は、危険な場所へ詐言を用いて誘導するなど被害者の行為を利用した間接的な形態のものもあり得る。

(c)　その他

　　相手の身辺で殊更に太鼓・鉦などを連打し、頭脳の感覚が鈍り意識もうろうとした気分を与え、又は脳貧血を起こさせたり（最判昭29.8.20刑集8・8・1277）、携帯用拡声器を用い耳元で大声を発する行為（大阪地判昭42.5.13判時487・70）なども、本条の暴行に当たる。

> (主要判例等)　相手方が立入禁止等と記載した看板を被告人方建物に取り付けようとすることによって被告人らの建物に対する共有持分権、賃借権等や業務、名誉に対する急迫不正の侵害に及んだのに対し、その権利等を防衛するために被告人が相手方の胸部等を両手で突いた暴行は、相手方らが以前から継続的に被告人らの権利等を実力で侵害する行為を繰り返しており、暴行の程度が軽微であるなどの場合には、防衛手段としての相当性の範囲を超えるものではない（最判平21.7.16刑集63・6・711）。

故　意

＊人の身体に対して、有形力を行使することの認識であり、未必的認識で足りる。

＊傷害の故意をもって暴行を加えたが、傷害の結果が生じなかった場合も含まれる。

第208条の２　２人以上の者が他人の生命、身体又は財産に対し共同して害を加える目的で集合した場合において、凶器を準備して又はその準備があることを知って集合した者は、２年以下の懲役又は30万円以下の罰金に処する。

2　前項の場合において、凶器を準備して又はその準備があることを知って人を集合させた者は、３年以下の懲役に処する。

※平成26年に、危険運転致死傷罪が刑法から除かれたので、条数が繰り上げられた。

成立要件

① 犯人（主体）

② 他人の生命、身体又は財産に対し共同して害を加える目的で集合した場合

③ 凶器を準備して又はその準備があることを知って集合すること（行為）

④ 凶器を準備して又はその準備があることを知って人を集合させること（行為）

⑤ 故意

⑥ 共同して害を加える目的

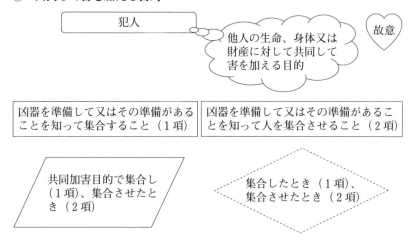

凶　器

＊人の生命・身体・財産に危害を及ぼすに足りる一切の道具をいう。

＊銃砲・刀剣などの「性質上の凶器」のほか、角材・鉄棒・竹竿・コンクリート塊・プラカードなどのような「用法上の凶器」も含まれる。

擬▶ 用法上の凶器すべてが、本罪の凶器に該当するわけではなく、「社会通念に照らし、人の視聴上直ちに危険の感を抱かしむるに足りるもの」であるかどうかが判断基準となる。具体的には、凶器の大きさ、数量、形状、性質、用途、それらを準備した集団の人数、性格、目的、携行状況、既往の活動状況、その他具体的事情を総合的に判断する必要がある。

準　備

＊凶器を加害行為に使用できるように用意することをいう。

集合する

＊2人以上の者が、共同加害目的をもって、時と場所を同じくして集まることをいう。

＊2人以上の者が集合している集合体に加わる場合と、2人以上の者が新たに集合体を形成する場合がある。

> （主要判例等）　2人以上の者が、その場で凶器を準備し、又はその準備のあることを知った上、共同加害目的を有するに至った場合も含まれる（最決昭45.12.3刑集24・13・1707）。

集合させる

＊2人以上の者が、共同加害目的をもって、時と場所を同じくする状態を形成させることをいう。

＊2人以上の者に新たに集合体を形成させる場合のほか、すでに集合している2人以上の者に共同加害目的を与えて相互にその目的を共通させる場合がある。

共同加害目的

＊他人の生命・身体・財産に対する加害行為を共同して実行しようとする目的をいい、集合した者がお互いに認識していなければならない。

＊共同加害目的は、いわゆる殴り込みをかけるというような積極的・能動的な目的である必要はなく、相手方が攻撃してきた場合に、これを迎撃して

相手方の生命、身体又は財産に対して共同して害を加えるという消極的・受動的な目的（最判昭58.11.22刑集37・9・1507）であってもよい。

他罪との関係

＊本罪は継続犯であり（最決昭45.12.3刑集24・13・1707）、集合状態が継続している限り犯罪として成立している。

＊凶器準備集合の罪とその継続中における暴力行為等処罰ニ関スル法律１条違反の罪とが併合罪の関係にある（最決昭48.2.8刑集27・1・1）。

＊なお、本罪は、個人の生命、身体又は財産ばかりでなく、公共的な社会生活の平穏をも同様に保護法益（最判昭58.6.23刑集37・5・555）とし、抽象的危険犯である。

③ 過失傷害の罪

CHECK　　過失によって人身への攻撃が加えられた場合を処罰するものである。一般に、過失は故意に比べて違法性や非難可能性は低いが、人の生命・身体に対する加害について法益侵害の重大性に照らして処罰することとしている。

── 第1　過失傷害罪（209条）

親告罪

> 第209条　過失により人を傷害した者は、30万円以下の罰金又は科料に処する。
> 2　前項の罪は、告訴がなければ公訴を提起することができない。

成立要件
① **犯人（主体）**
② **他人の身体（客体）**
③ **過失により傷害すること（行為）**
④ **人の傷害（結果）**
⑤ **過失**

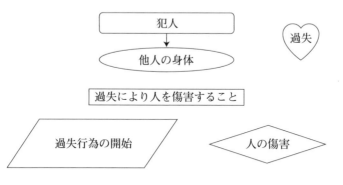

過　失

* 「過失」とは、不注意な行為によって（構成要件的）結果を生じさせたことをいう。不注意とは、「注意義務」に違反したことであり、「注意義務」は、結果予見義務と結果回避義務を意味する。もっとも、こうした注意義務を行為者に課すには、結果予見可能性と結果回避可能性とが必要である。

すなわち、過失犯は、結果発生が予見できたにもかかわらず、不注意によって、予見すべき結果を予見せず、そのため回避できたはずの結果を回避しなかったことに対して刑法的非難の根拠がある。

擬▶ 注意義務の有無は、構成要件該当性としては、一般通常人の注意能力を基準として、責任としては行為者の注意能力を基準として判断する。

POINT

注意義務の根拠と判断

　注意義務は、法令・契約・慣習・条理等を根拠とする。法令等に規定された注意義務を遵守したとしても、刑法上の注意義務を尽くしたとはいえない場合があることに留意すべきである（最決昭32.12.17刑集11・13・3246、最決平15.1.24判時1806・157）。

　注意義務の判断は、実際に発生した結果からさかのぼって「このような措置をとれば結果は防げた」かどうかという客観的な観点から検討し、さらに、そのような措置を予見することができたかどうかを判断することになる。すなわち、①結果発生→②結果回避ができなかったときはどのような状態か→③結果回避ができない具体的危険がどのようにして生じたか→④結果発生前はどのような状態だったか、と結果発生から逆にたどり、結果予見可能性及び結果回避可能性を明らかにすることになる。ことに③は注意義務を確定する上で重要である。

　犯罪事実としては、まず、注意義務の根拠となる具体的事情を的確に捉えて、注意義務の内容を確定し、その上で、注意義務違反の行為を明らかにして、その注意義務違反の行為の結果について記述することになる。

結果予見可能性

　注意義務の内容である「結果予見可能性」は、将来発生する結果についての予見であるから、ある程度は抽象的にならざるを得ない。

　貨物自動車の運転者が制限最高速度の2倍を超える高速度で走行中、ハンドル操作を誤って自車を信号柱に激突させて後部荷台の同乗者を死亡させた事案で、運転者が同乗の事実を認識していなかったとしても、無謀ともいうべき自動車運転をすれば人の死傷を伴ういかなる事故を惹起するかもしれないことは、当然認識しえたものというべきであるとして業務上過失致死罪が成立するとしている（最決平元.3.14刑集43・3・262）。したがって、このような場合、およそ「人が死ぬ」ことについて予見が可能であったかを問題とすれば足りる。

結果回避義務違反と許された危険

　結果回避義務違反は、過失犯の実行行為であるが、危険な行為であっても、

危険にさらされた者が危険な行為の遂行に同意している場合（危険の引受け）には、過失犯の成立が否定される。このような結果発生の危険を備えた行為が、他の法益擁護のために必要であることを理由として許容される法理が「許された危険」と呼ばれる。行為の有用性・必要性と法益侵害の危険性との比較衡量により、前者が後者より優越する場合に危険な行為であっても許容される。

過失の競合

　複数の過失が競合する場合には、段階的過失と過失の競合が問題となる。段階的過失は、同一人の過失が複数段階的に積み重なって結果が発生した場合である。これに対して、過失の競合は、複数人の過失が競合して結果を発生させた場合である。これには対等な関係にある者の過失が競合する場合と、監督者と被監督者の関係にある者の間で過失が競合する場合がある（監督過失）。

　段階的過失は、飲酒運転中に前方不注視で事故を起こしたという事案（最判昭38.11.12刑集17・11・2399参照）で、飲酒したのに運転を開始したという過失と前方不注視のまま運転を継続したという過失がある場合、結果に結びつく直近の過失を過失とする立場（直近過失説）と、結果と因果関係をもつ過失はいずれも併存するという立場（過失併存説）とがある。過失犯では、複数の過失が密接に関連して、それらが相乗して危険性を高めることもあるので、基本的には過失併存説が妥当といえよう。

　過失の競合は、それぞれの過失ごとに、過失犯の成否を検討することになる。この場合、①本人の過失行為と結果との間に他人の過失行為が介在するか、②先行する他人の過失行為に続いて本人の過失行為がなされた（例えば、二重轢過事故など）のかを区別し、それぞれ本人の過失と結果との因果関係を検討すべきである。

　監督過失には、①狭義の監督過失と②管理過失とがある。狭義の監督過失は、結果を直接発生させる過失を行った行為者（被監督者）を監督すべき地位にある者（監督者）が、その直接過失を防止すべき義務を怠ったことを理由に過失責任を問われる場合である。これに対し、管理過失は、監督的立場にある管理者が、物的・人的な安全管理措置を講じて結果の発生を防止すべき義務を怠り、直接行為者の直接過失と競合し又は単独で結果を発生させた場合をいう。①については、一般に、監督者は、被監督者が適切に義務を履行するものと信頼することができない事情があるときは、監督者には、被監督者のその義務履行状況を確認し、被監督者を指揮監督してその義務を履行させるか又は自らその義務を履行すべき監督上の義務が発生するといえるので、そうした状況を捜査しておくことが求められる。②については、安全管理措置の不備によって発生した結果について管理者（監督者）自身に安全管

理措置を確立すべき義務を怠った過失責任を負わせるものであるので、その管理者が安全管理措置の確立義務を負うことの法令上の根拠は何かの検討が求められる。例えば、ホテルの経営管理業務を統括掌理する最高の権限を有し、ホテルの建物に対する防火防災の管理業務を遂行すべき立場にある者には、防火戸・防火区画を設置するとともに、消防計画を作成してこれに基づく避難誘導訓練を実施すべき注意義務がある（最決平2.11.16刑集44・8・744）。

傷　害
＊その意味については、傷害罪（204条・13頁）参照。

過失と傷害との因果関係
＊因果関係は、実行行為者の注意義務違反の行為と傷害の結果との間に因果関係があることが必要である。もっとも、傷害の結果に対して直接の原因でなくてもよい。
＊本罪は、親告罪である（209条2項）。

第2　過失致死罪（210条）

第210条　過失により人を死亡させた者は、50万円以下の罰金に処する。

成立要件
① 　犯人（主体）
② 　行為者以外の自然人（客体）
③ 　過失により人を死亡させること（行為）
④ 　人の死亡（結果）
⑤ 　過失

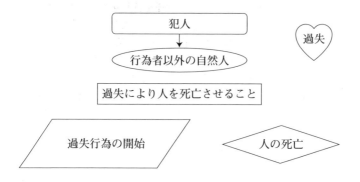

過 失

＊多量に飲酒するときは病的酩酊に陥り、心神喪失の状態において他人に犯
罪の害悪を及ぼす危険のある素質を有することを自覚する者が、飲酒を抑
止又は制限する等その危険の発生を未然に防止する注意義務を怠って飲酒
し、心神喪失状態で人を殺害したときは、過失致死の罪責を免れない（最
大判昭26.1.17刑集5・1・20）。

第3　業務上過失致死傷罪（211条前段）

緊逮可

第211条　業務上必要な注意を怠り、よって人を死傷させた者は、5年以下
の懲役若しくは禁錮又は100万円以下の罰金に処する。重大な過失により
人を死傷させた者も、同様とする。

※　2項に規定されていた自動車運転過失致死傷罪は、平成26年に削除された。

成立要件
① 犯人（主体）
② 人（客体）
③ 業務上必要な注意を怠ること（行為）
④ 人を死傷させること（行為）
⑤ 人の死傷（結果）
⑥ 過失行為と結果との因果関係（③・④→⑤）
⑦ 業務上過失

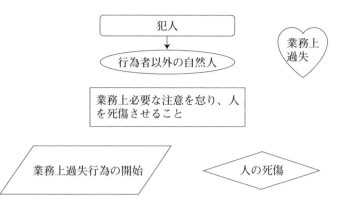

業務上
過失

犯人 → 行為者以外の自然人

業務上必要な注意を怠り、人を死傷させること

業務上過失行為の開始 　　人の死傷

業務上必要な注意を怠り

＊「業務」とは、犯人が社会生活上の地位に基づき反復・継続して行う行為であって、その性質上、人の生命身体に危険を及ぼすおそれのあるものをいう。継続的にではなく、たまたま従事する仕事は業務ではないが、反復・継続して行う意思で開始したものであれば、ただ1回の行為でも業務となる。

主要判例等

① 業務とは、本来、人が社会生活上の地位に基づき反復継続して行う行為であり、かつ、他人の生命・身体に危害を加えるおそれのあるものであることを要するが、行為者の目的がこれによって収入を得るにあるとその他の欲望を満たすにあるとを問わない（最判昭33.4.18刑集12・6・1090）とする。

② 業務には、主たる業務のほか、それに付随する事務をも含む（大判昭10.11.6刑集14・1114）。また、業務には、人の生命・身体の危険を防止することを義務内容とする業務も含まれる（最決昭60.10.21刑集39・6・362）。

③ 自動車運転免許一時停止処分を受けていて、法令に定められた運転資格がない場合でも、反復継続して自動三輪車を運転することは、業務である（最決昭32.4.11刑集11・4・1360）。

＊「業務上必要な注意」とは、このような業務に従事する者が、その業務遂行上果たすべき注意義務のことである。一定の業務に従事する者は、通常人に比べて特別の注意義務を有する。

＊もっとも業務者であるからといって過度の注意義務を課すのは相当でない。例えば、自動車の運転者は、特段の事由がない限り、他の運転者も交通ルールを守って運転するものと信頼してよく、著しく交通ルールを無視し

て無謀運転をする者のあることまで予想して、対処し得るような運転をするまでの義務はない。

POINT 信頼の原則

　信頼の原則とは、他人が適切な行動をとると信頼するのが相当といえる場合には、たとえそれらの者が予期せぬ行動に出たため死傷の結果を生じたとしても、過失責任を問われないとする法理をいう。

　信頼の原則は、もともと交通事故に関して発展してきた刑事過失責任を限定する理論であるが、判例（最判昭63.10.27刑集42・8・1109）は、監督者と被監督者との間にも適用している。

　信頼の原則が適用されるためには、①他人が法秩序に従った行動をとることを行為者が現に信頼していたこと（信頼の存在）、②そのような信頼をすることが客観的に相当であること（信頼の相当性）が要件とされよう。

（主要判例等）

①　到着した電車から降りた酔客がホームから転落して電車とホームとの間に挟まれて死亡した事故に関して、乗客係の駅員は「特別の状況のない限り、その者が安全保持に必要な行動をとるものと信頼して客扱いをすれば足りる」として信頼の原則を適用して過失を否定した（最判昭41.6.14刑集20・5・449）。

②　大学附属病院の耳鼻咽喉科に所属して患者の主治医の立場にある医師が、抗がん剤の投与計画の立案を誤り、抗がん剤を過剰投与するなどして患者を死亡させた場合、医療過誤として、主治医や指導医とともに、同科の科長にも業務上過失致死罪が成立する（最決平17.11.15刑集59・9・1558）。

③　患者を取り違えて手術をした医療事故において麻酔を担当した医師につき麻酔導入前に患者の同一性確認の十分な手立てをとらなかった点及び麻酔導入後患者の同一性に関する疑いが生じた際に確実な確認措置をとらなかった点で麻酔を担当した医師には過失がある（最決平19.3.26刑集61・2・131）。

④　人工の砂浜の防砂板が破損して砂が海中に吸い出されることにより砂層内に発生した空洞の上を小走りに移動中の被害者が、空洞の崩壊のため生じた陥没孔に転落し埋没した事故について、同砂浜の管理等の業務に従事していた被告人らは、突堤の基本的な構造が同一であり、繰り返し砂浜の陥没が発生していたことを認識し、その原因が防砂板の破損であると考えて対策を講じており、付近の砂浜でも複数の陥没様の異常な状態が生じていたなどの下では、本件埋没事故発生の予見可能性があったというべきである（最決平21.12.7刑集63・11・2641）。

⑤　花火大会が実施された公園と最寄り駅とを結ぶ歩道橋で多数の参集者が折り重なって転倒して死傷者が発生した事故について、雑踏警備に関し現場で警察官を指揮する立場にあった警察署地域官及び現場で警備員を統括する立場にあった警備会社支社長の両名において、いずれも上記のような事故の発生を容易に予見でき、かつ、機動隊による流入規制等を実現して本件事故を回避することが可能であり、両名には上記事故の発生を未然に防止すべき業務上の注意義務を怠った過失がある（最決平22.5.31刑集64・4・447）。

⑥　航行中の航空機同士の異常接近事故について、便名を言い間違えて降下の管制指示をした実地訓練中の航空管制官及びこれを是正しなかった指導監督者である航空管制官の両名には、両機の接触、衝突等の事故の発生を未然に防止するという業務上の注意義務を怠った過失があった（最決平22.10.26刑集64・7・1019）。

⑦　トラックのハブが走行中に輪切り破損したために前輪タイヤ等が脱落し、歩行者らを死傷させた事故について、同トラックの製造会社で品質保証業務を担当していた者には、同種ハブを装備した車両につきリコール等の改善措置の実施のために必要な措置を採るべき業務上の注意義務があった（最決平24.2.8刑集66・4・200）。

⑧　ガス抜き配管内で結露水が滞留してメタンガスが漏出したことによって生じた温泉施設の爆発事故について、設計担当者には、結露水の水抜き作業に係る情報を確実に説明すべき業務上の注意義務がある（最決平28.5.25刑集70・5・117）。

人を死傷させた

＊「人を死傷させた」ことについて、判例では、胎児に病変を発生させるのは、人である母体の一部に対するものとして、人に病変を発生させることとなり、胎児が出生し人となった後、その病変に起因して死亡するに至った場合は、結局、人に病変を発生させて人に死の結果をもたらしたことに帰するから、病変の発生時において客体が人であることを要するとの立場をとると否とにかかわらず、業務上過失致死罪が成立する（最決昭63.2.29刑集42・2・314）という。

死傷の結果との因果関係

＊業務上必要な注意を怠った過失行為と死傷との間には因果関係がなければならない。

① 自動車を運転していた甲が、過失によって通行人乙と衝突し、その身体を自動車の屋根にはねあげたまま、それに気づかずに運転中、同乗者丙が乙を引きずり降ろし、道路上に転落させたところ、乙が死亡するにいたった場合に、その死因となった頭部の負傷が、自動車との衝突の際に生じたものか、路上に転落した際に生じたものか確定しがたいときは、甲の過失行為から乙の死の結果の発生することはわれわれの経験上当然予想しうるところではないから、その間に因果関係を認めることはできない（最決昭42.10.24刑集21・8・1116）。

② 潜水指導者であった被告人が、夜間、潜水の講習指導中、不用意に受講生の傍らから離れ、同人らを見失った行為は、受講生を海中で空気を使い果たして溺死させかねない危険性を有し、その後に、指導補助者及び受講生の不適切な行動によって受講生が溺死した場合、それは被告人の行為から誘発されたものであり、被告人の行為と被害者の死亡との間には因果関係が認められる（最決平4.12.17刑集46・9・683）。

③ 医師の資格のない柔道整復師である被告人が、風邪の症状を訴えた患者に対して誤った治療法を繰り返し指示し、これに忠実に従った患者が、病状を悪化させて死亡するに至った場合には、患者に医師の診察治療を受けずに被告人の指示に従った落度があっても、被告人の行為と患者の死亡との間には因果関係がある（最決昭63.5.11刑集42・5・807）。

④ トラックのハブが走行中に輪切り破損したために前輪タイヤ等が脱落し、歩行者らを死傷させた事故と、同種ハブを装備した車両につきリコール等の改善措置の実施のために必要な措置を採るべき業務上の注意義務に違反した行為との間に因果関係がある（最決平24.2.8刑集66・4・200）。

第4　重過失致死傷罪（211条後段）

> 第211条　業務上必要な注意を怠り、よって人を死傷させた者は、5年以下の懲役若しくは禁錮又は100万円以下の罰金に処する。<u>重大な過失により人を死傷させた者も、同様とする。</u>

成立要件

① 犯人（主体）
② 行為者以外の自然人（客体）
③ 著しく注意を怠ること（行為）
④ 人を死傷させること（行為）
⑤ 人の死傷（結果）
⑥ 過失行為と結果との因果関係（③・④→⑤）
⑦ 重大な過失

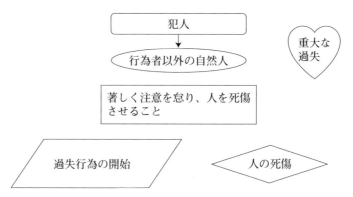

重大な過失

＊「重大な過失」とは、過失の程度の大きいことをいう。どの程度に達すれば重過失になるのかということは、一般人の常識をもって判断するほかはない。

＊ここにいう「重大」とは、結果の重大なることをいうのではなく、注意義務違反の重大なることをいう。

主要判例等　無免許、酩酊運転をして人の雑踏する場所に自動車を乗り入れ、しかも前方注視を怠った場合には、重大な過失があるものというべきで

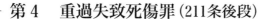

ある（最決昭29.4.1裁判集94・49）。

人を死傷させる

＊その意味については、業務上過失致死傷罪（211条前段・35頁）を参照。

重過失と死傷の結果との因果関係

＊「死傷の結果との因果関係」については、業務上過失致死傷罪（211条前段・35頁）を参照。

罪　数

＊一個の業務上過失行為によって複数人を死傷させたときは、本罪の観念的競合となる（大判大2.11.24刑録19・1326）。

④ 自動車の運転により人を死傷させる行為等の処罰に関する法律

CHECK　　悪質で危険な運転が原因による自動車の死傷事件に対して、その運転の悪質性や危険性などの実態に応じた処罰ができるように新たに制定され、平成26年5月20日から施行されている。これに伴い刑法208条の2が削除されて208条の3が208条の2と改められ、211条2項も削除された。

その後、通行妨害目的で、重大な交通の危険が生じることとなる速度で走行中の車の前方で停止する行為等（いわゆるあおり運転）を危険運転致死傷罪の対象行為として追加する改正がなされ、令和2年7月2日から施行されている。

第1　危険運転致死傷罪

緊速可　　裁判員（致死）

（2条）

第2条　次に掲げる行為を行い、よって、人を負傷させた者は15年以下の懲役に処し、人を死亡させた者は1年以上の有期懲役に処する。

(1) アルコール又は薬物の影響により正常な運転が困難な状態で自動車を走行させる行為

(2) その進行を制御することが困難な高速度で自動車を走行させる行為

(3) その進行を制御する技能を有しないで自動車を走行させる行為

(4) 人又は車の通行を妨害する目的で、走行中の自動車の直前に進入し、その他通行中の人又は車に著しく接近し、かつ、重大な交通の危険を生じさせる速度で自動車を運転する行為

(5) 車の通行を妨害する目的で、走行中の車（重大な交通の危険が生じることとなる速度で走行中のものに限る。）の前方で停止し、その他これに著しく接近することとなる方法で自動車を運転する行為

(6) 高速自動車国道（高速自動車国道法（昭和32年法律第79号）第4条第1項に規定する道路をいう。）又は自動車専用道路（道路法（昭和27年法律第180号）第48条の4に規定する自動車専用道路をいう。）において、自動車の通行を妨害する目的で、走行中の自動車の前方で停止し、その他これに著しく接近することとなる方法で自動車を運転することにより、走行中の自動車に停止又は徐行（自動車が直ちに停止することができるような速度で進行することをいう。）をさせる行為

（7）　赤色信号又はこれに相当する信号を殊更に無視し、かつ、重大な交通の危険を生じさせる速度で自動車を運転する行為

（8）　通行禁止道路（道路標識若しくは道路標示により、又はその他法令の規定により自動車の通行が禁止されている道路又はその部分であって、これを通行することが人又は車に交通の危険を生じさせるものとして政令で定めるものをいう。）を進行し、かつ、重大な交通の危険を生じさせる速度で自動車を運転する行為

成立要件

① 自動車運転免許を受けた者（主体）

② 人（客体）

③ アルコールの影響により正常な運転が困難な状態で自動車を走行させること（行為）（1号）

④ 薬物の影響により正常な運転が困難な状態で自動車を走行させること（行為）（1号）

⑤ 進行を制御することが困難な高速度で自動車を走行させること（行為）（2号）

⑥ 進行を制御する技能を有しないで自動車を走行させること（行為）（3号）

⑦ 人又は車の通行を妨害する目的で、走行中の自動車の直前に進入し、その他通行中の人又は車に著しく接近し、かつ、重大な交通の危険を生じさせる速度で自動車を運転すること（行為）（4号）

⑧ 通行妨害目的で、重大な交通の危険が生じることとなる速度で走行している車両の前方で停止し、その他著しく接近することとなる方法で自車を運転すること（行為）（5号）

⑨ 高速自動車国道又は自動車専用道路において、通行妨害目的で、走行中の車両に著しく接近することとなる方法で自車を運転し、走行中の車両に停止又は徐行をさせる速度で進行すること（行為）（6号）

⑩ 赤色信号又はこれに相当する信号を殊更に無視し、かつ、重大な交通の危険を生じさせる速度で自動車を運転すること（行為）（7号）

⑪ 通行禁止道路を進行し、かつ、重大な交通の危険を生じさせる速度で自動車を運転すること（行為）（8号）

⑫ 人の死傷（結果）

⑬ 故意

自動車

＊原動機により、レール又は架線によらないで走行する車両をいい、道路交

通法に定める自動車（道交法2条1項9号）及び原動機付自転車をいう
（本法1条1項）。したがって、三輪、四輪の自動車のほかオートバイ、小
型特殊自動車を含む。
＊軽車両のほか路面電車、トロリーバスは除かれる。また、いわゆるアシス
ト機能付き自転車は、原動機が独立して作動し、自走するものではないの
で「自動車」には含まれない。

運転等

＊「運転」とは、ハンドル、ブレーキ等を操作して動かすことをいい、道路
交通法上の運転と基本的に同じ意味である。
＊「走行させる」とは、自動車を走らせることをいう。
＊「進行」とは、進んでいくこと、「通行」とは、その場所を通ることをいう。
＊本法での運転は、道路交通法とは異なり、道路上に限られない。

主要判例等 コンビニエンスストア敷地内駐車場での事故について、業務上過
失傷害が成立する（東京高判平17.5.25判時1910・158）。
※ 自動車運転死傷処罰法成立前の事案

(1) 1号

正常な運転が困難な状態

＊道路や交通の状況等に応じた運転をすることが難しい状態になっているこ
とをいう。
＊意識を失うおそれがある病気の発作のために意識を失っている状態や、精
神疾患による急性の精神病状態などもこれに当たる。

主要判例等
① 運転困難な状態になったのがアルコールの影響であればよく、直接の過
失が前方不注視であっても、飲酒のため前方を注視して危険を的確に把握
して対処できない状態であれば本罪が成立する（最決平23.10.31刑集65・
7・1138）。
※ 自動車運転死傷処罰法成立前の事案
② 危険運転致死傷罪の正犯者において、自動車を運転するに当たって、職
場の先輩で同乗している被告人両名の意向を確認し、了解を得られたこと
が重要な契機となっている一方、被告人両名において、正犯者がアルコー
ルの影響により正常な運転が困難な状態であることを認識しながら、同車
発進に了解を与え、その運転を制止することなくそのまま同車に同乗して

これを黙認し続け、正犯者が危険運転致死傷の犯行に及んだという場合、被告人両名の行為について、同罪の幇助罪が成立する（最決平25.4.15刑集67・4・437）。

薬　物
＊規制薬物に限らず、「正常な運転が困難な状態」を生じさせる薬理作用があれば、睡眠薬等も該当する。

(2)　2号
進行を制御することが困難な高速度
＊速度が速すぎて自車の進行を制御し、道路状況に応じて進行することが困難な速度をいう。

(3)　3号
進行を制御する技能を有しない
＊自車を進路に沿って走行させるために必要なハンドルやブレーキ等の運転装置を操作する初歩的な技量を欠くことである。
＊免許の有無とは関係がない。

(4)　4号
人又は車の通行を妨害する目的
＊特定の相手方に対して、自車との衝突を避けるために急な回避措置を執らせることを積極的に意図することを意味する。未必的な認識・認容があるだけでは足りない。

主要判例等　パトカーの追跡をかわすことが主たる目的であっても、反対車線の車両が間近に接近してきており、そのままの状態で走行を続ければ対向する車両の通行を妨害することになるのが確実であることを認識しながら、先行車両を追い抜こうとして車体の半分を反対車線に進出させた状態で走行を続けた場合には、「人又は車の通行を妨害する目的」が認められる（東京高判平25.2.22高刑集66・1・3）。
※　自動車運転死傷処罰法成立前の事案

走行中の自動車の直前に進入し、その他通行中の人又は車に著しく接近すること
＊現に走行中の自動車又はその場を通っている人や車に対して、自車をその

直近に移動させることをいう。

重大な交通の危険を生じさせる速度

＊自車がその速度で衝突すれば重大な事故を生じさせると一般的に認められる速度、あるいは衝突を回避することが困難であると一般的に認められる速度を意味する。通常、時速20〜30キロメートルであればこれに当たり得る。

> **主要判例等**　交差点で信号待ちをしていた先行車両の後方から赤色信号を殊更に無視し対向車線に進出し時速約20キロメートルで普通乗用自動車を運転して同交差点に進入しようとしたため自車を右方道路から左折進行してきた自動車に衝突させた行為は、重大な交通の危険を生じさせる速度に当たる（最決平18.3.14刑集60・3・363）。
> ※　自動車運転死傷処罰法成立前の事案

(5)　5号

車の通行を妨害する目的

＊通行を妨害する目的は、4号と同義である。

＊車の通行を妨害する目的であれば足り、その対象が特定の車であることまでは要しない。

重大な交通の危険が生じることとなる速度

＊4号と同程度の速度をいう。

走行中の車の前方で停止し、その他これに著しく接近することとなる方法

＊前方とは、4号の「直前」よりも空間的な距離が長いことをいう。

＊自車が相手方車両の進行方向の前方で停止したときに、著しく接近することとなる範囲である。

＊停止とは、走行している状態から車両の車輪の回転を完全に止める行為をいう。

＊著しく接近することとなる方法とは、車両の走行速度や位置関係等を前提とした場合に、自車の運転行為により、両車両が著しく接近することとなる場合である。

＊実行行為の時点で両車両が実際に接近していることまでは必要とされない。

⑹　6号

高速自動車国道及び自動車専用道路

＊「高速自動車国道」とは、高速自動車国道法４条１項に規定する道路をいい、「自動車専用道路」とは、道路法48条の４に規定する自動車専用道路をいう。

自動車の通行を妨害する目的

＊通行を妨害する目的とは、４号と同義である。

走行中の自動車の前方で停止し、その他これに著しく接近することとなる方法

＊５号参照。

停止又は徐行をさせる

＊停止をさせるとは、走行している状態から車両の車輪の回転を完全に止めさせることをいう。

＊徐行をさせるとは、自動車を直ちに停止することができるような速度で進行させることをいう（道路交通法２条１項20号参照）。

＊高速自動車国道又は自動車専用道路であっても、渋滞のため他の自動車が停止や徐行を繰り返しているような場合に、本号の運転行為が行われ、死傷の結果が生じたとしても、重大な交通の危険性が現実化したものとはいいがたいことから、同号の罪による処罰の対象とすべきでない場合がある。

⑺　7号

赤色信号又はこれに相当する信号

＊赤色信号は、道路交通法施行令２条１項表中にいう「赤色の灯火」と同じである。なお、「赤色の灯火の点滅」は含まれない。

＊「これに相当する信号」には、警察官の「手信号」又は「灯火による信号」が挙げられる。

赤色信号を殊更に無視

＊赤色信号に従わない行為のうち、およそ赤色信号に従う意思のないものをいう。

主要判例等
①　赤色信号を「殊更に無視し」とは、およそ赤色信号に従う意思のないものをいい、赤色信号であることの確定的な認識がない場合であっても、信

号の規制自体に従うつもりがないため、その表示を意に介することなく、たとえ赤色信号であったとしてもこれを無視する意思で進行する行為も、これに含まれる（最決平20.10.16刑集62・9・2797）。

※　自動車運転死傷処罰法成立前の事案

②　被告人とAが、各自自動車を運転し、互いに、相手が同交差点において赤色信号を殊更に無視する意思であることを認識しながら、速度を競うように高速度のまま同交差点を通過する意図の下に赤色信号を殊更に無視する意思を強め合い、高速度で一体となって交差点に進入させ、A運転車両が被害者の乗車する自動車に衝突した場合、A運転車両による死傷の結果も含め、被告人に5号の危険運転致死傷罪の共同正犯が成立する（最決平30.10.23刑集72・5・471）。

⑻　8号

通行禁止道路

＊道路標識若しくは道路標示により、又はその他法令の規定により自動車の通行が禁止されている道路又はその部分であって、これを通行することが人又は車に交通の危険を生じさせるものとして政令（自動車の運転により人を死傷させる行為等の処罰に関する法律施行令2条）で定めるものをいう。

＊車両通行止め道路、自転車及び歩行者専用道路、一方通行道路（の逆走）、高速道路の反対車線、安全地帯又は立入り禁止部分（路面電車の電停等）が当たる。

故　意

＊危険運転行為の故意が必要である。

＊「通行禁止道路を進行し」たことの認識は、当該道路が人又は車に交通の危険を生じさせるものとして通行することが禁じられているものであることの認識は必要であるが、政令における「通行禁止道路」の指定の詳細についてまで認識している必要はない。

＊「通行禁止道路」であることについて、道路標識を見ることで認識したのか、対向車からのパッシング等により認識したのかなど、認識の方法は問わない。

罪　数

＊本罪が成立する場合には、その行為が酒酔い運転、速度違反等の道路交通法違反行為に該当しても、道路交通法違反の罪は成立しない。

緊逮可

第3条 アルコール又は薬物の影響により、その走行中に正常な運転に支障が生じるおそれがある状態で、自動車を運転し、よって、そのアルコール又は薬物の影響により正常な運転が困難な状態に陥り、人を負傷させた者は12年以下の懲役に処し、人を死亡させた者は15年以下の懲役に処する。

2 自動車の運転に支障を及ぼすおそれがある病気として政令で定めるものの影響により、その走行中に正常な運転に支障が生じるおそれがある状態で、自動車を運転し、よって、その病気の影響により正常な運転が困難な状態に陥り、人を死傷させた者も、前項と同様とする。

成立要件

① 自動車運転免許を受けた者（主体）

② アルコール又は薬物の影響により、その走行中に正常な運転に支障が生じるおそれがある状態で、自動車を運転すること（行為）（1項）

③ 自動車の運転に支障を及ぼすおそれがある病気として政令で定めるものの影響により、その走行中に正常な運転に支障が生じるおそれがある状態で、自動車を運転すること（行為）（2項）

④ 人（客体）

⑤ 人の死傷（結果）

⑥ 「正常な運転に支障が生じるおそれがある状態で自動車を運転」したことと、「正常な運転が困難な状態に陥」ったこととの間、「正常な運転が困難な状態に陥」ったことと人の死傷結果との間、及び「正常な運転に支障が生じるおそれがある状態で自動車を運転」したことと死傷結果との間に、いずれも因果関係が必要（因果関係）

⑦ 「その走行中に正常な運転に支障が生じるおそれがある状態」で自動車を運転したことの認識（故意）

正常な運転に支障が生じるおそれがある状態

＊「正常な運転が困難な状態」にまでは至っていないが、アルコールや薬物、又は病気のために、自動車を運転するのに必要な注意力・判断能力・操作能力が相当程度減退して、危険である状態のことをいう。

＊アルコールの影響による場合には、道路交通法の酒気帯び運転罪になる程度のアルコールが体内にある状態であれば、通常はこれに当たる。なお、

道路交通法で定める客観的に一定程度のアルコールを身体に保有していなくても、自動車を運転するのに必要な注意力等が相当程度減退して危険性のある状態にあれば、「正常な運転に支障が生じるおそれがある状態」に該当し得る。

＊薬物の影響による場合には、その薬理作用ごとの判断が必要となる。例えば、薬理作用によって手足の動作に支障を来したり意識が鈍麿するなどして、自動車を運転するのに必要な注意力等が相当程度減退して危険性のある状態にあるか、そのような危険性のある状態になり得る具体的なおそれがある場合には、これに該当する。

＊病気の影響による場合には、例えば、意識を失うおそれがある病気であれば、意識を失うような発作の前兆症状が出ている状態や、運転中に発作のために意識を失ってしまうおそれがある状態などがこれに当たり、精神疾患であれば、急性の精神病状態に陥るおそれがある状態などがこれに当たる。

自動車の運転に支障を及ぼすおそれがある病気

＊①自動車の安全な運転に必要な認知、予測、判断又は操作のいずれかに係る能力を欠くこととなるおそれがある症状を呈する統合失調症、②意識障害又は運動障害をもたらす発作が再発するおそれがあるてんかん（発作が睡眠中に限り起こるものを除く。）、③再発性の失神、④自動車の安全な運転に必要な認知、予測、判断又は操作のいずれかに係る能力を欠くこととなるおそれがある症状を呈する低血糖症、⑤自動車の安全な運転に必要な認知、予測、判断又は操作のいずれかに係る能力を欠くこととなるおそれがある症状を呈するそう鬱病（そう病及び鬱病を含む。）、⑥重度の眠気の症状を呈する睡眠障害をいう（自動車の運転により人を死傷させる行為等の処罰に関する法律施行令3条）。

＊なお、「低血糖症」については、本罪の趣旨に鑑み、運転免許の欠格事由とは異なり、前兆症状が自覚できない無自覚性か自覚性かや、人為的に血糖を調節できるものか否かを問わず、自動車の運転に支障を及ぼすおそれがある症状を呈するものが本罪の対象とされている。

故　意

＊「正常な運転に支障が生じるおそれがある状態」の認識が必要である。

＊アルコールの影響による場合、自己がアルコールの影響を受けやすく、酒気帯び運転罪に該当しない程度の保有量でもアルコールの影響により「正常な運転に支障が生じるおそれがある状態」にあることを認識していることを認識してい

とが必要であり、かつ、それで足りる。他方、運転者が自らはアルコールの影響を受けにくいと認識していたとしても、客観的に「正常な運転に支障が生じるおそれがある状態」にあり、かつ、酒気帯び運転罪に該当する程度のアルコールを身体に保有していることを認識していたのであれば、通常は、「正常な運転に支障が生じるおそれがある状態」についての故意があるといえる。

＊病気の影響による場合、例えば、突然意識を失ったり眠りに落ちたりしてしまうなどの経験から症状を自覚していたり、家族等から注意されるなどして症状を認識し、そのような病気の症状の影響により、走行中に正常な運転に支障が生じるおそれがある状態にあることを認識していれば、故意が認められる。具体的な病名の認識までは不要である。

罪　数

＊ある運転行為が本罪の複数の類型に該当する場合、包括一罪となる。

＊本罪が成立する場合、過失運転致死傷罪（5条）は成立しない。

＊本罪が成立する場合には、その行為が酒気帯び運転、酒酔い運転等の道路交通法違反行為に該当しても、道路交通法違反の罪は成立しない。

第3　過失運転致死傷アルコール等影響発覚免脱罪（4条）

緊逮可

第4条　アルコール又は薬物の影響によりその走行中に正常な運転に支障が生じるおそれがある状態で自動車を運転した者が、運転上必要な注意を怠り、よって人を死傷させた場合において、その運転の時のアルコール又は薬物の影響の有無又は程度が発覚することを免れる目的で、更にアルコール又は薬物を摂取すること、その場を離れて身体に保有するアルコール又は薬物の濃度を減少させることその他その影響の有無又は程度が発覚することを免れるべき行為をしたときは、12年以下の懲役に処する。

成立要件

① 　アルコール又は薬物の影響によりその走行中に正常な運転に支障が生じるおそれがある状態で自動車を運転した者（主体）

② 　アルコール又は薬物の影響によりその走行中に正常な運転に支障が生じるおそれがある状態で自動車を運転したこと（行為）

③ 　自動車の運転をする際に必要な注意をしないで人を死傷させたこと（行

為）

④　アルコール又は薬物の影響の有無又は程度が発覚することを免れるべき
　　行為をしたこと（行為）

⑤　運転の時のアルコール又は薬物の影響の有無又は程度が発覚することを
　　免れる目的（目的）

⑥　故意（②＋④の認識）

<hr>

正常な運転に支障が生じるおそれがある状態

＊「正常な運転に支障が生じるおそれがある状態」の意義は、3条参照。

＊運転開始時には「正常な運転に支障が生じるおそれがある状態」であった
　としても、その後の長時間にわたる運転中にアルコールの影響が低下して
　いき、死傷を生じさせた運転の時点では「正常な運転に支障が生じるおそ
　れがある状態」でなくなっていた場合には、本罪は成立しない。

自動車の運転をする際に必要な注意を怠り

＊「運転上必要な注意を怠」ったことが、アルコール又は薬物の影響による
　ことは要件とはされておらず、アルコール又は薬物の影響とは無関係な過
　失でもよい。

免脱行為

＊当該行為の結果、運転時のアルコール等の影響の有無又は程度の発覚に影
　響を与えることができる程度の行為がなされる必要がある。「その影響の
　有無又は程度が発覚すること」を現に免れたことまでは必要ない。例えば、
　更にアルコールを飲んだり、その場から逃げたりして、アルコールに酔っ
　ていたかや、どのくらい酔っていたかといったことが分からないようにす
　ることである。

＊身体に保有するアルコールを急速に分解する薬物を摂取する行為などはこ
　れに当たりうるが、同乗者を身代わりに立てたり、酒類の容器を処分する
　だけでは、直ちに免脱行為に当たらない。

故意（アルコール又は薬物の影響の有無又は程度が発覚することを免れる目的）

＊現場を離れてアルコール等の濃度を低減させる行為を、その旨を認識して
　行ったときは、通常は、アルコール等の影響が発覚することを免れる目的
　があったことも認められる。

＊他の目的、例えば、犯人であることの発覚自体を免れる目的が併存してい
　ても、本罪の目的といえる。

過失運転致死アルコール等発覚影響免脱罪における「更にアルコール又は薬物を摂取する」という追い飲み行為と、「その場を離れて身体に保有するアルコール又は薬物の濃度を減少させる」という立ち去り行為は、運転時のアルコールなどの影響に関する重要な証拠収集を妨げる当罰性の高い典型的な実行行為として規定されているものであり、前者がより作為性が強く当罰性の高い行為であるとしても、後者について、必ずしも前者に匹敵する程度の当罰性を求める趣旨とは解されない（札幌高判平29.1.26判時2386・114）。

故　意（死傷結果の認識）

＊死傷結果の故意は、過失運転致死傷の時点においては不要であるが、その後の免脱行為の時点では、人の死傷の結果が生じていることの認識が必要である。

成立時期

＊本罪は、アルコール濃度に関する証拠収集を妨げうる行為を処罰するものであることから、そうした状態に達した時に既遂となる。単に事故の現場を離れただけでは足りず、一定の時間（およそ40分程度）が経過した場合に既遂に達する。

罪　数

＊本罪が成立するときは、過失運転致死傷罪（5条）は吸収されるので成立しない。

＊また、アルコールの影響による危険運転致死傷罪（2条1号及び3条1項）を補充するものなので、同罪が成立するときは本罪は成立しない。

＊事故現場から逃げた場合には、これとは別にひき逃げ（道路交通法の救護義務違反）の罪も成立し、併合罪となる。

― 第4 過失運転致死傷罪（5条）

緊逮可

第5条 自動車の運転上必要な注意を怠り、よって人を死傷させた者は、7年以下の懲役若しくは禁錮又は100万円以下の罰金に処する。ただし、その傷害が軽いときは、情状により、その刑を免除することができる。

成立要件
① 自動車運転免許を受けた者（主体）
② 自動車の運転上必要な注意を怠って自動車を運転すること（行為）
③ 人（客体）
④ 人の死傷（結果）
⑤ 過失

自動車の運転上必要な注意
＊自動車運転者が、自動車の各種装置を操作し、そのコントロール下において自動車を動かす上で必要とされる注意義務をいう。
＊本条では、業務上であることは要件とされていない。
＊自動車運転者の注意義務の内容は、交通取締法規に定められた自動車運転に関する一般的なルールが考慮されるが、過失の注意義務は個別具体的な状況を基礎にして決定されるので、行政法規である交通取締法規と必ずしも直結するものではない。
＊道路交通法等における運転方法が遵守されていなかったからといって直ちに過失が認められることになるわけではないし、それらの法規に示された運転方法に従っていただけで当然に過失の成立を免れるわけではない。
＊本条は、運転者に整備不良や積荷の不適切積載の過失が認められる場合などのほか、道路状況によっては、夜間無灯火で路上に駐車していたことに起因する事故にも適用される場合がある。

主要判例等
① 信号待ちのため停車中、同乗者が後部左側ドアから降車しようとする場合、自動車運転者は、フェンダーミラー等を通じて左後方の安全を確認した上で、開屝を指示するなど適切な措置を採るべき注意義務を負っており、同乗者に対して左後方の安全を確認した上でドアを開けることを指示しただけでは、自動車運転者としての<u>立場</u>に基づき発生する自己の注意義務を尽くしたものとはいえない（最決平5.10.12刑集47・8・48）。
② 夜間、無灯火で、自車の進行車線を逆行して来た対向車と正面衝突した

事故につき、対向車が前照灯を点灯して進行中の被告人車に気付いた様子もなく、異常な走行をしているなどの事情の下では、前方を注視し、視認可能地点で直ちに対向車を発見しこれを注視していたとしても、同車のその後の進路の予測が可能となり、事故を回避できたとはいえないから、前方不注視の過失があったとはいえない（最判平4.7.10裁判集260・311）。

③　左右の見通しが利かない交差点で、対面信号機が黄色灯火の点滅を表示している際、交差道路から、一時停止も徐行もせず、高速で進入してくる車両があり得るとは、通常想定し難いものというべきで、被告人車が衝突地点の手前で停止することができ、衝突を回避することができたものと断定することは困難である（最判平15.1.24裁判集283・241）。

罪　数

＊本罪が成立する場合は、業務上過失致死傷罪は成立しない。

＊道路交通法上の酒酔い・酒気帯び運転の罪と本罪とは併合罪の関係となる。

第5　無免許運転による加重 （6条）

緊速可

第6条　第2条（第3号を除く。）の罪を犯した者（人を負傷させた者に限る。）が、その罪を犯した時に無免許運転をしたものであるときは、6月以上の有期懲役に処する。

2　第3条の罪を犯した者が、その罪を犯した時に無免許運転をしたものであるときは、人を負傷させた者は15年以下の懲役に処し、人を死亡させた者は6月以上の有期懲役に処する。

3　第4条の罪を犯した者が、その罪を犯した時に無免許運転をしたものであるときは、15年以下の懲役に処する。

4　前条の罪を犯した者が、その罪を犯した時に無免許運転をしたものであるときは、10年以下の懲役に処する。

成立要件

①　自動車運転免許を受けていない者で本条に定める罪を犯した者（主体）

②　自動車を運転すること（行為）

③　人の死傷（結果）

④　故意

本罪の対象

＊本罪の対象は、2条1号、2号及び4号ないし8号の危険運転致傷を犯した者で、各罪を犯した時に無免許運転をしたものである（2条3号が除外され、致傷の場合に限られる。）。また、3条ないし5条の罪を犯した者が各罪を犯した時に無免許運転をしていたものである。

無免許運転

＊道路交通法の無免許運転（道交法64条1項・117条の2の2第1号）と同じであり（1条2項）、四輪自動車や自動二輪車のほか、原動機付自転車（原付）も対象となる。

故 意

＊前提となる各罪を犯した時点で、無免許であることについての故意が必要である。

罪 数

＊本罪が成立する場合、死傷の結果を生じさせた機会の無免許運転罪は、本罪とは別個には成立しない。

＊無免許運転中に危険運転行為を行い、複数の者に死亡と負傷の結果を生じさせた場合、無免許運転罪、危険運転致死罪及び危険運転致傷罪がそれぞれ成立し、危険運転致死罪と危険運転致傷罪とは観念的競合となり、これと無免許運転罪とは併合罪となる。

5 堕胎の罪

第1　堕胎罪（212条）

第212条　妊娠中の女子が薬物を用い、又はその他の方法により、堕胎した
　　ときは、1年以下の懲役に処する。

第2　同意堕胎罪・同致死傷罪（213条）

第213条　女子の嘱託を受け、又はその承諾を得て堕胎させた者は、2年以
　　下の懲役に処する。よって女子を死傷させた者は、3月以上5年以下の懲
　　役に処する。

第3　業務上堕胎罪・同致死傷罪（214条）

第214条　医師、助産師、薬剤師又は医薬品販売業者が女子の嘱託を受け、
　　又はその承諾を得て堕胎させたときは、3月以上5年以下の懲役に処する。
　　よって女子を死傷させたときは、6月以上7年以下の懲役に処する。

第4　不同意堕胎罪（215条）

第215条　女子の嘱託を受けないで、又はその承諾を得ないで堕胎させた者
　　は、6月以上7年以下の懲役に処する。
2　前項の罪の未遂は、罰する。

第5　不同意堕胎致死傷罪（216条）

第216条　前条の罪を犯し、よって女子を死傷させた者は、傷害の罪と比較
　　して、重い刑により処断する。

6 遺棄の罪

　遺棄の罪は、保護を必要とする人に対して保護のない状態にさらす人の生命・身体に対する危険犯である。
　最近は、子供を遺棄する場合が多く、児童相談所等からの通知も少なくない。

― 第1 　遺棄罪（217条）

第217条　老年、幼年、身体障害又は疾病のために扶助を必要とする者を遺棄した者は、1年以下の懲役に処する。

成立要件
① 老年、幼年、身体障害又は疾病のために扶助を必要とする者を保護すべき者以外の者（主体）
② 老年、幼年、身体障害又は疾病のために扶助を必要とする者（客体）
③ 遺棄すること（行為）
④ 故意

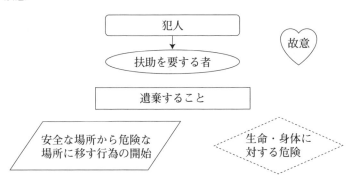

主体
＊主体は、老年、幼年、身体障害又は疾病のために扶助を必要とする者を保護すべき責任ある者以外の者である。
＊老年、幼年、身体障害又は疾病のために扶助を必要とする者を保護すべき責任ある者は、218条の保護責任者遺棄罪の主体となる。

* 「老年、幼年、身体障害又は疾病のために扶助を必要とする者」とは、精神上又は身体上の疾患のため、他人の扶助を得ないと自ら日常生活に必要な動作をすることのできない者をいう（大判大4.5.21刑録21・670）。生活資料を自給する経済能力があるかどうかは問わない。

* 精神病者、麻酔状態にある者、催眠術にかかっている者、飢餓者、負傷者、極度に疲労している者等も、具体的状況により、疾病により扶助を要する者に含まれる。

* 「遺棄」とは、保護された状態から保護のない状態に移すことをいう。本罪の主体は、保護責任がない者であるから、いわゆる「置き去り」は本条にいう遺棄に当たらない。

* 自宅の庭先などに何ら関係のない要扶助者がいるのをそのまま放置したとしても本罪は成立しない（なお、これを公務員に届け出ないときは、軽犯罪法1条18号に該当する。）。

* 遺棄の結果、遺棄された者の生命、身体に抽象的危険を生ずれば足り、具体的危険の発生したことまでは必要としない（大判大4.5.21刑録21・670）。

* 被遺棄者が老年、幼年、身体障害又は疾病のために扶助を必要とする者であることを認識している必要があり、かつ、その遺棄行為の認識も必要である。

緊速可

── 第2　保護責任者遺棄等罪（218条）

第218条　老年者、幼年者、身体障害者又は病者を保護する責任のある者が
　これらの者を遺棄し、又はその生存に必要な保護をしなかったときは、3
　月以上5年以下の懲役に処する。

成立要件

① 老年者、幼年者、身体障害者又は病者を保護する責任のある者（主体）
② 老年者、幼年者、身体障害者又は病者（客体）
③ 遺棄又は生存に必要な保護をしなかったこと（行為）
④ 故意

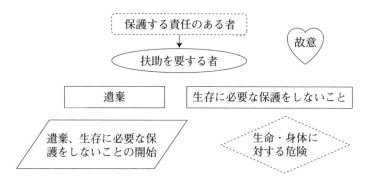

保護する責任のある者

＊本罪の主体は、「老年者、幼年者、身体障害者又は病者を保護する責任の
　ある者」に限られる身分犯である。

＊保護責任者遺棄罪の成立には、行為者に法律上の保護義務が認められなけ
　ればならず、その保護義務の根拠については、不真正不作為犯における作
　為義務の根拠とほぼ同様に、法令、契約、事務管理、条理等が挙げられる。

＊法令に基づく場合には、警察官の保護義務（警職法3条）や親権者の子に
　対する監護義務（民法820条）、親族の扶養義務（民法877条）などがある。
　このような法令上の保護義務者がつねに本条の保護責任者となるわけでは
　ない。したがって、扶養義務者が必ずしも保護責任者であるとは限らない
　し、扶養義務履行の順位なども保護責任の有無を判断する直接の基準とな
　るわけではない（大判大7.3.23刑録24・235、大判大8.8.7刑録25・953）。

主要判例等

① 契約に基づく場合として、雇主が慣例又は黙示の契約により、同居の雇人に対する関係で保護責任を負う場合がある（大判大8.8.30刑録25・963）。また、養子として幼児をもらい受けた者は、法律上の手続を済ませていなくても、その幼児を保護すべき責任がある（大判大5.2.12刑録22・134）。

② 事務管理に基づく場合として、病者を自宅に引き取り同居させた者は、病者が保護を受ける必要がなくなり、または保護者ができるまでは、これを保護する責任を負うとしたものがある（大判大15.9.28刑集5・387）。

③ 条理に基づく場合は、具体的事情により法の精神から導かれる。一般には、行為者の先行行為により客体となる者を扶助を要する状態にした場合や、行為者が客体を保護する責任を引き受けたと認められる場合である。条理上の保護責任を認めた事例に、

○ 被害者と同行して外出中の、同人と同じ会社に勤務し、同じ社員寮に居住する者は、傷害を負って独力による起居動作が不可能に陥った被害者を「保護する責任のある者」に当たる（岡山地判昭43.10.8判時546・98）

○ 自動車運転者が歩行者を誘って助手席に同乗させて走行中、しきりに下車を求められたにもかかわらず走行を継続したため、同乗者が路上に飛び降り重傷を負ったときは、救護を要する事態を確認した運転者は、自己の先行行為に基づき、本条の保護責任を有する（東京高判昭45.5.11高刑集23・2・386）

○ 同棲を始めた女性の連れ子（東京地判昭48.3.9判タ298・349）

○ 被告人から覚醒剤を注射されたことにより錯乱状態に陥った少女（最決平1.12.15刑集43・13・879）

などがある。

想定問答

問 いわゆるひき逃げにおいて、自動車運転者が、過失により通行人に重傷を負わせたときは、保護責任者に当たるか。

答 いわゆるひき逃げについて、自動車運転者が、過失により通行人に重傷を負わせて歩行不能にさせたときは、保護責任者に当たり、救護措置を講ずることなく、被害者を自車に乗せて現場を離れ、降雪中の薄暗い車道上まで運び、降ろして放置したときは本罪が成立する（最判昭34.7.24刑集13・8・1163）としている。

なお、単なる逃走事案は、実務的には、過失運転致死傷罪ないし危険運

転致死傷罪と道路交通法違反（道交法72条１項前段）として処理されるのが一般的であろう。

老年者、幼年者、身体障害者又は病者

＊その意味については、遺棄罪（217条・56頁）参照。

なお、「扶助を必要とする者」という要件はないが、本条においても当然に必要と解される。

＊高度の酩酊により身体の自由を失い他人の扶助を要する状態にある者は、本条の病者に当たる（最決昭43.11.7判時541・83）。

遺棄又は生存に必要な保護をしなかった

＊「遺棄」については、遺棄罪（217条・56頁）参照。

なお、本条の場合、保護責任がある者がその主体であるから、置き去りという不作為も遺棄に当たることがある（最判昭34.7.24刑集13・8・1163、大阪地判昭39.11.5判時390・51、東京地判昭63.10.26判タ690・245など）。

＊「生存に必要な保護をしなかった」（不保護）とは、老年者、幼年者、身体障害者又は病者につきその生存のために特定の保護行為を必要とする状況（要保護状況）が存在することを前提として、その者の生存に必要な保護行為として行うことが刑法上期待される特定の行為をしなかったことをいう（最判平30.3.19刑集72・1・1）。

故　意

＊老年者、幼年者、身体障害者又は病者で保護を要することを認識し、「遺棄」又は「生存に必要な保護をしなかった」ことを認識することが故意の内容である。

他罪との関係

＊保護責任のある者が、殺意をもって、要保護者を遺棄し又は必要な保護を与えなかった場合には、殺人罪が成立し、本罪はこれに吸収される。また、業務上の過失により、人を負傷させ、保護責任が生じたにもかかわらず、これを遺棄した場合には、業務上過失傷害罪と本罪の併合罪となる。

第219条　前2条の罪を犯し、よって人を死傷させた者は、傷害の罪と比較して、重い刑により処断する。

成立要件

① 犯人（主体）
② 扶助を要する者（客体）
③ 遺棄罪又は保護責任者遺棄罪を犯すこと（行為）
④ 人を死傷させた（結果）
⑤ 遺棄罪と死傷との間の因果関係（③→④）
⑥ 故意

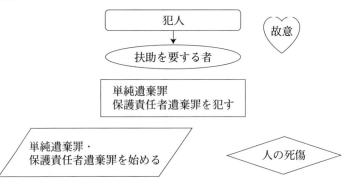

遺棄罪又は保護責任者遺棄罪を犯し

＊本罪は、遺棄罪及び保護責任者遺棄罪の結果的加重犯である。
＊遺棄罪・保護責任者遺棄罪の成立要件については、遺棄罪（217条・55頁）、保護責任者遺棄等罪（218条・57頁）参照。

人を死傷させたこと

＊その意味については、業務上過失致死傷罪（211条前段・35頁）参照。

主要判例等　産婦人科医師が、妊婦の依頼を受け、自ら開業する医院で妊娠第26週に入った胎児の堕胎を行い、その堕胎により出生した未熟児に保育器等の未熟児医療設備の整った病院の医療を受けさせれば、同児が生育する可能性のあることを認識し、かつ、上記の医療を受けさせるための措置をと

ることが迅速容易にできたにもかかわらず、同児を保育器もない自己の医院
内に放置したまま、生存に必要な処置をとらなかった結果、同児を死亡する
に至らしめた場合、業務上堕胎罪のほかに保護責任者遺棄致死罪が成立する
（最決昭63.1.19刑集42・1・1）。

因果関係

＊遺棄行為又は生存に必要な保護をしないことと死傷の結果との間に因果関
係が存しなければならない。

主要判例等

① 被告人らが注射した覚醒剤によって錯乱状態に陥った被害者を放置して
立ち去ったところ、同女が死亡したという事案で、直ちに適切な治療を受
けさせていれば救命が確実であったと認められる場合には、放置し立ち去
る行為と死亡との間に因果関係が認められる（最決平1.12.15刑集43・13・
879）。
② 被告人が救命措置を講じた場合、被害者が救命された可能性は相当程度
あったとして、保護責任者遺棄罪の成立を認めたものの、被害者が死亡し
た可能性を否定することはできず、被告人の不保護と被害者の死亡との間
に因果関係を認めるには合理的な疑いが残るとして、同致死罪の成立を否
定した事例（札幌地判平15.11.27判タ1159・292）。

故　意

＊故意は、遺棄罪又は保護責任者遺棄罪の故意があれば足りる。
＊被遺棄者の死傷についての認識がある場合には、殺人罪又は傷害罪のみが
成立する。

第2章　自由、名誉又は信用を害する罪

① 逮捕及び監禁の罪

CHECK
　　逮捕及び監禁の罪は、人の行動の自由を保護するものである。逮捕・監禁罪は継続犯である。
　　なお、組織的犯罪として逮捕・監禁が行われたときは、組織的な犯罪の処罰及び犯罪収益の規制等に関する法律（3条1項8号）で重く処罰される。

── 第1　逮捕・監禁罪（220条）

緊速可

第220条　不法に人を逮捕し、又は監禁した者は、3月以上7年以下の懲役に処する。

成立要件
① 犯人（主体）
② 他人（自然的事実的意味において行動し得る者）（客体）
③ 逮捕又は監禁すること（行為）
④ 行動の自由が奪われること（犯罪の成立）
⑤ 故意

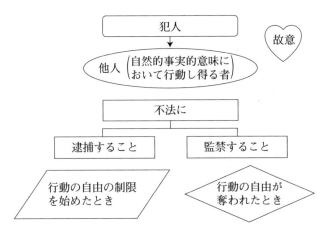

人

＊生後間もない嬰児のように全く行動の自由を持たない者は本罪の客体となり得ない。泥酔・熟睡等のため一時的に意思能力・行動能力を有しない者、幼少・精神疾患のために意思能力のない者は本罪の客体となり得ると解される（通説）。

不法に

＊正当な理由がなくということである。

＊非行、登校拒否等の問題を抱えた児童の矯正施設で児童を小屋やコンテナに閉じ込めた行為は、教育ないし矯正の目的があったとしても、その手段、方法において著しく相当性を欠くものであり「不法に」といえる（広島高判平9.7.15判時1624・145）。

逮 捕

＊人の身体に対して直接的な拘束を加えてその行動の自由を奪うことをいう。

(主要判例等) 逮捕罪の成立には多少の時間継続して自由を束縛することを要し、藁縄で両足を5分間制縛して引きずり回すことはこれに当たる（大判昭7.2.29刑集11・141）。

監 禁

＊人が一定の場所から出ることを著しく困難にしてその行動の自由を奪うこ

とをいう（最判昭24.12.20刑集3・12・2036）。

> (主要判例等) 監禁罪は、方法の有形的であると無形的であるとを問わず一定の場所からの脱出を不可能にし、継続して人の行動の自由を不法に拘束することによって成立し、その拘束は多少の時間継続することを必要とするが、時間の長短は問わない。暴行・脅迫により8畳間に約30分間拘束することは、監禁に当たる（大判昭7.2.12刑集11・75）。

＊脅迫や偽計を用いて一定の場所から脱出することを妨げた場合も監禁罪が成立する。

＊必ずしも被監禁者の自由の拘束が完全なものであることを要しない。

> (主要判例等)
> ① 脅迫による監禁罪が成立するためには、その脅迫は被害者をして一定の場所から立ち去ることを得せしめない程度のものでなければならない（最大判昭28.6.17刑集7・6・1289）。
> ② 監禁は、偽計により被害者の錯誤を利用する場合を含むから、逃亡した接客婦を連れ戻すため、入院中の母の許に行くものと誤信させてタクシーに乗り込ませ、疾走するタクシーから容易に脱出できなくする行為は監禁罪に当たる（最決昭33.3.19刑集12・4・636）。

共 犯

＊監禁につき共謀した者は、自己が実行行為を分担せず、共謀者の1人が強いて被害者を乗車させた自動車を運転疾走し、その脱出を防止した場合でも、監禁罪の共同正犯として責任がある（大判昭10.12.3刑集14・1255）。

＊他人が不法監禁されているとき、途中からその加害者の犯行を認識しながら、これと犯意を共通にして当該監禁状態を利用し、自らもその監禁を続けた場合は、いわゆる承継的共同正犯として、加担前の監禁をも含めて全部について責任がある（東京高判昭34.12.7高刑集12・10・980）。

> **POINT** 正犯と共犯
> 正犯とは、単独で犯罪を実行する場合であり、単独正犯、共同正犯、間接正犯がある。
> 2人以上の者がいずれも犯罪の実現という同一の目的に向けて分担を決めて犯罪を実行する場合を共同正犯という（60条）。共同正犯には、実行共同正犯と共謀共同正犯とがある。

共犯とは複数の者が犯罪に関与する場合をいう。

犯罪意思のない者をそそのかして犯罪を決意させ実行させた者を教唆犯という（61条）。教唆犯が成立するには、①教唆者が教唆行為をすること、②正犯が実行行為に及んだこと、③教唆行為によって正犯に犯意が生じたことが要件となる。教唆犯には、例えば、XがYに「Zに窃盗するように教唆しろ」といった間接教唆などがある。

他人の犯罪の実行を援助し容易にした者を幇助犯又は従犯という（62条1項）。幇助犯には、幇助犯を幇助する間接幇助（最決昭44.7.17刑集23・8・1061）や不作為による幇助（後述）、被幇助者が知らないうちにその実行を援助し容易にする幇助行為を行う片面的幇助（大判大14.1.22刑集3・921）などの態様がある。

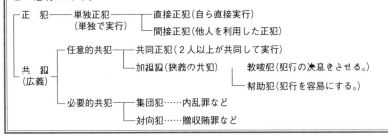

＊人を逮捕し引き続き監禁したときは、包括的に観察して本条の単純一罪が成立する（最大判昭28.6.17刑集7・6・1289）。

＊1個の行為で同一場所に複数人を逮捕・監禁した場合には、被害者の数だけの逮捕監禁罪が成立し、これらの罪は観念的競合となる（最判昭28.6.17刑集7・6・1289）。

他罪との関係

＊逮捕・監禁の手段として暴行が加えられれば本罪に吸収されるが、監禁中に監禁継続とは別の動機で加えられた暴行は本罪と併合罪の関係に立つ（45条）。

＊逮捕・監禁状態を利用して義務なきことをさせた場合には、本罪と強要罪との併合罪（45条）となる。

＊強制性交等を目的に女子を逮捕・監禁した上で性交等に及んでも、牽連犯ではなく併合罪（45条）となり、監禁中に強制性交等を犯した際には両罪の観念的競合ではなく、本罪と強制性交等罪との併合罪（45条）となる。

＊身の代金取得目的で人を略取誘拐した者が、更に略取され又は誘拐された

者を監禁し、その間に身の代金を要求したときは、身の代金目的略取誘拐罪と身の代金要求罪とは牽連犯の関係に、以上の各罪と監禁罪とは併合罪の関係に立つ（最決昭58.9.27刑集37・7・1078）。

＊恐喝の目的で他人を監禁し、恐喝の目的を遂げた場合には、監禁罪と恐喝罪との併合罪となる（最判平17.4.14刑集59・3・283）。

第2 逮捕等致死傷罪（221条）

第221条 前条の罪を犯し、よって人を死傷させた者は、傷害の罪と比較して、重い刑により処断する。

成立要件

① 犯人（主体）
② 他人（自然的事実的意味において行動し得る者）（客体）
③ 逮捕又は監禁罪を犯すこと（行為）
④ 死傷（結果）
⑤ 逮捕・監禁と死傷との間の因果関係（③→④）
⑥ 故意

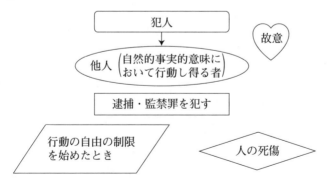

人

*その意味については、逮捕・監禁罪（220条・63頁）参照。

逮　捕

*その意味については、逮捕・監禁罪（220条・63頁）参照。

死　傷

*逮捕又は監禁行為と死傷との間に因果関係のあることを要する。

*重い結果である死傷について、過失ないし予見可能性を必要としない（大判昭3.4.6刑集7・291）。

*外傷に限らず疾病の発病ないし悪化を含む。

主要判例等

① 道路上で停車中の普通乗用自動車後部のトランク内に被害者を監禁した行為と、同車に後方から走行してきた自動車が追突して生じた被害者の死亡との間には、同人の死亡原因が直接的には追突事故を起こした第三者の甚だしい過失行為にあるとしても、因果関係がある（最決平18.3.27刑集60・3・382）。

② 不法に被害者を監禁し、その結果、被害者に外傷後ストレス障害（PTSD）を発症させた場合、監禁致傷罪が成立する（最決平24.7.24刑集66・8・709）。

他罪との関係

*本条の罪の成立には、人の死傷が逮捕又は監禁そのもの、少なくともその手段たる行為そのものから生じたことを要するから、人を監禁しその機会にこれに暴行を加えて傷害を負わせたときは、本罪ではなく、監禁罪と傷害罪の両罪が成立し併合罪となる（名古屋高判昭31.5.31高刑裁特3・14・685）。

*恐喝の手段として監禁が行われた場合、両者は牽連犯ではなく、併合罪となる（最判平17.4.14刑集59・3・283）。

② 脅迫の罪

CHECK 個人の意思の自由を保護するものである。脅迫行為を処罰の対象とするもので、相手が畏怖したかは問わない（危険犯）。
なお、暴力行為等処罰ニ関スル法律（1条、1条の3、3条1項）に重罰規定がある。

─ 第1　脅迫罪（222条）─

第222条　生命、身体、自由、名誉又は財産に対し害を加える旨を告知して人を脅迫した者は、2年以下の懲役又は30万円以下の罰金に処する。

2　親族の生命、身体、自由、名誉又は財産に対し害を加える旨を告知して人を脅迫した者も、前項と同様とする。

成立要件

① 犯人（主体）

② 人（客体）

③ 害悪の告知をすること（行為）

④ 害悪を知らされたこと

⑤ 故意

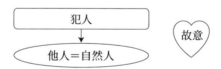

```
         ┌──────────┐
         │   犯人   │          ╭────╮
         └────┬─────┘          │故意│
              ▼                ╰────╯
       ╭─────────────╮
       │ 他人＝自然人 │
       ╰─────────────╯
```

本人の生命・身体・自由・名誉・財産に対して加害を告知して脅迫すること（1項）

親族の生命・身体・自由・名誉・財産に対して加害を告知して脅迫すること（2項）

脅迫を始めたとき　　　　　　害悪を知らされたとき

脅　迫

＊脅迫とは、人を畏怖させる目的で、害悪を告知することをいう。

脅迫の意味

	内　容	程度等	犯罪類型
広義の脅迫	人に畏怖心を生じさせるに足りる害悪を告知する一切の行為	害悪の内容、性質、告知の方法のいかんを問わず、また、それによって相手方が畏怖心を生じたかどうかにかかわらない。	公務執行妨害罪（95条1項） 職務強要罪（同条2項） 加重逃走罪（98条） 逃走援助暴行罪（100条2項） 恐喝罪（249条） 騒乱罪（106条） 内乱罪（77条）
狭義の脅迫	告知される種類が特定される害悪の告知（脅迫罪） 畏怖心を生じた相手方が一定の作為、不作為を強制される害悪の告知（強要罪）	人に畏怖心を生じさせるに足りる程度であること。	脅迫罪　（222条） 強要罪　（223条）
最狭義の脅迫	相手方の反抗を抑圧するに足りる程度又は反抗を著しく困難にする程度の畏怖心を惹起する害悪の告知	相手方の反抗を抑圧するに足りる程度又は反抗を著しく困難にする程度であること。	強盗罪　（236条） 事後強盗罪（238条） 強制性交等罪（177条） 強制わいせつ罪（176条）

害　悪

＊告知する害悪は、相手方が畏怖するに足りる害悪をいうが、現実に相手方が畏怖したことまでは必要としない。

＊行為者自身が当該害悪を実現し得ると被害者において信じるに足りるある程度具体的な事項であることが必要である。

擬▶ 畏怖する程度の害悪か否かは、告知の日時・場所・方法・当時の社会情勢・告知に至った経緯等諸般の事情を総合的に考慮すべきである。通常人であれば畏怖しない程度の害悪であっても、相手方の年齢・体格・経歴等に照らし、具体的事例において畏怖する程度か否かを決する。

主要判例等

① 脅迫罪は、本条列記の法益に対して危害の至るべきことの通告によって成立し、必ずしも被通告者が畏怖の念を起こしたことを必要としない（大

判明43.11.15刑録16・1937)。

② 2つの派の抗争が熾烈になっている時期に、一方の派の中心人物宅に、現実に出火もないのに、「出火御見舞申上げます、火の元に御用心」、「出火御見舞申上げます、火の用心に御注意」という趣旨の文面の葉書を発送しこれを配達させたときは、脅迫罪が成立する（最判昭35.3.18刑集14・4・416）。

告　知

* 告知の方法は問わない。暗示的方法でもよく、相手方に直接行わず近隣の者を通じて間接的に伝わる場合でもよい。

主要判例等

① 害悪の告知が明白にして現在の危険を内包しなくても脅迫罪は成立し得るから、県警本部警察隊長に対し「国民の敵となり身を滅ぼすより、辞職せよ」等記載したビラをもって了知させたときは、脅迫罪が成立する（最判昭34.7.24刑集13・8・1176）。

② 「お前を恨んでいる者は俺だけではない、ダイナマイトで貴男を殺すと言っている者もある」「俺の仲間は沢山いて、君をやっつけると相当意気込んでいる」等と告げる行為は、被告人自身又は影響を与え得る第三者による害悪の告知に当たり、脅迫罪を構成する（最判昭27.7.25刑集6・7・941）。

③ インターネットの掲示板書き込みも本罪を構成する（東京高判平20.5.19東高時報59.1～12.40）。

人

* 本条の罪は、人の意思決定の自由を保護法益とするから、自然人に対してのみ成立し、法人に対しては成立しない（大阪高判昭61.12.16高刑集39・4・592）。
* 親族（2項）は、民法725条に定められた範囲の者である。

故　意

* 本条に定める法益に対する害悪の告知の認識が必要である。
* 畏怖させる意思・目的は不要である（東京高判昭36.11.20下刑集3・11＝12・993）。

＊本罪は、未遂罪の規定がないので、相手方がその告知内容を知るに至らなかった場合は成立しない。

＊脅迫が開始されたときである。相手方が害悪の告知を知ったときに成立する。

＊相手方を殺害する旨告知しながら暴行を加えた場合には、暴行罪は本罪と併合罪の関係に立つ（45条）。
＊暴行後に、同じ内容の危害を加える旨脅迫した場合は、暴行罪のみが成立する（東京高判平7.9.26判時1560・145）。

第2　強要罪（223条）

緊逮可

第223条　生命、身体、自由、名誉若しくは財産に対し害を加える旨を告知して脅迫し、又は暴行を用いて、人に義務のないことを行わせ、又は権利の行使を妨害した者は、3年以下の懲役に処する。
2　親族の生命、身体、自由、名誉又は財産に対し害を加える旨を告知して脅迫し、人に義務のないことを行わせ、又は権利の行使を妨害した者も、前項と同様とする。
3　前2項の罪の未遂は、罰する。

①　犯人（主体）
②　人（客体）
③　脅迫・暴行により（行為）
④　義務のないことを行わせること（行為）
⑤　権利の行使を妨害すること（行為）
⑥　義務のないことを行う（結果）
⑦　権利の行使を妨害されたこと（結果）
⑧　故意

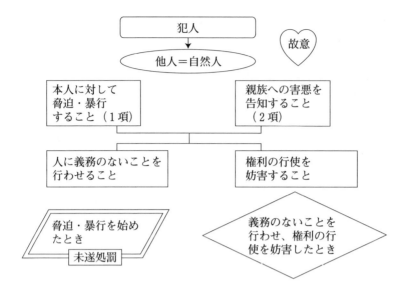

人

＊その意味については、脅迫罪（222条・70頁）参照。

脅迫・暴行

＊脅迫の意味については、脅迫罪（68頁）参照。

＊害悪の告知は、他人を畏怖させて義務のないことを行わせたり、権利の行使を妨害することができる程度のものでなければならない。

＊暴行は、人に対して加えられれば足り、直接人の身体に加えられる必要はない（広義の暴行）。

＊暴行は、相手の反抗を抑圧するに足りるものまでは必要がないが、他人を畏怖させて、相手の自由な意思決定を妨げ、行動の自由を制約する程度のものでなければならない。

義務のない行為

＊「人に義務のないことを行わせ」とは、相手方にその義務がないのに、暴行・脅迫を用いて強いて作為、不作為又は受忍させたことをいう（大判大8.6.30刑録25・820）。

権利行使の妨害

＊公法上、私法上の権利行使の妨害のほか、法律上許容されている行為を妨

害することを含む。例えば、告訴や民事訴訟の提起を断念させたり、選挙権の行使を妨げるような場合がある。

＊脅迫・暴行が開始されたときである。

＊畏怖でなく同情による作為の場合は未遂となる。

＊強要目的での脅迫状を送付したが、相手が読まなかった場合は、強要未遂罪が成立する（大判昭7.3.17刑集11・437）。

＊恐喝罪・強盗罪・逮捕罪・監禁罪・略取誘拐罪・強制性交等罪・強制わいせつ罪・職務強要罪が成立するときは、法条競合により、本条は成立しない。

③ 略取、誘拐及び人身売買の罪

CHECK　判例は、被拐取者の自由及び保護者の監護権を保護するものと解している。したがって、保護者のいない未成年者や行動の自由を意識できない小さい子どもについても略取・誘拐等の罪が成立する。また、犯罪の性質についても状態犯、継続犯いずれの立場とも解しうる。

第1　未成年者略取・誘拐罪
（224条）

第224条　未成年者を略取し、又は誘拐した者は、3月以上7年以下の懲役に処する。

成立要件
① 犯人（主体）
② 未成年者（客体）
③ 略取又は誘拐すること（行為）
④ 被害者を実力支配内に移すこと（結果）
⑤ 故意

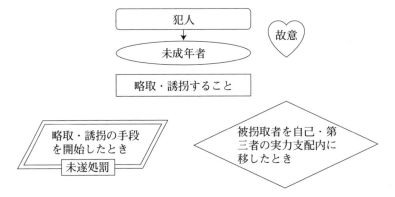

未成年者

＊20歳未満の者をいう（なお、民法の一部改正により令和4年4月1日以降は18歳未満を指すことになる。）。意思能力の有無は問わない。

＊婚姻による成年擬制は本罪の客体には及ばない。

＊独立して行動の自由を持たない乳児も客体となる。

略 取

＊略取とは、暴行・脅迫等の強制的手段を用いる等して相手方の意思を制圧し、その身柄を自己の実力的支配下に置くことをいう。

> **主要判例等** 別居中で離婚係争中であった妻が養育している長男を連れ去った行為について、たとえ行為者が親権者である夫（子から見れば父親）であったとしても、当該行為が未成年者略取罪の構成要件に該当することは明らかであり、行為者が親権者である事実は、行為の違法性が例外的に阻却されるかどうかの判断において考慮されるべき事情にすぎない（最決平17.12.6刑集59・10・1901）。

誘 拐

＊誘拐とは、偽計・誘惑を手段として相手方に誤った判断をさせ、その身柄を自己の実力的支配下に置くことをいう。

> **主要判例等** 拐取行為の手段としての暴行・脅迫・偽計・誘惑は被拐取者自身に加えられた場合のほか、その保護者に加えられた場合を含む（大判明41.9.22刑録14・776）。

故 意

＊たとえ動機が憐憫の情や保護であっても、不法に相手方を実力的支配下に置く意思があれば、本罪が成立する。したがって、「かわいい子が迷子になっていたから連れて帰った」などという弁解は通用しない。

開始時期・成立時期

＊暴行・脅迫・偽計・誘惑を手段とする場合、これを開始した時に実行の着手があり、被拐取者をその生活環境から離脱させ、自己又は第三者の事実的支配下に置いたときに既遂となる（大判大3.4.14刑録20・559）。

＊被害者を連れ去る意図がなかったとしても通行量の少ない道路上に停車したスモークガラスの窓の自動車内に女子中学生を無理に乗せた場合、未成年者略取の実行の着手が認められる（名古屋高判平28.11.22高裁速報平成

28・220)。

被拐取者の承諾の有無

＊被拐取者の承諾がある場合、後になって犯罪行為を宥恕した場合であって
　も、本罪は成立する。

他罪との関係

＊暴行・脅迫が略取の手段であれば、未成年者略取罪に吸収される。

＊逮捕監禁が拐取の手段であれば、本罪と観念的競合となり（大阪高判昭53.
　7.28高刑集31・2・118）、拐取後であれば本罪と併合罪（45条）となる（最
　決昭58.9.27刑集37・7・1078）。

＊遺棄罪（217条以下）とは併合罪（45条）となる。

― 第2　営利目的等略取・誘拐罪
　　　（225条）

第225条　営利、わいせつ、結婚又は生命若しくは身体に対する加害の目的
　で、人を略取し、又は誘拐した者は、1年以上10年以下の懲役に処する。

成立要件

① 犯人（主体）

② 他人（客体）

③ 略取又は誘拐すること（行為）

④ 被害者を実力支配内に移すこと（結果）

⑤ 故意

⑥ 営利・わいせつ・結婚又は生命若しくは身体に対する加害の目的（目的
　犯）

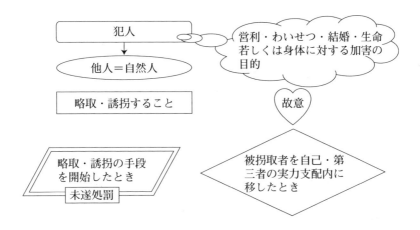

＊未成年者を含む。→本罪が成立する場合には224条は適用されない。

営利目的

＊拐取行為によって報酬を得る等自ら財産上の利益を得、又は第三者に得させる目的をいう。ただし、身の代金を得る目的は225条の2に規定する身の代金目的拐取罪に該当する。

主要判例等

① 営利目的誘拐罪にいう営利の目的は、誘拐行為により財産上の利益を得ることを動機とする場合をいうものであり、その利益は被拐取者自身の負担によって得られるものに限らず、誘拐行為に対して第三者から報酬として受ける財産上の利益も包含する（最決昭37.11.21刑集16・11・1570）。

② 当初営利の目的がなく、適法に人を自己の支配内に置いた場合であっても、その後営利の目的をもって、その者を欺罔又は誘惑して第三者の支配内に移した場合には、営利目的誘拐罪が成立する（大判昭5.4.8刑集9・240）。

わいせつ目的

＊被拐取者に自らわいせつ行為をし、又は第三者をしてわいせつ行為をさせることをいう。性交等をすることも含まれる。また、被拐取者に売春させる場合を含む。

＊婚姻届が出ている場合に限定されず、事実婚を含む。

生命若しくは身体に対する加害の目的

＊暴力団員がリンチ目的で連れてくるというように、自己又は第三者が、対象者を殺害し、傷害し又はこれに暴行を加える目的をいう。

略取・誘拐

＊営利等の目的で人を略取・誘拐することである。

＊略取・誘拐の意味については、未成年者略取・誘拐罪（224条・75頁）参照。

成立時期

＊本条の罪は、他人を自己の実力支配内に置いたときに既遂に達し、その後被拐取者が犯人の支配内から脱出したため営利その他の目的を達することができなかったとしても本罪が成立する（大判大3.4.14刑録20・559）。

他罪との関係

＊強制わいせつ罪（176条）・強制性交等罪（177条）とわいせつ目的拐取罪とは牽連犯（54条1項後段）となる。

罪 数

＊わいせつ目的で少女を誘拐し犯人の実力支配内に置いた後、更に営利目的で別所に誘拐したときは、目的を異にするに従って新たな支配関係が生じたといえるから後者もまた誘拐罪を構成するが、前者と後者は同一法益を侵害し同一法条に触れる行為であるから、包括的に観察して一罪として処断すべきである。後者の行為のみに加担した者には、後者の罪に対する共犯が成立する（大決大13.12.12刑集3・871）。

＊本条所定の目的を持って未成年者を誘拐したときは、単一の本条の罪が成立する（大判明44.12.8刑録17・2168）。

＊営利目的で人を略取した者が身の代金要求罪を犯した場合には、両罪は併合罪の関係に立つ（最決昭57.11.29刑集36・11・988）。

＊わいせつ目的による拐取後、営利目的に変更しても包括的一罪であり、ただその後者のみに対する加功は、営利目的拐取罪との関連でのみ共犯となるにすぎない（大決大13.12.12刑集3・871）。

（225条の 2 ）

第225条の 2　近親者その他略取され又は誘拐された者の安否を憂慮する者の憂慮に乗じてその財物を交付させる目的で、人を略取し、又は誘拐した者は、無期又は 3 年以上の懲役に処する。
2　人を略取し又は誘拐した者が近親者その他略取され又は誘拐された者の安否を憂慮する者の憂慮に乗じて、その財物を交付させ、又はこれを要求する行為をしたときも、前項と同様とする。

成立要件

＜身の代金目的略取・誘拐（ 1 項）＞
① 自然人（主体）
② 人（客体）
③ 略取又は誘拐すること（行為）
④ 被害者を実力支配に移す（結果）
⑤ 故意
⑥ 身の代金目的

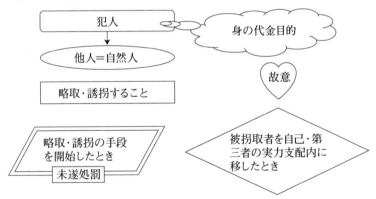

＜身の代金交付・要求（ 2 項）＞
① 略取又は誘拐した者（主体）
② 略取又は誘拐された近親者等（客体）
③ 財物を交付させること（行為）
④ 財物の交付を要求すること（行為）
⑤ 交付・要求（結果）

⑥　故意

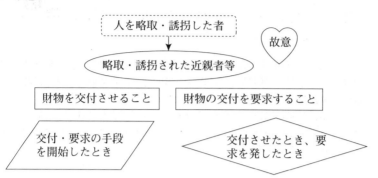

┌─────────────────────────┐
│　身の代金目的　　　　　　│
└─────────────────────────┘
＊近親者その他略取・誘拐された者の安否を憂慮する者の憂慮に乗じてその
　財物を交付させる目的をいう。
＊この目的は、行為時になければならない。

┌─────────────────────────┐
│　略取・誘拐　　　　　　　│
└─────────────────────────┘
＊その意味については、未成年者略取・誘拐罪（224条・75頁）参照。

┌──┐
│　近親者その他略取され又は誘拐された者の安否を憂慮する者　│
└──┘
＊親族関係にある者に限られず、被拐取者の身の安全を親身になって憂慮す
　るのが社会通念上当然と見られるような特別な関係にある者もこれに含ま
　れる（最決昭62.3.24刑集41・2・173）。
＊単なる同情から安否を気遣うにすぎない場合は含まれないが、家族同様に
　生活する住込み店員と店主など特別な関係にある者も含まれる。

┌─────────────────────────┐
│　要求する行為をした　　　│
└─────────────────────────┘
＊この意思表示をしたときに既遂となる。要求行為は意思表示が発信されれ
　ば足り、相手方が了知したことを要しない。

┌─────────────────────────┐
│　他罪との関係　　　　　　│
└─────────────────────────┘
＊殺人罪（199条）と本罪とは併合罪（45条）の関係に立つ。

┌─────────────────────────┐
│　罪　　数　　　　　　　　│
└─────────────────────────┘
＊身の代金目的で人を略取誘拐した者が更に被拐取者を監禁し、その間に身

代金を要求したときは、身の代金目的略取誘拐罪と身の代金要求罪とは牽連犯の関係に、これら各罪と監禁罪とは併合罪の関係に立つ（最決昭58.9.27刑集37・7・1078）。

第4　所在国外移送目的略取・誘拐罪（226条）

第226条　所在国外に移送する目的で、人を略取し、又は誘拐した者は、2年以上の有期懲役に処する。

第5　人身売買等罪（226条の2）

第226条の2　人を買い受けた者は、3月以上5年以下の懲役に処する。
2　未成年者を買い受けた者は、3月以上7年以下の懲役に処する。
3　営利、わいせつ、結婚又は生命若しくは身体に対する加害の目的で、人を買い受けた者は、1年以上10年以下の懲役に処する。
4　人を売り渡した者も、前項と同様とする。
5　所在国外に移送する目的で、人を売買した者は、2年以上の有期懲役に処する。

第6　被略取者等所在国外移送罪（226条の3）

第226条の3　略取され、誘拐され、又は売買された者を所在国外に移送した者は、2年以上の有期懲役に処する。

第7　被略取者引渡し等罪（227条）

第227条　第224条、第225条又は前3条の罪を犯した者を幇助する目的で、略取され、誘拐され、又は売買された者を引き渡し、収受し、輸送し、蔵匿し、又は隠避させた者は、3月以上5年以下の懲役に処する。
2　第225条の2第1項の罪を犯した者を幇助する目的で、略取され又は誘拐された者を引き渡し、収受し、輸送し、蔵匿し、又は隠避させた者は、1年以上10年以下の懲役に処する。
3　営利、わいせつ又は生命若しくは身体に対する加害の目的で、略取され、誘拐され、又は売買された者を引き渡し、収受し、輸送し、又は蔵匿した者は、6月以上7年以下の懲役に処する。
4　第225条の2第1項の目的で、略取され又は誘拐された者を収受した者

は、2年以上の有期懲役に処する。略取され又は誘拐された者を収受した者が近親者その他略取され又は誘拐された者の安否を憂慮する者の憂慮に乗じて、その財物を交付させ、又はこれを要求する行為をしたときも、同様とする。

第8　未遂罪（228条）

第228条　第224条、第225条、第225条の2第1項、第226条から第226条の3まで並びに前条第1項から第3項まで及び第4項前段の罪の未遂は、罰する。

第9　解放による刑の減軽（228条の2）

第228条の2　第225条の2又は第227条第2項若しくは第4項の罪を犯した者が、公訴が提起される前に、略取され又は誘拐された者を安全な場所に解放したときは、その刑を減軽する。

第10　身の代金目的略取等予備罪（228条の3）

第228条の3　第225条の2第1項の罪を犯す目的で、その予備をした者は、2年以下の懲役に処する。ただし、実行に着手する前に自首した者は、その刑を減軽し、又は免除する。

第11　親告罪（229条）

第229条　第224条の罪及び同条の罪を幇助する目的で犯した第227条第1項の罪並びにこれらの罪の未遂罪は、告訴がなければ公訴を提起することができない。

④ 名誉に対する罪

　名誉に対する罪は、人が円滑な社会生活・社会活動を行うための前提である名誉を保護法益とする。本罪によって保護される名誉は、社会が与える評価としての外部的名誉・社会的名誉である。

── 第1　名誉毀損罪（230条1項）

緊逮可　親告罪

> 第230条　公然と事実を摘示し、人の名誉を毀損した者は、その事実の有無にかかわらず、3年以下の懲役若しくは禁錮又は50万円以下の罰金に処する。
> 2　〔略〕

成立要件
① 犯人（主体）
② 人の名誉（客体）
③ 公然と事実を摘示して人の名誉を毀損すること（行為）
④ 故意

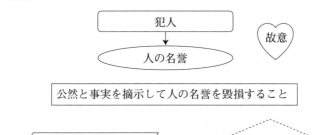

公　然

＊不特定又は多数人が摘示内容を認識できる状態におかれれば足りる。現実に認識することは必要でない。

擬▶ 摘示の相手方は特定・少数人であっても、伝播して不特定・多数人が認

識できるようになる場合は、公然性が認められる（最決昭34.5.7刑集13・5・641）。他方、相手方が多数人でも、集合の性質からみてよく秘密が保たれて絶対に伝播のおそれのない場合は、公然性が認められない。

① 限られた数名の人に対して事実を摘示した場合でも、その場所の通行・出入りが自由で、たまたまそこに居合わせたのが数名にすぎないというときは、不特定といえるので、公衆数名が居合わせた裁判所の公衆控室で他人の悪事を口外した場合、公然性が肯定される（大判昭6.10.19刑集10・462）。
② 告訴を受けた者が、告訴人と、告訴事件の取調べを担当する検事及び検察事務官のみが在室する検事取調室内で告訴人の名誉を毀損する事実を述べた場合は、公然性を欠いている（最決昭34.2.19刑集13・2・186）。

事実の摘示

＊人の名誉を低下させるおそれのある具体的事実を摘示することをいう。
＊事実は、人の社会的評価を害するに足りるものでなければならない（必ずしも悪事醜行には限られない。）（大判大7.3.1刑録24・116）。
＊事実は、非公知のものに限られない。公知の事実でも、その摘示により、さらに名誉を低下させるおそれがあるかぎり、本罪は成立しうる（大判昭9.5.11刑集13・598）。
＊事実が真実であっても本罪は成立する（230条の2が適用される場合を除く。）。
＊摘示は、特定されうる他人の名誉が毀損されると認められる程度に具体的であれば足りる（大判昭7.7.11刑集11・1250）。事実の時期・場所・手段などが具体的に特定されることを要しない。
＊摘示の方法は、口頭のほか、文書・図画などでもよい。
＊ある事実が、自己の体験としてではなく、風評・風聞として取り上げられた場合（「……という噂がある」など）でも、相手方がその事実の存在を信じるおそれがあるときは、本罪が成立しうる。

① 市長が国会議員候補者から金をもらった等の事実を「人の噂であるから真偽は別として」という表現を用いて摘示した場合、230条の2の事実証明の対象となるのは風説そのものの存在ではなく、その風説の内容たる事実である（最決昭43.1.18刑集22・1・7）。

② 実在人をモデルとしたことが何人にも明らかな文芸作品を発表した場合において、それが事実の摘示でないといえるためには、特定人の具体的行動を推知せしめない程度に、人間一般に関する小説へと抽象化されていなければならない。実在の政治家をモデルとした小説で、世人から憶測されていた疑獄事件に関する事実が生のまま織り込まれているときは、本罪が成立する（東京地判昭32.7.13判時119・1）。

人

＊行為者以外の自然人・法人・その他の団体が含まれる（大判大15.3.24刑集5・117）。

＊社会的評価が低い者や、主観的に名誉を意識しえない者（幼児・精神病者）も、名誉の主体となる。

名 誉

＊名誉とは、人が社会から受けている評価である（大判昭8.9.6刑集12・1590）。倫理的・政治的・学問的・芸術的価値のほか、広く社会生活上認められる価値（身体的・精神的素質、職業、身分、血統など）も含まれる。ただし、人の経済的能力に対する信頼は、信用毀損罪により保護されることから、本罪の名誉からは除かれる。

＊法的保護に値するものでなければならない。消極的な評判・悪名などは本罪の名誉に含まれない。

毀 損

＊人の社会的評価を害するに足りる行為がされればよい。現実に害されることは必要ではない。

故 意

＊人の社会的評価を害しうる事実を不特定又は多数の人が認識しうる方法で摘示することの認識である。それ以上に、名誉毀損の目的をもっていることは必要でない。

罪 数

＊名誉を侵害された被害者ごとに一罪が成立する。

＊同一人の名誉を毀損する行為が連続して行われた場合には、包括一罪と評価できる場合がある。

＊侮辱罪（231条）と本罪とは法条競合の関係にあり、本罪が成立すれば侮辱罪は成立しない。

第2 死者名誉毀損罪（230条2項）

第230条

1 〔略〕

2 死者の名誉を毀損した者は、虚偽の事実を摘示することによってした場合でなければ、罰しない。

第3 公共の利害に関する場合の特例（230条の2）

第230条の2 前条第1項の行為が公共の利害に関する事実に係り、かつ、その目的が専ら公益を図ることにあったと認める場合には、事実の真否を判断し、真実であることの証明があったときは、これを罰しない。

2 前項の規定の適用については、公訴が提起されるに至っていない人の犯罪行為に関する事実は、公共の利害に関する事実とみなす。

3 前条第1項の行為が公務員又は公選による公務員の候補者に関する事実に係る場合には、事実の真否を判断し、真実であることの証明があったときは、これを罰しない。

＊230条1項の行為（生者に対する名誉毀損行為）は、①事実の公共性、②目的の公益性、③真実性の証明の要件を充たした場合、その違法性が阻却され、本罪は成立しない（1項）。

＊起訴前の犯罪行為に関する事実については、①の要件が擬制される（2項）。

＊公務員又は公選による公務員の候補者に関する事実にかかる場合には、①と②の要件が擬制される（3項）。

＊③の要件を充たさない場合でも、行為者がその事実を真実であると誤信し、その誤信したことについて、確実な資料・根拠に照らして相当の理由があるときは、故意がなく、本罪は成立しない。

① 「公共の利害に関する事実」に当たるか否かは、摘示された事実自体の内容・性質に照らして客観的に判断されるべきであり、これを摘示する際の表現方法や事実調査の程度などは、230条の2にいわゆる公益目的の有無の認定に関して考慮されるべき事柄であって、摘示された事実が「公共の利害に関する事実」に当たるか否かの判断を左右するものではない。私人の私生活上の行状であっても、その携わる社会的活動の性質及びこれを通じて社会に及ぼす影響力のいかんによっては、その社会的活動に対する批判ないし評価の一資料として、同条1項にいう公共の利害に関する事実に当たる場合がある（最判昭56.4.16刑集35・3・84）。

② 230条の2第1項にいう事実が真実であることの証明がない場合でも、行為者がその事実を真実だと誤信し、その誤信したことについて、確実な資料、根拠に照らして相当の理由があるときは、故意がなく、名誉毀損罪は成立しない（最大判昭44.6.25刑集23・7・975）。

③ 公然事実を摘示し人の名誉を毀損した者が、摘示事実を真実であると誤信したとしても、その誤信が係属中の刑事事件の一方の当事者の主張ないし要求または抗議等で断片的な客観性のない資料に基づくものであるときは、その誤信は相当の理由があるとはいえない（最決昭46.10.22刑集25・7・838）。

④ インターネットの個人利用者による表現行為の場合においても、他の表現手段を利用した場合と同様に、行為者が摘示した事実を真実であると誤信したことについて、確実な資料、根拠に照らして相当の理由があると認められるときに限り、名誉毀損罪は成立しないものと解するのが相当であって、より緩やかな要件で同罪の成立を否定すべきではない（最決平22.3.15刑集64・2・1）。

── 第4 侮辱罪（231条）

親告罪

> 第231条　事実を摘示しなくても、公然と人を侮辱した者は、拘留又は科料
> に処する。

成立要件

① 犯人（主体）
② 人の名誉（客体）
③ 事実を摘示しないで公然と人を侮辱すること（行為）
④ 故意

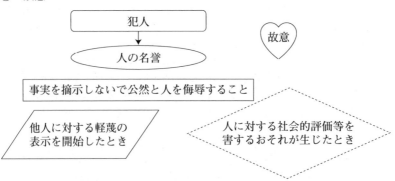

事実の不摘示

＊事実の摘示がないことを意味する。

想定問答

圊　名誉毀損罪と侮辱罪とはどのように区別されるか。

圀　名誉毀損罪と侮辱罪は、名誉を害する具体的事実の摘示があるかないか
という行為態様で区別される。例えば、街頭宣伝車の拡声器を使って「甲
商事社長、いやホモ商事社長…貴様のようなホモ野郎は…」等と大声で多
数回怒鳴る行為は、名誉毀損罪における具体的な事実の摘示にいたらない
ものであり、侮辱罪の問題となる（東京地判平9.9.25判タ984・288）。

公 然

＊その意味については、名誉毀損罪（230条1項・83頁）参照。

＊侮辱行為のときに被害者がその場に現在することを要しない。

人

＊その意味については、名誉毀損罪（230条1項・85頁）参照。

> **主要判例等** 231条にいう「人」には法人も含まれると解すべきであり、株式会社を被害者とする侮辱罪の成立を認めることができる（最決昭58.11.1刑集37・9・1341）。

侮 辱

＊具体的事実を摘示することなく、他人に対する軽蔑の表示を行い、人の名誉を害するおそれを生じさせることをいう。

＊方法は限定されない。言語のほか図画・動作等による場合でもよい。

＊人に対する名誉を害する危険を含む軽蔑の表示がなされれば足りる。

告訴の効力

＊名誉毀損罪について告訴がされたが、同罪を構成せず、侮辱罪を構成する場合には、侮辱罪に対する告訴として有効である。

第5 親告罪（232条）

第232条 この章の罪は、告訴がなければ公訴を提起することができない。

2 告訴をすることができる者が天皇、皇后、太皇太后、皇太后又は皇嗣であるときは内閣総理大臣が、外国の君主又は大統領であるときはその国の代表者がそれぞれ代わって告訴を行う。

⑤ 信用及び業務に対する罪

信用及び業務に対する罪は、人の社会的・経済的活動を保護しようとするものである。

なお、暴力行為等処罰ニ関スル法律（3条1項）、軽犯罪法（1条31号）や不正競争防止法（21条2項1号）など特別法でも保護される場合がある。

第1　信用毀損罪（233条前段）

緊逮可

第233条　虚偽の風説を流布し、又は偽計を用いて、人の信用を毀損し、又はその業務を妨害した者は、3年以下の懲役又は50万円以下の罰金に処する。

成立要件

① 犯人（主体）
② 人の信用（客体）
③ 虚偽の風説を流布すること・偽計を用いること（行為）
④ 人の信用を毀損すること（行為）
⑤ 故意

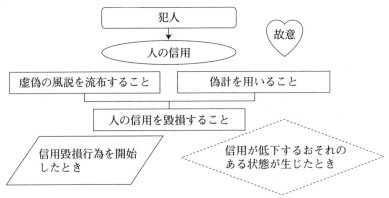

虚偽の風説の流布

＊真実と異なる内容の事項を不特定又は多数の人に伝播させることである。犯人自らが直接に不特定・多数の人に告知する必要はない。

擬▶ 「虚偽の風説」とは、行為者が確実な資料・根拠を有しないで述べた事実をいい、その資料・根拠の確実性は、行為者の主観によって決するのではなく、社会通念に照らし客観的に判定されるべきである（東京地判昭49.4.25刑裁月報6・4・475）。

偽　計

＊人を欺き、あるいは、人の錯誤・不知を利用したり、人を誘惑したりするほか、計略・策略を講じるなど、威力以外の不正な手段を用いることをいう。

人

＊犯人以外の者（自然人・法人を問わない。）である。

信　用

＊人の経済面における社会的評価である。支払意思又は支払能力に対する社会的な信頼に限定されず、販売される商品の品質等に対する信頼なども含まれる。

> （主要判例等）　コンビニエンスストアで買ったジュースに洗剤を注入した上、警察官に対して異物が混入していた旨の虚偽の申告をし、警察から発表を受けた報道機関に上記コンビニで異物混入のジュースが販売されたことを報道させた場合、上記コンビニが販売する商品の品質に対する社会的な信頼を毀損したものとして、本罪の成立が認められる（最判平15.3.11刑集57・3・293）。

毀　損

＊信用を毀損する行為がされれば足りる。現実に信用低下の結果が発生することを要しない。

故　意

＊他人の信用を害しうる「虚偽の風説を流布」すること、又は「偽計」を用いることの認識があれば足りる。それ以上に、人の信用を毀損する目的・意思を要しない。

＊本罪の保護法益は人の信用であるから、被害者ごとに一罪が成立する。

＊虚偽の風説の流布によって人の信用を毀損すると同時に同人の名誉を毀損
した場合、信用毀損罪と名誉毀損罪が成立して観念的競合の関係に立つ。

第2　業務妨害罪（233条後段）

第233条　虚偽の風説を流布し、又は偽計を用いて、人の信用を毀損し、又は
その業務を妨害した者は、 3年以下の懲役又は50万円以下の罰金に処する。

① 　犯人（主体）
② 　人の業務（客体）
③ 　虚偽の風説を流布すること・偽計を用いること（行為）
④ 　人の業務を妨害すること（行為）
⑤ 　故意

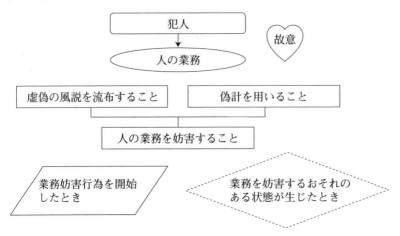

＊その意味については、信用毀損罪（233条前段・91頁）参照。

主要判例等 電話回線にマジックホンと称する電気機器を取りつけて、発信側電話機に対する課金装置の作動を不能にする行為は、偽計業務妨害罪に当たる（最決昭59.4.27刑集38・6・2584、最決昭61.2.3刑集40・1・1）。

業務

＊社会生活上の地位に基づき継続して行う事務である。

＊営利目的・経済的なものである必要はない。精神的・文化的なものでもよい。

＊業務はある程度継続性を有するものであることを要する。

＊公務のうち、強制力を有しないものは業務に含まれる。

主要判例等 公職選挙法上の選挙長の立候補届出受理事務は、強制力を行使する権力的公務ではないから、233条・234条にいう「業務」に当たる（最決平12.2.17刑集54・2・38）。

想定問答

問 公務のうち、強制力を有しない公務に限って、業務妨害罪（233条後段・234条）により保護されるとするのは、なぜか。

答 強制力を行使しうる公務であれば、偽計・威力など業務妨害罪に規定された手段によって抵抗されても、自力でそれらを排除することができる。だから、あえて同罪によって保護するまでのことはない。他方、強制力を有しない公務は、偽計・威力による抵抗を自力で排除することができない。そこで、「業務」として保護する必要があるのだという点に根拠が求められている。

妨害

＊業務遂行に対する妨害の結果を発生させるおそれのある行為があれば足りる。現実に業務が妨害されることは必要でない。

主要判例等 現金自動預払機利用客のカードの暗証番号等を盗撮するためのビデオカメラを設置した現金自動預払機の隣にある現金自動預払機を、あたかも入出金や振込等を行う一般の利用客のように装い、適当な操作を繰り

返しながら、1時間30分間以上にわたって占拠し続けた行為は、偽計業務妨害罪に当たる（最決平19.7.2刑集61・5・379）。

故 意

＊他人の業務を妨害しうる「虚偽の風説を流布」すること、又は「偽計」を用いることの認識があれば足りる。それ以上に、人の業務を妨害する目的・意思を要しない。

罪 数

＊対象となる業務の数に応じた犯罪が成立する。

他罪との関係

＊同一の行為が人の信用を毀損すると同時に同人の業務を妨害する場合、233条違反の単純一罪が成立する。

緊速可

── 第3 威力業務妨害罪（234条）

第234条 威力を用いて人の業務を妨害した者も、前条の例による。

成立要件

① 犯人（主体）
② 人の業務（客体）
③ 威力を用いること（行為）
④ 人の業務を妨害すること（行為）
⑤ 故意

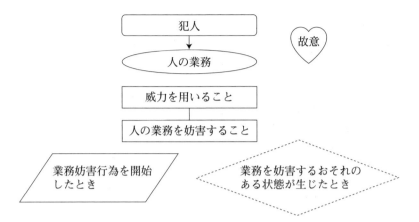

＊威力とは、人の意思を制圧するような勢力である。

＊暴行・脅迫のほか、それに至らないものであっても、およそ人の自由意思
　を制圧するに足りる勢力一切が含まれる（社会的・経済的地位や権勢を利
　用した威迫、多衆・団体の力の誇示、騒音喧噪、物の損壊など）。

主要判例等
① 弁護士から業務上重要な書類の入った鞄を奪い取り隠匿する行為は、威
　力業務妨害罪に当たる（最決昭59.3.23刑集38・5・2030）。
② 事務机の引出しに猫の死骸などを入れておき、被害者にこれを発見させ、
　同人を畏怖させるに足りる状態においたときは、被害者の行為を利用する
　形態でその意思を制圧するような勢力を用いたものといえるから、本条に
　いう「威力を用い」に当たる（最決平4.11.27刑集46・8・623）。
③ 卒業式の開式直前に保護者らに対して大声で呼び掛けを行い、これを制
　止した教頭らに対して怒号するなどし、卒業式の円滑な遂行を妨げた行為
　は威力業務妨害罪に当たる（最判平23.7.7刑集65・5・619）。
④ 「出て行け」などと記載した文書と人糞を封筒に入れて外国公館に郵送
　し、関係職員に開封させて内容物を認識させた行為は「威力を用い」た場
　合に当たる（広島高判令2.2.18判タ1482・126）。
⑤ ドローンと称する小型無人機を遠隔操作し、総理大臣官邸の上空まで飛
　行させた上、同官邸屋上に落下させ、これを発見した官邸職員らに通常業
　務と異なる対応を余儀なくさせたことは、威力業務妨害罪に当たる（東京
　地判平28.2.16判タ1439・245）。

用いて

＊威力を行使することである。威力を人に対して「示す」ことは必要ではない。

＊一定の行為の必然的結果として人の意思を制圧するような勢力を用いれば足り、必ずしもそれが直接現に業務に従事している人に対してされることを要しない。

業 務

＊その意味については、業務妨害罪（233条後段・93頁）参照。

主要判例等 警察官が路上生活者を排除した後で、東京都の職員が段ボール小屋等を撤去するなどの環境整備工事は、それ自体が強制力を行使する権力的公務ではなく、234条にいう「業務」に当たる。その工事が「動く歩道」の設置という公共目的に基づくものであるのに対し、路上生活者は不法占拠者であること、路上生活者の受ける財産的不利益はわずかで居住上の不利益についても保護施設の開設等の対策が立てられていること、道路法の定める手続を採っても実効性が期しがたかったと認められることなどの事情がある場合には、道路法上の手続を経ていないとしても、威力業務妨害罪による要保護性を失わせるような法的瑕疵があったとはいえない（最決平14.9.30刑集56・7・395）。

他罪との関係

＊前条に規定する手段と本条に規定する威力を用いて業務を妨害した場合、

233条と234条に当たる一罪となる。

＊本罪の手段たる威力により、個人の生命・身体の安全、意思の自由が侵害された場合、別罪（暴行、傷害、脅迫等）が成立して、本罪と観念的競合の関係に立つ。

第4　電子計算機損壊等業務妨害罪（234条の2）

緊逮可

第234条の2　人の業務に使用する電子計算機若しくはその用に供する電磁的記録を損壊し、若しくは人の業務に使用する電子計算機に虚偽の情報若しくは不正な指令を与え、又はその他の方法により、電子計算機に使用目的に沿うべき動作をさせず、又は使用目的に反する動作をさせて、人の業務を妨害した者は、5年以下の懲役又は100万円以下の罰金に処する。
2　前項の罪の未遂は、罰する。

成立要件
① 犯人（主体）
② 人の業務に使用する電子計算機（客体）
③ 電子計算機若しくはその用に供する電磁的記録を損壊すること・虚偽の情報若しくは不正な指令を与えること・その他の方法によること（行為）
④ 電子計算機に使用目的に沿うべき動作をさせないこと・使用目的に反する動作をさせること（行為）
⑤ 人の業務を妨害すること（行為）
⑥ 故意

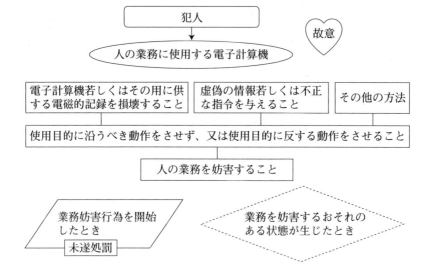

* 「人」とは犯人以外の者をいう。
* 「使用する」とは、現に人によって使用中である場合に限定されない。業務の遂行のために継続的に使用されているものであれば、行為時にたまたま使用されていなかった場合でもよい。例えば、夜間休止中電子計算機を損壊して翌日の業務の遂行を妨害するような場合などがある。
* 「電子計算機」とは、コンピュータのことをいう。

損　壊

* 物を物質的に変更・滅失させる場合のほか、電磁的記録の消去等その効用を害する場合を含む。
* コンピュータ・ウイルスを感染させてコンピュータ内のデータを消去するような態様も、これに当たる。

虚偽の情報若しくは不正な指令を与え

* 「虚偽の情報」とは、当該システムにおいて予定されている事務処理の目的に照らし、その内容が真実に反する情報をいう。
* 「不正な指令」とは、当該事務処理の場面において、与えられるべきでない指令をいう。
* 「与え」とは、虚偽の情報・不正な指令をコンピュータに入力することで

ある。

その他の方法
＊コンピュータに向けられた加害手段であって、その動作に直接影響を及ぼ
すような性質のものである。例えば、電源の切断、通信回線の切断、入出
力装置の損壊、動作環境（温度・湿度など）の破壊などである。

使用目的に沿うべき動作をさせず、又は使用目的に反する動作をさせて
＊「使用目的に沿うべき動作」とは、コンピュータを設置・使用している主
体が、具体的な業務執行の場面において、当該コンピュータを使用して実
現しようとしている目的に適合する動作をいう。
＊「使用目的に反する動作」とは、コンピュータを設置・使用している主体
が、具体的な業務執行の場面において、当該コンピュータを使用して実現
しようとしている目的に反する動作をいう。

業　務
＊その意味については、業務妨害罪（233条後段・93頁）参照。

妨　害
＊人が反復継続する意図で行う経済的・社会的活動を妨害することである。
＊妨害の結果が現実に生じることは要しない。
擬▶他人のパスワードを用いるなどして、情報を不正に入手したりのぞき見
る行為や、自己の情報処理のために他人のコンピュータを無権限で使用す
る行為については、コンピュータに「使用目的に沿うべき動作をさせず、
又は使用目的に反する動作をさせ」たものとはいえず、また、「業務を妨
害した」ともいいがたい（「不正アクセス行為の禁止等に関する法律」に
よって規制されうる。）。

未遂犯処罰
＊人の業務に使用するコンピュータに、ネットワークを通じて、コンピュー
タを使用不能にさせるコンピュータ・ウイルスを送り込もうとしたが、防
護措置が機能して阻止された。
＊人の業務に使用するコンピュータのデータを消去する目的で、コンピュー
タ内のデータを全て消去するコンピュータ・ウイルスを電子メールで送信
したが、その者が契約するプロバイダのメールボックスに記録させるにと
どまった。

＊人の業務に使用するコンピュータを物理的に損壊しようとしたが、中枢部分の損壊に至らず、動作阻害は生じなかった。

他罪との関係

＊本罪に当たる行為が同時に（偽計）業務妨害罪・威力業務妨害罪にも当たる場合、妨害された業務が同一と認められる限り、本罪のみが成立し、業務妨害罪・威力業務妨害罪はこれに吸収される。

＊コンピュータ・ウイルスを用いた電子計算機に対する加害行為により行われた場合、不正指令電磁的記録供用罪が別途成立し、両罪は観念的競合の関係になる。

＊ホームページ内の天気予報画像を消去してわいせつな画像に置き換えた場合、本罪と併せてわいせつ図画公然陳列罪（175条1項）が成立し、両罪は観念的競合の関係になる（大阪地判平9.10.3判タ980・285）。

⑥ 住居を侵す罪

　個人が平穏な私生活を送るためにも、企業・団体・官庁等が円滑な職務執行をするために、他者からの不合理な干渉を受けることのないように保護される。

第1　住居侵入罪（130条前段）

緊連可

第130条　正当な理由がないのに、人の住居若しくは人の看守する邸宅、建造物若しくは艦船に侵入し、又は要求を受けたにもかかわらずこれらの場所から退去しなかった者は、3年以下の懲役又は10万円以下の罰金に処する。

成立要件

① 犯人（主体）
② 人の住居、人の看守する邸宅・建造物・艦船（客体）
③ 正当な理由なく侵入すること（行為）
④ 住居等へ侵入した（結果）
⑤ 故意

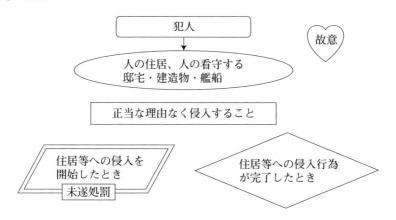

住居

＊人の起臥寝食に使用される場所（囲繞地を含む。）をいうと解される（通説）。

人の看守する

＊施錠や通行証検査等を施していなくても、部外者の立入りを禁止する意図が管理実態に照らして認識可能であれば人が看守しているといえる。

> **主要判例等** 官公署庁舎の出入口及び廊下等がその執務中一般に開放されているのは、その執務に関連して、正常な用務を帯びて民衆の出入することが予期せられる関係上、これが便宜に応ぜんとするものに過ぎないのであるから、その出入口及び廊下の如きはもとよりその庁舎を管理する者の看守内にある（最判昭24.6.16刑集3・7・1070、最判昭34.7.24刑集13・8・1176）。

邸　宅

＊空家やシーズンオフの別荘等住居用に作られたが、実行行為当時、日常の用に供されていない建造物をいう。

> **主要判例等** 管理者が管理する、職員及びその家族が居住する公務員宿舎である集合住宅の1階出入口から各室玄関前までの部分及び同宿舎の各号棟の建物に接してその周辺に存在し、かつ、管理者が外部との境界に門塀等の囲障を設置することにより、これが各号棟の建物の付属地として建物利用のために供されるものであることを明示している敷地は、「人の看守する邸宅」及びその囲にょう地として、邸宅侵入罪の客体になる（最判平20.4.11刑集62・5・1217）。

建造物

＊屋蓋があり壁や柱で支えられ、土地に定着し、人の起居出入に適した構造を有する建造物のうち、住居・邸宅以外をいう。官公庁の庁舎・校舎・事務所・工場・駅舎・寺社等を含む。

正当な理由がないのに

＊「違法に」という意味である（最判昭23.5.20刑集2・5・489）。

侵　入

＊一般に、住居権者・管理権者の意思に反する立入りをいう（最判昭58.4.8刑集37・3・215）。→住居権者・管理権者の承諾を得て一区画に立ち入った場合でも、承諾を得ていない別の区画への立入りは侵入に当たる。

＊承諾権者は、当該住居等の管理権者であり、同居人の一部の承諾があった

場合でも、他の同居人の利益を害する承諾はなし得ない。
＊親族等であっても、強盗目的等での立入りには推定的承諾は及ばないし（最判昭23.11.25刑集2・12・1649）、不特定多数人が出入りする官公庁・駅舎等であっても、管理権者が行為者の目的を知っていたら立入りを拒否すると思われる場合には、包括的承諾があるとはいえない（最判昭34.7.24刑集13・8・1176）。

（主要判例等）
① 現金自動預払機利用客のカードの暗証番号等を盗撮する目的で現金自動預払機が設置された銀行支店出張所に営業中に立ち入った場合、その立入りの外観が一般の現金自動預払機利用客と異なるものでなくても、建造物侵入罪が成立する（最決平19.7.2刑集61・5・379）。
② 警察署庁舎建物及び中庭への外部からの交通を制限し、みだりに立入りすることを禁止するために設置された塀は、建造物侵入罪の客体に当たり、中庭に駐車された捜査車両を確認する目的で本件塀の上部に上がった行為は、建造物侵入罪が成立する（最決平21.7.13刑集63・6・590）。
③ 分譲マンションの各住戸にビラ等を投かんする目的で、同マンションの共用部分に立ち入った行為につき、マンションの構造及び管理状況、そのような目的での立入りを禁じたはり紙が玄関ホールの掲示板にちょう付されていた状況の下では、同マンションの管理組合の意思に反するものであり、住居侵入罪が成立する（最決平21.11.30刑集63・9・1765）。

（成立時期）
＊侵入が既遂に達するには行為者の身体が全部入ったことを要する。なお、住居侵入罪は継続犯である。

（罪　数）
＊行為者が相次いで数個の建造物に侵入したときは、それが短時間内であり、かつ、同一敷地内の近接している建造物に対する場合でも、その建造物の数だけの住居侵入罪が成立する（東京高判昭27.4.16判特29・138）。
＊住居侵入罪は不法に他人の住居に侵入することによって直ちに成立し、その場所を退去すれば終了するから、再度の侵入は別個の住居侵入罪を構成する（札幌高判函館支判昭25.11.22判特14・222）。

＊殺人罪（199条）・強制性交等罪（177条）・窃盗罪（235条）・現住建造物放火罪（108条）等本罪と通常、目的・手段の関係にある場合には、牽連犯（54条1項後段）の関係に立つ。

＊軽犯罪法第1条第1号（潜伏）・第3号（侵入具携帯）・第32号（田畑等侵入）違反等、これらの軽犯罪法違反の罪は住居侵入罪の補充規定であるから、住居侵入罪が成立した場合には、これらの軽犯罪法違反の罪は成立しない（最決昭31.8.22刑集10・8・1237）。

　なお、軽犯罪法第1条第23号（のぞき）違反については、住居侵入罪で牽連犯となる（最判昭57.3.16刑集36・3・260）。

第2　不退去罪（130条後段）

第130条　正当な理由がないのに、人の住居若しくは人の看守する邸宅、建造物若しくは艦船に侵入し、又は要求を受けたにもかかわらずこれらの場所から退去しなかった者は、3年以下の懲役又は10万円以下の罰金に処する。

成立要件

① 人の住居に立ち入った者（主体）
② 人の住居、人の看守する邸宅・建造物・艦船（客体）
③ 要求を受けて退去しないこと（行為）
④ 退去しなかった（結果）
⑤ 故意

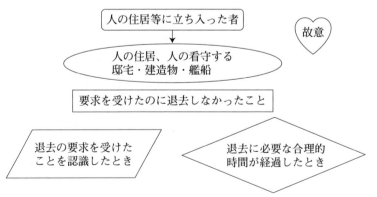

＊退去要求は、言語又は動作により相手方に了知されるものであれば、必ずしも明示のものでなくてもよい。

不退去

＊適法に他人の住居等に入った者が退去要求を受けたのに退去しないことをいう。

成立時期

＊退去要求を受けた後、退去までに必要な合理的時間が経過した段階で成立する（東京高判昭45.10.2高刑集23・4・640）。

他罪との関係

＊住居侵入罪が既に成立していれば、住居権者・管理権者から退去要求を受けたとしても不退去罪が別途成立することはない（最決昭31.8.22刑集10・8・1237）。

第3　未遂罪（132条）

第132条　第130条の罪の未遂は、罰する。

意　義

＊住居侵入罪については開錠行為等に着手した場合を指し、不退去罪については退去要求を受けた後、相当時間経過前に、外へ押し出された場合を指す。

7 秘密を侵す罪

第1 信書開封罪（133条）

第133条 正当な理由がないのに、封をしてある信書を開けた者は、1年以下の懲役又は20万円以下の罰金に処する。

第2 秘密漏示罪（134条）

第134条 医師、薬剤師、医薬品販売業者、助産師、弁護士、弁護人、公証人又はこれらの職にあった者が、正当な理由がないのに、その業務上取り扱ったことについて知り得た人の秘密を漏らしたときは、6月以下の懲役又は10万円以下の罰金に処する。
2 宗教、祈禱若しくは祭祀の職にある者又はこれらの職にあった者が、正当な理由がないのに、その業務上取り扱ったことについて知り得た人の秘密を漏らしたときも、前項と同様とする。

（主要判例等）
① 鑑定を命じられた医師が正当な理由なく秘密を漏らした場合に秘密漏示罪が成立し、その場合の「人の秘密」には鑑定対象者本人以外の者も含まれる（最決平24.2.13刑集66・4・405）。
② 医師が患者の覚醒剤自己使用を知って警察に通報する行為は正当行為となり、本罪は成立しない（最決平17.7.19刑集59・6・600）。

第3 親告罪（135条）

第135条 この章の罪は、告訴がなければ公訴を提起することができない。

第3章　財産を害する罪

財産罪俯瞰図

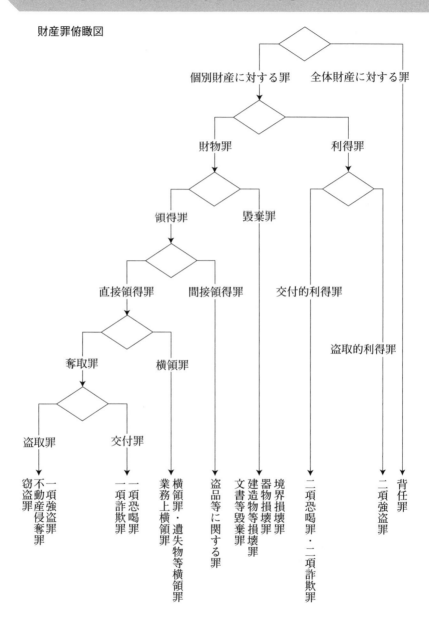

個別財産に対する罪　　全体財産に対する罪

財物罪　　　　利得罪

領得罪　　　毀棄罪

直接領得罪　　間接領得罪　　交付的利得罪

奪取罪　　横領罪　　　　　　　　　　盗取的利得罪

盗取罪　　交付罪

窃盗罪
不動産侵奪罪
一項強盗罪

一項詐欺罪
一項恐喝罪

業務上横領罪
横領罪・遺失物等横領罪

盗品等に関する罪

文書等毀棄罪
建造物等損壊罪
器物損壊罪
境界損壊罪

二項恐喝罪・二項詐欺罪

二項強盗罪

背任罪

① 窃盗及び強盗の罪

窃盗罪・強盗罪は、財産犯の典型である。財産犯は、個人の財産に対する侵害行為を処罰しようとするものである。窃盗罪の保護法益について、判例は、財物の所持（占有）を保護しようとする（占有説）。また、強盗罪の保護法益については、財産的法益に人格的法益をも加えて理解するのが一般である。

なお、強盗罪は窃盗罪と異なり、財産上の利益を得た場合（2項）を処罰する。

常習性のある者については、盗犯等ノ防止及処分ニ関スル法律により処罰される。

── 第1　窃盗罪（235条）

緊速可

> 第235条　他人の財物を窃取した者は、窃盗の罪とし、10年以下の懲役又は50万円以下の罰金に処する。

成立要件

① **犯人（主体）**
② **他人の占有する財物（客体）**
③ **窃取すること（行為）**
④ **財物の占有移転（結果）**
⑤ **故意**
⑥ **不法領得の意思**

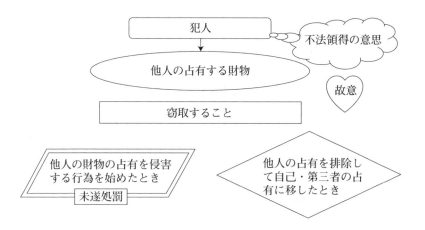

他　人

* 主体については制限はない。ただし、財物の占有者自身は除かれる。

* 共同で財物を占有している場合、共同占有者の１人が他者の占有を排除して、自己の単独占有に移せば、その点について占有侵害があるから、本罪が成立する。

* 自己の財物でも、「他人が占有し、又は公務所の命令により他人が看守するもの」は、「他人の財物」とみなされる（242条）。

主要判例等

① 不法な占有も本罪における保護の対象となりうるから、貸金の譲渡担保に取った自動車の所有権が債権者に帰属していたとしても、引き続き債務者が同自動車を占有保管している場合に、債権者がこれを無断で運び去る行為は、窃盗罪に当たる（最判昭35.4.26刑集14・6・748）。

② 買戻約款付自動車売買契約による自動車金融において、買戻期限が到来するや直ちに、密かに作成しておいた合鍵を利用するなどして借主に無断で自動車を引き揚げる行為は、その時点において自動車が借主の事実上の支配内にあった以上、仮に被告人にその所有権があったとしても、242条にいう他人の占有に属する物を窃取したものとして窃盗罪を構成し、かつ、社会通念上借主に受忍を求める限度を超えた違法なものというほかはない（最決平元.7.7刑集43・7・607）。

財　物

* 必ずしも有体物であることを要せず、管理可能性があれば足りる。した

がって、自然力を利用したエネルギー（電気・火力・水力・空気の圧力・人工冷熱気など）も財物に当たる。電気は財物とみなす（245条）。→情報については、情報そのものではなく、情報が化体された物（紙・マイクロフィルム等）の窃取として扱われている。

＊客観的な交換価値（金銭的・経済的価値）は必ずしも要しない。主観的・感情的な価値を有するにすぎない物でもよい。他人の手に渡ると悪用されるおそれがあり自己の手元に保管しておく利益（消極的価値）があるにとどまる物でもよい。

＊不動産は、不動産侵奪罪の規定があることから、本罪の「財物」には含まれない（なお、1項強盗罪についても同様である。他方、詐欺・恐喝・横領罪の「財物（物）」には含まれる。）。

＊盗品等も「財物」に含まれる。

＊私人による占有（所持）が法令上禁じられている物（覚醒剤・銃砲刀剣類など）についても、財物と認められる。

＊人の身体は財物ではない。ただし、⑦切り離されて人の身体とは別個独立といいうる状態の物は財物となる（移植用臓器・かつら用毛髪など）。また、①死体・遺骨なども、葬祭・礼拝の対象となる性質を失うに至れば、財物となる（医学標本・ミイラなど）（なお、このような性質を失わない場合は、190条の罪が成立しうる。）。

＊不法な原因のために給付した物（通貨偽造のための資金、賄賂のための委託金など）については、給付をした者は返還を請求することができないが（民法708条本文）、財物性は否定されない。

（主要判例等）　刑法における財物奪取罪の規定は、人の財物に対する事実上の所持を保護しようとするものである。法律上その所持を禁じられている場合でも、現実にこれを所持している事実がある以上、社会の法的秩序を維持する必要上、物の所持という事実上の状態それ自体が保護され、みだりに不正手段によってこれを侵すことは許されない。所持を禁止されている濁酒でも、これを奪う行為は窃盗罪を構成する（最判昭26.8.9裁判集51・363）。

占　有

＊占有とは、財物に対する事実上の支配をいう。

＊占有があるといえるためには、①支配の事実（客観的要素）と、②支配の意思（主観的要素）が必要である。

＊支配の事実は、必ずしも財物を現実に握持・監視している場合に限らない。

財物の性質、形状、管理状況その他四囲の状況等に照らし、社会通念上、占有者の実力支配が及んでいるかどうかで判断される（最判昭32.11.8刑集11・12・3061）。

＊一時的に現実の握持を離れた物も、占有者の実力支配の及ぶ範囲内にあるかぎり、なおその占有に属する。

［想定問答］

圓 路上に置かれた物についての占有をどのように考えればよいか。

圏 路上等に置かれた物については、占有者が意識して特定の場所に置いた場合は、占有が認められることが多いといえる。例えば、震災に際し、所有者が財物を公道に搬出して一時その場を去ったときでも、その財物の存在を認識し、かつ、これを放棄する意思でなかったときは、占有は失わないと解される。

　他方、置き忘れた場合は、占有が認められることは、より限定されるであろう。例えば、飲酒酩酊のため自転車を路上に置き忘れた者が、その場所を失念しているときは、占有離脱物であるとされた裁判例（東京高判昭36.8.8高刑集14・5・316）がある。この場合、置き忘れた場所の状況、被害者が離れてからの時間・距離、物の形状・状態などを総合して、占有があるかどうかを決することになるであろう（肯定事例として、主要判例①～④・112頁参照）。

POINT　占有（刑法と民法との違い）

　刑法上の占有は、支配の意思で事実上財物を支配することをいうが、民法上は、自己のためにする意思で物を所持する（社会通念に照らして物を事実上支配すると認められる状態）ことをいう（民法180条）。刑法では、他人のためにする所持も含まれるが、民法では含まれない。刑法では、自分が支配しなければならないが、民法では、他人を通じて所持することもできる。いずれにしても物を支配する事実上の状態をいうことでは共通する。

＊動物、例えば、飼主の下に帰ってくる習性をもつ犬は、飼主の事実上の支配を及ぼしうる地域の外に出ることがあっても、その占有を離れたものとはいえない。他方、養殖業者の生けすから逃げた鯉など、帰巣本能のない魚については、本罪ではなく、占有離脱物横領罪の客体となる。

主要判例等

占有が肯定された事例

① バスに乗るため行列していた被害者が、カメラをその場所に置き、行列の移動につれて改札口近くに進んだ後、カメラを置き忘れたことに気づいて直ちに引き返した（その間、約5分、距離にして約20メートル離れていた）場合（最判昭32.11.8刑集11・12・3061）

② 被害者が、駅の改札口のカウンターで特急券を買った際、そこに財布を置き、別のカウンターで乗車券を買ったのち、財布を置き忘れたことに気づき戻った（その間、約1〜2分、約15メートル離れていた）場合（東京高判昭54.4.12刑裁月報11・4・277）

③ 事実上自転車置場として利用されている人道橋に長時間無施錠で自転車を放置した場合（福岡高判昭58.2.28判時1083・156）

④ 被害者がポシェットを公園のベンチに置き忘れて約27メートル離れた場合（最決平16.8.25刑集58・6・515）

占有が否定された事例

⑤ 大きなスーパーマーケットの6階ベンチに財布を置き忘れたままにして、地下1階に移動して10分後に置き忘れて戻った場合（東京高判平3.4.1判時1400・128）

＊他人の排他的支配下にある場所に置き忘れて占有が離れた場合には、元の占有者の占有が喪失し、財物の占有はその管理人である他人に移る。

主要判例等

① 旅館内のトイレや脱衣所に忘れた財布は旅館主に占有がある（大判大8.4.4刑録25・382、札幌高判昭28.5.7判特32・26）

② ゴルファーが誤ってゴルフ場内の人工池に打ち込み放置したいわゆるロストボールも、ゴルフ場側が早晩その回収、再利用を予定しているときは、ゴルフ場側の所有及び占有がある（最決昭62.4.10刑集41・3・221）。

③ ファーストフード店内で、被害者が携帯電話機を収納棚の上に置いて近くにいるのに取得した場合、被害者は携帯電話機を握持こそしていなかったものの自己の占有下に置いているとして、被害品の占有物性が肯定され窃盗罪が成立する（東京高判平21.7.1判タ1308・308）。

＊他方、多数の一般人が出入りできる場所に遺留された物については、管理者等の排他的支配に移ったとみることは困難である。例えば、乗客が電車内に遺留した物は、当然に乗務員の占有に属するとはいえない（したがって、これを領得した場合、本罪ではなく、遺失物横領罪となる。）。

＊支配の意思とは、物を事実上支配・管理しようという意思である。事実上
のものであるので、意思能力がない者（幼児など）であっても主体となり
うる（ただし、生まれたばかりの赤ん坊など、事実上の支配をなしうる能
力が全くない者は主体となりえない。）。

＊支配の意思は、時間的・場所的に包括的なもので足りる。自宅内の財物な
どについては、その存在を具体的に知らなくても、支配の意思が認められ
る。また、潜在的に支配を継続する意思があれば足りる。睡眠中など財物
の存在を意識しえない状況のときでも、支配の意思は失われない。

想定問答

問　死者から財物を領得した場合どのように擬律するか。

答　① 当初から財物を奪取する意思で人を殺害し、その後財物を奪取する
場合は強盗殺人罪（240条）が成立する（大判大2.10.21刑録19・982）。
② 人を殺害した後、財物奪取の意思を生じて、財物を奪取した場合、被害
者の生前の占有を死亡直後も保護する見地から、一連の行為を全体的に考
察して、窃盗罪が成立する（最判昭41.4.8刑集20・4・207、大判昭16.11.11
刑集20・598）。なお、当該財物に対する被害者の生前の保管状態が継続し
ているとはいえなくなっているときは、占有離脱物横領罪が成立するにと
どまる（殺害して5日後に被害者の居宅から財物を持ち去った場合（新潟
地判昭60.7.2刑裁月報17・7=8・663）、9時間後の場合（東京地判昭37.12.3
判時323・33））。ただし、同棲相手を殺害し、死体を海岸に運んで遺棄し、
4日後（約86時間後）に室内の遺留物を持ち去った行為が、窃盗罪に当た
るとされたものもある（東京高判昭39.6.8高刑集17・5・446）。
③ 殺人とは無関係の第三者が、死体から財物を奪取する場合は遺失物等横
領罪（254条）が成立する（大判大13.3.28法律新聞2247・22）。

占有の帰属

＊数人が共同して財物を占有する場合に、共同占有者の1人が他の占有者の
同意を得ることなく、その財物を、領得する意思で自己の単独占有に移し
た場合には、他の共同占有者の占有を侵害したことになる（大判大8.4.5
刑録25・489、最判昭25.6.6刑集4・6・928）。

＊物の保管者間に上下・主従関係がある場合には、占有は上位者にあり、下
位者は占有補助者ないし監視者であるにすぎない。商店の雇人が商店内に
おいて物品を販売する場合、商品に対する占有は商店主にあり、雇人がそ
れを不正に持ち出せば窃盗罪が成立する（大判大3.3.6法律新聞929・29、

大判大7.2.6刑録24・32)。倉庫番などは倉庫内の物について占有を有しない（大判昭21.11.26刑集25・50）。

＊一定の領域の支配者に占有が肯定される場合がある（最判昭31.1.19刑集10・1・67）。例えば、宿泊客に貸与する旅館所有の浴衣などに対する占有は旅館主にある。なお、自動車販売店の営業員等が試乗車に添乗している場合には、試乗車に対する自動車販売店の事実上の支配も継続しており、試乗車が自動車販売店の占有下にあるといえるが、試乗希望者に単独試乗させた場合には、もはや自動車販売店の試乗車に対する占有は失われたとする（東京地八王子支判平3.8.28判タ768・249）（この場合、詐欺罪が成立する）。

＊委託された包装物（封緘物）についての占有は受託者にあると解され、受託者が包装物全体を領得した場合は、横領罪が成立する。例えば、郵便局集配員が占有する紙幣在中の郵便物そのものを取得した場合は、業務上横領罪が成立する（大判大7.11.19刑録24・1365、東京地判昭41.11.25判タ200・177）。

＊他方、委託された包装物（封緘物）の内容物の占有は委託者にあると解され、受託者がその包装を解いて内容物を領得すれば、窃盗罪となる（大判明45.4.26刑録18・536）。

窃　取

＊財物の占有者の意思に反して、その「占有」を侵害し、自己又は第三者の占有に移すことである。

＊窃取は、必ずしも窃かに行われることを要しない。公然と占有侵害が行われてもこれに当たる。

＊「占有」の侵害があっても、自己又は第三者の占有に移すものでない行為は、窃取に当たらない。例えば、生けすの中の鯉を逃がす行為などは、本罪ではなく、毀棄・隠匿罪に問われる。

＊窃取の手段・方法を問わない。ただし、強盗罪・恐喝罪との関係から、暴行・脅迫を財物奪取の手段とする場合は除かれる。

＊詐欺的方法が用いられた場合でも、それが相手方に財物を交付させるためのものでなければ、詐取ではなく、窃取となる。例えば、㋐人を騙してその注意を他に転じさせて、その隙に所持品を奪った場合、㋑顧客を装い、衣類を試着したまま、「トイレに行く」と偽って逃げた場合、㋒「手紙を出してくる」と偽り、旅館の丹前を着用したまま逃げた場合などは、本罪となる。

＊機械に対する詐欺的な行為は、機械は欺かれて錯誤に陥るということがな

いので、詐取ではなく、窃取となる。

＊窃取は、第三者を介した形態（間接正犯）でも可能である。例えば、是非弁別能力のない幼児を利用する場合や、他人の物を自己の物と装って情を知らない第三者に持ち出させる場合などである。

（主要判例等）

① 専らメダルの不正取得を目的として体感器と称する電子機器を使用する意図のもとにこれを身体に装着してパチスロ機で遊戯する行為は、体感器がパチスロ機に直接には不正の工作ないし影響を与えないものであっても、窃盗罪の実行行為に当たる（最決平19.4.13刑集61・3・340）。

② パチスロ機に針金を差し込んで誤動作させるなどの方法によりメダルを窃取したのとは別の台で通常の遊戯方法によって自ら取得したメダルについては窃盗罪が成立しない（最決平21.6.29刑集63・5・461）。

（故意）

＊他人の財物を窃取すること（財物の占有者の意思に反して、その占有を侵害し、自己又は第三者の占有に移すこと）の認識である。

＊客体を自己の所有物と誤信しても、他人が占有していることを併せて認識していれば、故意は認められる。

＊他人が占有していることを認識していれば、その他人が誰であるかを誤信していたとしても、故意の存在に影響はない。

＊財物の種類・数量を個別的に認識する必要はない。

＊窃取した財物に予定外のものが入っていたとしても、故意を阻却しない。

＊客体を無主物と誤信していた場合は故意を欠く。

POINT　事実の錯誤

　事実の錯誤とは、行為者が行為当時に認識・認容していた犯罪事実と現実に発生した犯罪事実とが一致しない場合をいう。例えば高級ブランド品だと思って盗んだハンドバッグが安い偽物だったというような場合である。

　事実の錯誤の問題は、現実に発生した犯罪事実について、それに見合った構成要件的故意を認めることができるかの問題である。事実の錯誤を検討するには、まず実現された犯罪事実の客観的構成要件該当性を判断し、ついでそれに見合う構成要件的故意があるといえるかという順で検討する。

　事実の錯誤には、①具体的事実の錯誤と抽象的事実の錯誤、②客体の錯誤と方法の錯誤とがある。具体的事実の錯誤とは、認識していた犯罪事実と発

生した犯罪事実とが、いずれも同じ構成要件に当てはまるものであって、ただその構成要件に該当する具体的事実について食い違いが生じた場合をいう。これに対して、抽象的事実の錯誤とは、認識していた犯罪事実と発生した犯罪事実とがそれぞれ異なる構成要件に当てはまる場合をいう。

　客体の錯誤とは、行為者が行為の客体を取り違え、本来意図していた客体とは別の客体に結果が発生した場合であり、方法の錯誤とは、行為の客体に関する行為者の認識に誤りはなかったが、行為者の攻撃の結果が、その意図した客体とは別個の客体に生じてしまった場合をいう。

　事実の錯誤についての処理に関しては、①抽象的符合説、②具体的符合説、③法定的符合説（通説・判例）がある。法定的符合説は、認識していた犯罪事実と発生した犯罪事実とが、構成要件的評価として一致する限度で、発生した犯罪事実についても故意の成立を認めようとする立場である。

　したがって、例えば、財布と携帯電話等が在中しているハンドバッグをひったくった窃盗犯人が「自分は、財布を盗ろうと思ってひったくったので、まさか携帯電話が入っていたとは思わなかった。」と供述しても、窃盗犯人が「他人の物」を窃取する意思で、現実に「他人の物」を窃取した以上、認識した事実と現実に発生した事実とが構成要件的に一致するので、窃盗の故意があるといえ、ハンドバッグの在中物すべてを被害品として窃盗罪が成立する。もっとも、被疑者が不自然な弁解をするときは、むしろ未必の故意を有していたといえる場合もあるので、錯誤論により解決するのではなく、供述の真実性を吟味して真相解明に努めるべきであろう。

（**主要判例等**）　判例（最判昭53.7.28刑集32・5・1068）は、犯人が強盗の手段として人を殺害する意思のもとに銃弾を発射して殺害行為に出た結果、犯人の意図した者に対して右側胸部貫通銃創を負わせたほか、犯人の予期しなかった者に対しても腹部貫通銃創を負わせた事案で、「犯罪の故意があるとするには、罪となるべき事実の認識を必要とするものであるが、犯人が認識した罪となるべき事実と現実に発生した事実とが必ずしも具体的に一致することを要するものではなく、両者が法定の範囲内において一致することをもつて足りるものと解すべきである」として、殺人の故意を認めている。

不法領得の意思

＊不法領得の意思とは、㋐権利者を排除し他人の物を自己の所有物として、㋑その経済的用法に従いこれを利用又は処分する意思である。㋐の「権利者排除意思」が一時使用を本罪として処罰しない機能を果たし、㋑の「利用・処分意思」が本罪と毀棄・隠匿罪を区別する機能を果たす。

想定問答

問　一時的無断使用の場合（使用窃盗）、不法領得の意思があるといえるか。

答　乗物などを無断使用する場合、自己の占有に移す時点で、一時使用の意思であれば（返還の意思があれば）、不法領得の意思がなく、窃盗罪とならないが（主要判例①）、乗捨ての意思であれば、不法領得の意思があり、窃盗罪となる（主要判例②）。乗捨て意思は、権利者排除意思にほかならないからである。ただし、一時使用の意思であっても、対象が、自動車のように、価値が高く、短時間でも移動距離が大きく、物に生じる危険も大きいものについては、これを無断使用すること自体が、権利者排除意思の存在を前提としているとみることができる（主要判例③）。機密資料を無断コピーするための持出しについても、不法領得の意思を認めるのが下級審裁判例である。機密資料をコピーできるのは権利者のみであるから、返還意思があっても、これを無断コピーの目的で持ち出す行為には、権利者排除意思が認められることになろう。

主要判例等

① 他人の自転車を無断使用した後に乗り捨てても、自己の所持に入れる際に一時使用の意思であれば、不法領得の意思を欠き、窃盗罪を構成しない（大判大9.2.4刑録26・26）。

② 強盗犯人が逃走中に他人の肥料船を無断で漕ぎ出して対岸に渡ろうとした場合、当初から乗り捨てる意思であった以上、不法領得の意思が認められる（最判昭26.7.13刑集5・8・1437）。

③ 他人の自動車を数時間にわたって完全に自己の支配下に置く意図の下に所有者に無断で乗り出し、4時間余り乗り回した場合、使用後に元の場所に戻すつもりであったとしても、不法領得の意思が認められる（最決昭55.10.30刑集34・5・357）。

＊「経済的用法に従い利用・処分する意思」にいう「経済的用法」は、厳密な意味ではなく、財物から生じる何らかの効用を享受するもので足りる。例えば、投票数を増加させる目的で投票用紙を盗んだ場合や、性的目的で下着を盗んだ場合でも、利用・処分意思は肯定される。

＊単に毀棄又は隠匿する意思で他人の物を奪取する行為は、利用・処分する意思がなく、不法領得の意思を欠くので窃盗罪に当たらない（大判大4.5.21刑録21・663）。

＊他人の財物の占有を侵害する具体的危険が生じたときに認められる。

擬▶ その判断に当たっては、財物の形状、窃取行為の態様、犯行の日時・場所など、諸般の状況を考慮することが必要である。

（侵入盗）

擬▶ 通常の住居などの場合、侵入しただけでは窃盗の着手とは認められず、他方、遅くとも財物の物色行為のあった時点では着手が認められる。ただし、物色行為がなければ着手が認められないわけではない（主要判例①②）。

擬▶ 土蔵・金庫室などの場合は、そこへの侵入行為に着手した時点で窃盗の着手も認められる（想定問答）。

（車上ねらい・自動車盗）

擬▶ 自動車内への侵入行為（ドアの開扉・開錠、窓ガラスの破壊など）を開始した時点で着手が認められる。

（スリ）

擬▶ 「あたり」（衣服・携帯品に外から手を触れて財布などの有無・場所を確かめる行為）の段階では着手は認められない。他方、現金をすり盗ろうとしてポケットの外側に手を触れたような場合には、着手が認められる（主要判例③）。ただし、「あたり」によって財物の存在が確認できればそのまま窃取に及ぶような場合には、「あたり」の段階で着手を認めてよいこともありうる。

主要判例等

① 窃盗の目的で家宅に侵入し、金品物色のためにたんすに近寄ったときは、財物に対する事実上の支配を侵すにつき密接な行為をしたもので、窃盗の着手に当たる（大判昭9.10.19刑集13・1473）。

② 深夜、被害者方店舗内において、所携の懐中電灯で真っ暗な店内を照らしたところ、電気器具類が積んであることが分かったが、なるべく金を盗りたいので店内煙草売場の方に行きかけたときには、窃盗の着手が認められる（最決昭40.3.9刑集19・2・69）。

③ 被害者のズボンのポケットから現金がのぞいているのに目をつけ、それをすり盗ろうとして同ポケットに手を差し伸べ、ポケットの外側に触れた以上、窃盗の実行に着手したものである（最決昭29.5.6刑集8・5・634）。

想定問答

圖 同じ侵入盗でも、住居などの場合には侵入行為だけでは窃盗の着手とは

認められず、土蔵・金庫室などの場合には侵入行為に着手した時点で窃盗の着手が認められるとされるのは、なぜか。

圏　窃盗の着手（未遂）が認められるためには、財物の占有が侵害される危険が具体化したとみられることが必要である。住居などの場合、そこに侵入しただけでは、財物の占有が侵害される危険が具体化したとみることは困難であろう。これに対して、土蔵などは、通常、財物を保管するために用いられる建物である。それゆえ、そこへの侵入行為が開始された時点で、その財物を窃取しようと企てていることが客観的に看取でき、財物の占有が侵害される危険が具体化しているとみることができるのである。

POINT　**未遂犯と不能犯（窃盗罪）**

　犯罪の実行に着手したがこれを遂げない場合を未遂という。これに対して、犯罪を実現しようとした行為が、性質上、およそその犯罪を実現させることができないものである場合を不能犯という。不能犯は実行行為を欠くので未遂犯にもならない。
　財物を窃取しようとして社会通念上実行の着手とみられる行為に及んだ場合、たまたま財物が存在しなかったとしても、不能犯ではなく、未遂犯である（大判昭21.11.27刑集25・55）。

成立時期

＊行為者が、目的とする財物につき、他人の占有を排除して、自己又は第三者の占有に移したときである。

＊財物に接触しただけでは足りないが、他方、財物を場所的に移転したり、容易に発見できない所に隠匿することまでは必要ではない。

擬▶　具体的事案における判断に当たっては、財物の形状、窃取行為の態様、犯行の日時・場所など、諸般の状況を考慮することが必要である。

（身につけられる物）

擬▶　目的物が小さく身につけることができる場合、それをポケットなどに入れれば自己の占有に移すことができるから、その時点で窃盗既遂となる。例えば、店頭にある靴下を懐中に納めた場合、すぐに発見されて取り戻されたとしても、既遂である。

（身につけられない物）

擬▶　目的物が大きく身につけることができない場合は、目的物の性質、周囲の状況、荷造り、移動・搬出等の事情により、事実上の支配があったとい

える時点が変わりうる。例えば、倉庫から持ち出した財物をトラックの廃品の山をかき分け積み込み、その上から更に廃品を被せて隠匿した場合、構外に持ち出さなくても既遂となる。このように物を容易に持ち出せる状態に至れば、本来の占有を排して自己の支配内に置いたということができる。また、例えば、土木出張所の車庫の中から木炭6俵を担ぎ出して出張所の柵外に持ち出すなど、屋内（構内）にある物を屋外（構外）に持ち出したときは、既遂と認められることが多い。

POINT
間接正犯

他人を道具として利用して実行行為を行う場合、間接正犯という。例えば、①高度の精神障害者、幼児などを利用する場合のように、被利用者が是非の弁識能力を全く欠く場合や、②日ごろから暴行を加えて自己の意のままに従わせていた12歳の少女に窃盗を指示して行わせた（最決昭58.9.21刑集37・7・1070）ように、利用者により被利用者が意思を抑圧されている場合、③当該鉄くずが他人の物であることを知らず、被疑者の所有物であると誤信している第三者に、その鉄くずを搬出させて窃盗した（最決昭31.7.3刑集10・7・955）ように被利用者に構成要件的故意が欠けている場合、④教材と称して行使の目的を欠く印刷業者に偽札を作らせるように、目的犯において被利用者が目的を欠く場合、⑤公務員が身分のない妻に命じて賄賂を受領させたように、身分犯において身分を欠く者を利用する場合、⑥警察官を欺いて情を知らない警察官をして適法に被害者を留置させた場合、警察官の行為は監禁罪の構成要件に該当するが職務行為として違法性を欠くので、警察官を欺いた利用者は間接正犯となる。

間接正犯は、他人を利用して犯罪を実行する点で共同正犯と類似するが、間接正犯は自分の意思によって他人を支配・利用して犯罪を実現する場合をいい、共同正犯は相手と相互に協力して犯罪を実現する意思をもって犯罪を実現する点で、両者は異なる。

また、間接正犯は、自ら直接犯罪構成要件に該当する行為（実行行為）を行わない点で教唆犯・幇助犯に類似するが、間接正犯は、主観面では、他人を道具として利用しながら特定の犯罪を自己の犯罪として実現する意思（正犯意思）を持っている上に、客観的にみて、その者が、他人をあたかも道具のように一方的に支配・利用し、その行為を通じて構成要件的行為の全部・一部を行ったといえる場合で、利用者（間接正犯）が実行行為を行ったと評価できる場合であり、教唆犯・幇助犯とは異なる。

共謀共同正犯と狭義の共犯の区別

判例・実務は、「自己の犯罪を行う意思」か「他人の犯罪を行う意思」か

を基準とする（主観説）。犯行の際に行った行為の内容、他の行為者との共謀の経過・態様、他の行為者との主従等の関係、犯行の動機、犯行に対する積極性、犯罪の結果に対する利害関係、犯行準備・犯行後の犯跡隠蔽・利得分配等において果たした役割といった主観的・客観的事情を総合的に考慮して、「自己の犯罪か、他人の犯罪か」を判断する。

見張り行為

　見張りは、犯罪を実行する者にとって心理的に安心して大胆な行動をとる心理をもたらす。犯罪の謀議の実行として現場で見張りをしている場合、実行行為を分担しているので「共同正犯」といえる（最判昭23.3.16刑集2・3・220等）。しかし、意思連絡が謀議という程度に至らないものであったとき、例えば少年Xが日ごろ服従している年長者Yに「ついて来い」と言われて、ある家の前まで行ったところ、Yから「人が来たら知らせろ」と言われ、Yだけが家の中へ忍び込んでゆくのを見て、XはYが盗みをすると思ったが、言われたとおり見張りをしていた、という場合には、意思の連絡はあるが、犯罪についての謀議といえるまでには達していない。

　「自己の犯罪」としての加功であれば共同正犯であるし、「他人の犯罪」としての加功にすぎなければ幇助である。実行行為はしていないが犯罪に加功した者については、意思連絡の状態やその者の行為態様などを総合して犯罪の実現に重要な役割を果たしたかどうかから判断して、共同正犯か幇助犯かを決定することになる。

不作為による幇助

　正犯の犯罪行為を阻止し、結果発生を防止すべき法律上の義務を負う者が、その義務に違反して正犯の犯罪行為を阻止せずに、その行為を容易にした場合には、幇助犯が成立する（東京高判平11.1.29判時1683・153）。すなわち、①作為義務（「不真正不作為犯」3頁参照）、②作為の可能性・容易性、③（結果犯については）当該不作為と結果との因果関係が要件となる。

　警備員が万引きを目撃したにもかかわらず、見て見ぬふりをしてさらに万引きを容易にするような場合には不作為の幇助が成立するといえよう。

罪　数

＊罪数は占有侵害の個数を基準にする。

＊同一人の占有に向けられた複数回の犯行であっても、犯罪意思が異なるとき、時間的離隔があるときなどは、各行為を独立に評価し、併合罪となる。

他罪との関係

* 窃盗罪が既遂に達した後は、犯人が目的物を費消・損壊しても、横領罪・器物損壊罪などを構成しない（不可罰的事後行為）。それらの行為は既に窃盗罪によって包括的に評価されていると考えられるからである。

* 他方、窃盗罪によっては評価しつくされていない新たな法益侵害を伴う場合は、別個の罪が成立する。例えば、㋐郵便貯金通帳を窃取し、これを利用して郵便局員を欺き貯金を払い戻した場合、窃盗罪と詐欺罪が成立して併合罪となる。また、㋑窃取した財物が法律で所持を禁じられている物（麻薬など）であるときは、それを占有することは別に所持罪を構成し、窃盗罪と併合罪となる。

* 窃盗罪と住居侵入罪は、侵入行為が窃盗の実行行為となる場合を除き、牽連犯となる。

* 建造物損壊は、必ずしも窃盗罪の手段として通常用いられる行為ということはできないから、両罪は、併合罪の関係にあると考えるべきである（最判昭24.2.24裁判集7・571）。

親族間の犯罪に関する特例（親族相盗例・244条）

* 配偶者・直系血族・同居の親族との間で、窃盗（未遂）罪などを犯した場合、刑が免除される。

* その他の親族との間で犯した場合は、親告罪となる。

* 財物の所有者と占有者が異なる場合、親族関係は、犯人と所有者・占有者とのいずれの間にも存することを要する（最決平6.7.19刑集48・5・190）。

POINT 　**親族**

　血の続く間柄の者と婚姻によって生ずる続柄の者を親族という。民法は、①6親等内の血族、②配偶者及び③3親等内の姻族を親族とする（民法725条）。

　なお、養子の場合、養子縁組の日から、養子と養親及びその血族との間においては、血族間におけるのと同一の親族関係を生ずる（民法727条）ことに留意しておく必要がある。

親族間の犯罪に関する特例の準用関係

窃　　盗	不動産 侵　奪	強　盗	詐　欺	背　任	恐　喝	横　領	遺失物 横　領
あり	あり	なし	あり (251条)	あり (251条)	あり (251条)	あり (255条)	あり (255条)

　なお、盗品等に関する罪については、244条の準用はないが、257条が親族等の間の犯罪に関する特例を規定している。

> **主要判例等**　244条1項は、内縁の配偶者に適用又は類推適用されない（最決平18.8.30刑集60・6・479）。

第2　不動産侵奪罪（235条の2）

第235条の2　他人の不動産を侵奪した者は、10年以下の懲役に処する。

［参考］

　窃盗罪の加重類型を定めた特別法に、盗犯等ノ防止及処分ニ関スル法律があり、常習特殊窃盗（同法2条）、常習累犯窃盗（同法3条）が規定されている。また、減軽類型として、森林窃盗罪（森林法197条）がある。さらに、侵入盗対策という観点から、特殊開錠用具の所持の禁止等に関する法律がある。

　なお、強盗罪についても、盗犯等ノ防止及処分ニ関スル法律の適用があり、常習特殊強盗（同法2条）、常習累犯強盗（同法3条）、常習強盗傷人・強制性交等（同法4条）が規定されている。

第3　強盗罪（236条）

第236条　暴行又は脅迫を用いて他人の財物を強取した者は、強盗の罪とし、5年以上の有期懲役に処する。
2　前項の方法により、財産上不法の利益を得、又は他人にこれを得させた者も、同項と同様とする。

(1)　強盗罪（1項）

成立要件

① **犯人**（主体）
② **他人の占有する財物**（客体）
③ **暴行・脅迫を用いて強取すること**（行為）
④ **財物の占有移転**（結果）
⑤ **故意**
⑥ **不法領得の意思**

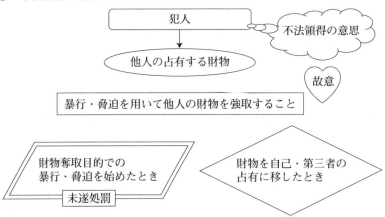

暴行・脅迫

＊暴行とは、身体に向けられた不法な有形力の行使である。傷害行為・殺害行為も、「暴行」に含まれる。脅迫とは、害悪の告知である。

＊財物奪取の目的遂行の障害となりうる者に対して加えられればよい。必ずしも財物を所持する者に加えることは要しない。相手方に十分な意思能力が備わっていることも要しない。例えば、留守番の子供（10歳）を縛った上、「声を出したら殴るぞ」と告げるような行為も、同人が、ある程度物に対する管理能力を持ち、奪取目的の障害となっている以上、本罪における暴行・脅迫となる。

＊本罪の暴行・脅迫は、被害者の反抗を抑圧するに足りるものであることを要する（22頁参照）。例えば、ナイフを突き付ける行為などは、通常、これに当たる。

擬▶　本罪の暴行・脅迫に当たるかどうかは、社会通念上一般に相手方の反抗を抑圧するに足りる程度のものかという客観的な基準で決する。したがっ

て、客観的に反抗を抑圧するに足りる程度の暴行・脅迫が加えられれば、たまたま当該被害者が反抗を抑圧されなかったとしても、本罪の実行行為と認められる。暴行・脅迫の程度については、㋐暴行・脅迫の態様のほか、㋑犯行時刻・場所、㋒周囲の状況、㋓被害者の人数・年齢・性別・体格等も考慮して、具体的に判断する。ブリキ製の拳銃を突き付ける行為なども、被害者の反抗を抑圧するに足りることがある。

擬▶ 一般人であれば反抗を抑圧するに足りない暴行・脅迫を加えたが、被害者が極度に臆病であったため反抗を抑圧されたという場合、通常、本罪の実行行為としての暴行・脅迫はなく、恐喝罪が成立するにとどまる。ただし、被害者が極度に臆病であることを行為者が認識していたときは、本罪の実行行為としての暴行・脅迫に当たるとする見解が多い（他方、このときでも恐喝罪にとどまるとする見解も有力である。）。

想定問答

問 ひったくり行為は強盗罪で問擬できるか。

答 ひったくり行為については、被害者が呆気に取られているすきにバッグ等を奪うものであるかぎり、いくらかの有形力の行使がされたとしても、通常は被害者の反抗を抑圧する程度のものとはいいがたいであろう。

しかし、被害者がバッグ等を奪われないよう抵抗すると、転倒したり引きずられたりして負傷するような態様の場合には、本罪の暴行と認められる。判例も、通行中の女性が所持するハンドバッグをひったくる目的で、自動車を運転して同女に近づき、自動車の窓からバッグの下げ紐をつかんで引っぱったが、同女が離さなかったため、下げ紐をつかんだまま自動車を進行させ、同女を引きずって転倒させたり、道路脇の電柱に衝突させるなどしたときは、相手方の反抗を抑圧するに足りる程度の暴行に当たる（最決昭45.12.22刑集24・13・1882）として強盗罪を認めている。

他人の財物

＊その意味については、窃盗罪（235条・109頁）参照。

＊不動産は含まれない。ただし、暴行・脅迫による侵奪が財産上の利益を得たと評価できるときは、2項強盗罪が成立しうる。

強　取

＊相手方の反抗を抑圧するに足りる暴行・脅迫を手段として、財物の事実上の占有を自己が取得し、又は第三者に取得させることである。

＊相手方から財物を奪い取る場合のほか、相手方が交付した財物を受け取る
場合であっても、それが相手方の自由意思に基づくものでないときは、強
取に当たる。

＊財物奪取の手段として暴行・脅迫を加えて、反抗を抑圧された被害者が気
付かないうちに財物を奪った場合も、強取に当たる。

＊反抗を抑圧するに足りる暴行・脅迫を加えて財物を奪取した場合、被害者
に恐怖心を抱かせたにとどまり、現に反抗を抑圧するに至らなかったとき
でも、本罪が成立する（最判昭24.2.8刑集3・2・75）。他方、被害者が専ら
犯人を憐れんで財物を交付したときは、強取に当たらない（本罪の未遂罪
にとどまる。）。暴行・脅迫が手段となっているといいがたいからである
（ただし、この場合でも、強取に当たるとする見解もある。）。

＊暴行・脅迫を用いて財物を奪取する意思の下、先に財物を奪取し、次いで
暴行・脅迫を加えてこれを確保した場合も、強取に当たる（強盗罪が成立
し、事後強盗罪（238条）ではない。）。

＊窃盗の実行行為中に相手方に発覚したため、強盗の犯意が生じて暴行・脅
迫を行い、更に財物を強取する行為（いわゆる居直り強盗）は、強盗罪を
構成する。

想定問答

圕　暴行・脅迫後に財物奪取の意思を生じた場合、どのように考えればよいか。

圅　財物奪取の意思なしに暴行・脅迫を加え、相手方の反抗を抑圧した後に、
奪取の意思を生じた場合、奪取の意思が生じた後にも新たな暴行・脅迫を
加えていれば、全体として1個の本罪が成立する。

　他方、上記の場合において、新たな暴行・脅迫を加えることなく財物を
奪取したときについては、㋐暴行罪（脅迫罪）と窃盗罪が成立するにとど
まるとする説と、㋑強盗罪が成立するとする説がある。

　判例は、強制性交等目的で暴行・脅迫を加えた後、財物奪取の意思を生
じ、被害者の畏怖に乗じて金品を奪った事案に関して、強盗罪の成立を認
めたものが多い（最判昭24.12.24刑集3・12・2114等）。強制性交等目的で暴
行・脅迫を加えられて反抗抑圧状態に陥った女性は、犯人が現場を去らな
い限り畏怖状態が継続し、先に加えられた暴行・脅迫と相まって、財物奪
取のための暴行・脅迫と同視できることが多いからである（なお、平成29
年改正後は、要件を充たす限り、強盗・強制性交等罪（241条）が問題と
なろう。）。

　このような見地からは、強制性交等の被害者が失神・死亡などにより犯
人の存在を認識しえない状況に陥った後に、財物奪取の意思を生じて奪っ
た場合には、強盗罪は成立しないことになる。

故　意

＊暴行・脅迫を加えて相手方の反抗を抑圧し、その財物を奪取することの認識である。

＊強盗の犯意には、暴行・脅迫により他人の財物を奪取する意思をもって足り、その奪取する財物の種類・数量等について認識することを要しない（大判大15.2.24刑集5・50）。

不法領得の意思

＊その意味については、窃盗罪（235条・116頁）参照。

> **主要判例等**　人物確認の手段として密かに写真撮影をした警察官から、フィルムを取得することを主たる目的としてカメラを強取し、カメラについてはフィルムを取り除いて10日後に返還したという場合でも、暴行をもってカメラを自己の支配に移してフィルムを取り出すことは、所有者でなければできない利用処分行為といえ、不法領得の意思が認められる（最判昭38.7.9刑集17・6・579）。

着手時期

＊財物奪取の目的で相手方の反抗を抑圧するに足りる程度の暴行・脅迫を加えたときに認められる。

＊強盗の意思でまず財物を奪取しても、結局、暴行・脅迫を行わなければ、本罪の着手は認められない。

成立時期

＊暴行・脅迫により財物に対する被害者の占有を排し、これを自己又は第三者の事実上の支配下に置いたときである。例えば、会社の事務所に押し入り、居合わせた事務員全員を縛り、そこにあった物を荷造りして後は持ち出すばかりの状態にしたときは、これを屋外に持ち出さなくても、本罪は既遂である。

POINT　中止未遂

　実行行為に着手したが、結果が不発生に終わり、犯罪が完成しなかった場合を未遂という。

　未遂には、実行に着手したが「自己の意思により」実行を中止し、又は結果発生を阻止した場合の中止未遂と、それ以外の外部的事情によって結果発

生が妨げられた場合の障害未遂とがある。

中止未遂は、①中止の任意性、②結果発生防止のための真摯な努力及び構成要件的結果の不発生、が要件となる。

中止の任意性については、一般人からみて、外部的事情が、その行為者に対してある程度必然的・強制的に中止を決意させた場合は障害未遂であり、外部的事情に触発されたにせよ、自由な意思によって中止した場合には中止未遂となるとする立場（折衷説）が有力である。この立場では、実際には誰も来なくても、警察官が来たと行為者が思って中止した場合には、中止未遂とはならない。

事情によって異なることがあるが、一般的には、悔悟・同情・憐憫などの倫理的動機で中止した場合は中止未遂が成立する（福岡高判昭35.7.20下刑集2・7=8・994、同昭29.5.29判特26・93、名古屋高判平2.1.25判タ739・243、同平2.7.17判タ739・243など）が、恐怖心・驚愕から中止した場合（最判昭24.7.9刑集3・8・1174、最決昭32.9.10刑集11・9・2202など）や嫌悪の情を催して中止した場合（仙台高判昭26.9.26刑特22・73）には中止犯は成立しない。

なお、中止未遂の要件は検察官に挙証責任があることに留意すべきである。したがって、未遂犯捜査では、被告人から中止未遂の主張がなされた場合に、障害未遂と立証できる証拠関係にあるかを考えて捜査すべきである。

共 犯

＊夜間、共犯者がブリキ製のピストルを被害者に突き付けて脅迫した際に、その傍らに佇立していたことは、被害者を畏怖させる行為であるから、本罪の共同正犯となる（最判昭23.6.22刑集2・7・711）。

POINT　共犯からの離脱

共謀者のうちの１人が、犯罪遂行の共謀に加わったものの、翻意して犯罪をやめようと思った場合に、どのようにすれば共犯関係から離脱したといえるのであろうか。

共犯からの離脱には、①実行の着手前の共犯関係からの離脱と②実行に着手した後の共犯関係からの離脱とがある。

(1)　実行の着手前の共犯関係からの離脱

実行の着手前の場合、他の共謀者に対して共犯関係から離脱する旨の意思表明をし、残りの共謀者がこれを了解すれば、共犯関係は解消するとしている（東京高判昭25.9.14高刑集3・3・407など）。

この場合、①離脱の意思表明は、他の共謀者に対してなされるべきこと、②離脱の意思表明と残余関与者による了承は、黙示のものであってもよい

（福岡高判昭28.1.12高刑集6・1・1）。

(2) 共謀に基づく実行に着手した後の段階で離脱

　　実行行為の途中で共謀者の１人が他の共謀者に対して離脱の意思を表明し、残りの共謀者がこれを了承したというだけでなく、進んで、他の共謀者が行っている実行行為を中止させた上、以後は自己を含めて共犯者の誰もが当初の共謀に基づく実行行為を継続することのない状態をつくり出したような場合には、たとえ他の共謀者がなおも実行行為を継続したとしても、それ以降の実行行為及びその結果について、離脱者は責任を負わない（東京高判昭63.7.13高刑集41・2・259）。なお、甲が、乙と共謀の上、丙に暴行を加えたのち、現場から立ち去るに際し、乙が丙に対しなお暴行を加えるおそれが消滅していなかったのに、格別これを防止する措置を講じなかったときは、甲乙間の当初の共犯関係は、立ち去った時点で解消したものということはできない（最決平元.6.26刑集43・6・567）。また、共犯者数名と住居に侵入して強盗に及ぶことを共謀した被告人が、共犯者の一部が住居に侵入した後、強盗に着手する前に、見張り役の共犯者において住居内に侵入していた共犯者に電話で「犯行をやめた方がよい、先に帰る」などと一方的に伝えただけで、被告人において格別それ以後の犯行を防止する措置を講ずることなく、待機していた現場から上記見張り役らと共に離脱したという事実関係の下では、当初の共謀関係が解消したとはいえない（最決平21.6.30刑集63・5・475）。

　　捜査官は、共謀後において犯行に消極的な態度をとっている共犯者がいることを知った場合には、共犯からの離脱が認められる要件が備わっているかどうかを明らかにしておくために、本人及び他の共犯者を詳細に取り調べて、その経過を証拠化しておくべきである。

罪数等

＊数人の被害者に暴行・脅迫を加えたが、１個の占有を侵害したにすぎない場合は、１個の強盗罪が成立するにとどまる。

＊数人の被害者に暴行を加えて、それぞれから財物を強取した場合、通常、被害者の数の強盗罪が成立する。そして、その行為が、㋐１個と評価できるときは観念的競合、㋑別個のときは併合罪となる。

＊窃盗と強盗とが同一機会に同一占有を侵害する形で行われた場合、包括一罪となる。財物を窃取した後、新たに強取の意思で暴行・脅迫を加えたが、結局、強取できなかった場合は、強盗未遂罪により処断されるとする下級審裁判例が多い。通常、財物取得と暴行・脅迫との間に因果関係が認められないからである。

＊銃砲刀剣類不法所持罪と強盗罪とは、保護法益も構成要件も全く異なる犯罪であるから、強盗の暴行・脅迫の手段として、拳銃等の銃器類や、日本刀などの刀剣類を用いた場合、原則として強盗罪とは別個に銃砲刀剣類不法所持罪が成立し、両罪は併合罪となる。

(2) 強盗罪（2項）

成立要件

① 犯人（主体）
② 財産上の利益（客体）
③ 暴行・脅迫を用いて、財産上の利益を得、又は他人に得させること（行為）
④ 財産上の利益を得、又は他人に得させたこと（結果）
⑤ 故意
⑥ 不法利得の意思

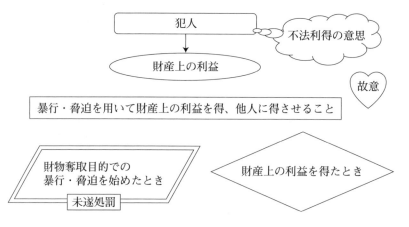

前項の方法

＊暴行又は脅迫である。その意味については、1項強盗罪（236条1項・124頁）参照。

財産上不法の利益

＊「財産上不法の利益」を得るとは、「不法に」財産上の利益を得ることをいう。
＊財産上の利益とは、1項の「財物」以外のすべての財産的利益である。
＊不動産も、1項の「財物」に当たらない以上、財産上の利益に含まれる。

擬▶ 積極的財産の増加であるか、消極的財産の減少であるかを問わない。具体的には、㋐債権を取得すること、㋑債務を免除させること、㋒債務の履行期を延期させること、㋓民事訴訟において和解させること、㋔労務を提供させることなどが、これに当たる。

＊債務が不法なもので法律上相手方に請求権が認められない場合であっても、これを暴行・脅迫により免れれば本罪が成立しうる。

（主要判例等）

① 麻薬購入資金を預り保管中、これを不法に領得する目的をもって被害者を殺害したときは、たとえ上記金員の授受は不法原因に基づく給付であるため被害者に返還請求権がないとしても、事実上同人から返還請求を受けることのない結果を生じさせて返還を免れたのであるから、2項強盗による強盗殺人罪が成立する（最判昭35.8.30刑集14・10・1418）。

② XとYが共謀の上、Xが取引のあっせんにかこつけてAから覚醒剤を受け取り逃走した後、YがAを殺害しようとして未遂に終わった場合、殺害行為は、上記覚醒剤の返還ないし代金支払を免れるという財産上の利益を得るためになされたものであるから、先行する覚醒剤取得行為が窃盗罪・詐欺罪のいずれに当たるにせよ、その罪と（2項）強盗殺人未遂罪の包括一罪として重い後者の刑で処断すべきである（最決昭61.11.18刑集40・7・523）。

③ 住居侵入後、キャッシュカードの窃取に着手し、いつでも容易にその占有を取得できる状態に置いた上で、キャッシュカードの占有者に脅迫を加えてその暗証番号を強いて聞き出した行為は、被害者の預貯金債権そのものを取得するわけではないものの、キャッシュカードとその暗証番号を用いて、事実上、ATMを通して当該預貯金口座から預貯金の払戻しを受け得る地位という財産上の利益を得たものというべきである（東京高判平21.11.16判タ1337・280）。

（得、又は他人に得させた）

＊利益の移転があるといえるために、被害者の処分行為（例えば権利譲渡の意思表示）は不要である。

＊財産上の利益が、通常、相手方の意思による処分行為を伴うもの（債務の免除・履行期の延期など）であっても、相手方の処分行為を要しない（詐欺罪・恐喝罪とはこの点で異なる。）。したがって、反抗を抑圧するに足りる暴行・脅迫を加えた結果、相手方を事実上債務の支払請求ができない状態に陥らせた場合には、本罪が成立する（最判昭32.9.13刑集11・9・2263）。

＊債務の返済を免れるために債権者を殺害した場合、相続人の不存在・証拠書類の不備等のため、債権者側の債権の行使を不可能若しくは著しく困難にさせたときのほか、履行期の到来・切迫等のため、債権者側の速やかな債権行使を相当期間不可能にさせたときなどには、財産上の利益を得たものといえる（大阪高判昭59.11.28高刑集37・3・438）。

成立時期

＊基本的に1項強盗の場合と異なるところはなく、暴行・脅迫を手段として財産上不法の利益を得たと認められたときに、既遂に達する。

罪　数

＊1項強盗と2項強盗が同一機会に行われた場合、包括して236条の強盗一罪が成立する。例えば、タクシー運転手に暴行・脅迫を加えて、売上金を強取するとともに、料金の支払も免れたような場合である。

第4　強盗予備罪（237条）

第237条　強盗の罪を犯す目的で、その予備をした者は、2年以下の懲役に処する。

成立要件

① 犯人（主体）
② 強盗の予備をすること（行為）
③ 故意
④ 強盗の罪を犯す目的

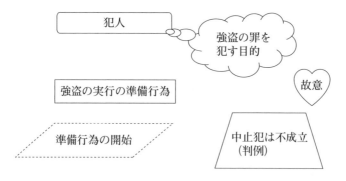

＊居直り強盗や事後強盗の目的の場合でも、その危険性において通常の強盗目的の場合と異なるところはなく、家人の抵抗等に遭えば暴行・脅迫を加える目的がある以上、本罪が成立する。

主要判例等　本条の「強盗の罪を犯す目的」には、238条の事後強盗の目的も含まれる。窃盗の意図で侵入場所を探しながら徘徊していたが、逮捕を免れるために使用する目的でナイフなどを携行していたという場合、本罪が成立する（最判昭54.11.19刑集33・7・710）。

予　備

＊強盗の実行の準備行為である。

＊単なる計画・謀議だけでは足りない。強盗の決意を外部的に表現するような行為がされることを要する。例えば、金品強奪に使用するために包丁を買い求めるような行為である。

罪　数

＊1個の強盗目的の下に、複数の準備行為（被害者方の下見・凶器の準備・移動車両の調達など）をしても、1個の強盗予備罪が成立するにすぎない。

＊いったん強盗予備行為をしたが強盗の実行を断念し、その後、新たに強盗目的で予備行為をした場合には、それぞれ強盗予備罪が成立して併合罪となる。

＊強盗の予備をした者が、強盗の実行に着手すれば、予備罪は強盗（未遂）罪に吸収される。

＊強盗の目的で他人の住居に侵入する行為は、強盗予備罪及び住居侵入罪に当たり、両罪は別個の法益保護を目的とするので観念的競合である（東京高判昭25.4.17判特12・14）。

第238条　窃盗が、財物を得てこれを取り返されることを防ぎ、逮捕を免れ、
　　　又は罪跡を隠滅するために、暴行又は脅迫をしたときは、強盗として論ずる。

成立要件

① **窃盗犯人**（主体）
② **人**（客体）
③ **暴行・脅迫をすること**（行為）
④ **故意**
⑤ **財物を取り返されることを防ぐ目的・逮捕を免れる目的・罪跡を隠滅する目的**

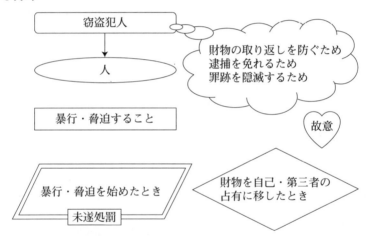

窃　盗

＊「窃盗」犯人とは、窃盗の実行に着手した者をいう。

＊㋐財物を取り返されることを防ぐ目的の場合は、窃盗が既遂となっていること（「財物を得」たこと）が前提となる。㋑逮捕を免れる目的、㋒罪跡を隠滅する目的の場合は、既遂・未遂を問わない。

＊窃盗の目的で他人の住居に侵入したが、窃盗に着手しないうちに家人に発見されたので、逮捕を免れる目的で暴行・脅迫を加えたような場合には、本罪は成立しない。

財物を得てこれを取り返されることを防ぐ目的

＊「財物を得てこれを取り返されることを防」ぐ目的とは、財物を窃取した後に、被害者などからその財物を取り返されるのを防ぐ目的である。犯人にその目的があれば足り、相手方が現実に財物を取り返そうとしていたかどうかは問わない。

擬▶ 本罪が成立するためには、㋐財物を取り返されることを防ぐ目的、㋑逮捕を免れる目的、㋒罪跡を隠滅する目的のうち、少なくとも1つの目的で、相手方に暴行・脅迫を加えることが必要である。

＊財物を窃取した後に、更に財物を奪取する目的で相手方に暴行・脅迫を加えた場合は、本罪ではなく、1項強盗罪が適用される。

逮捕を免れる目的

＊窃盗に着手した者が、被害者・警察官等から取り押さえられて身柄を拘束されるのを防ぐ目的である。相手方が現実に逮捕しようとしていたかどうかは問わない。

＊共犯者を逮捕から免れさせる目的も含まれる。

＊いったん被害者等に取り押さえられた場合でも、その身柄拘束が確定的なものとなっていない状況で、相手方から逃れるために暴行・脅迫を加えたときは、本罪が成立しうる（136頁・主要判例②参照）。

罪跡を隠滅する目的

擬▶ 窃盗犯人として検挙・処罰されることになると認められる罪跡を隠滅しようとする目的である。例えば、身元が明らかになる物を落としたため、それを被害者から取り返そうとする場合や、目撃者に暴行を加えて昏倒させ、又は殺害しようとする場合などが、これに当たる。

暴行・脅迫

＊その意味については、強盗罪（236条1項・124頁）参照。

＊本罪も「強盗として論」じられるのであるから、相手方の反抗を抑圧するに足りる程度のものであることを要する。

擬▶ その判断は、暴行・脅迫の態様のほか、犯行時刻・場所、周囲の状況、相手方の年齢・性別・性格等も考慮して、その財物取返し・逮捕等の意思を制圧する程度のものであるか具体的に行う必要がある。

＊17歳の窃盗犯人が強壮な成人による逮捕を免れようとして手を振り放して押し倒しても、上記程度に達したとはいえないとされた事例がある（大判昭19.2.8刑集23・1）。

＊暴行・脅迫の相手方は、窃盗の被害者だけでなく、本条所定の各目的を遂げるのに障害となる者（財物を取り返そうとする者、窃盗犯人を逮捕しようとする者など）であればよい。

＊本罪の暴行・脅迫は、窃取と密接な関連性を有すると認められる状況の下で行われることが必要である。

想定問答

問 窃取との関連性はどのように判断すべきか。

答 窃取と暴行・脅迫との時間的・場所的関係、状況としてのつながりなどを総合して判断する。

　⑦窃盗現場の場合、⑦窃盗現場から出たところで見つかった場合、⑦窃盗現場から追跡されるなど、現場がそのまま引き続いているといえる状況にある場合（主要判例①）、⑨追跡を受けず、又はいったん追跡を振り切ったが、時間的・場所的離隔がさほど大きくならない（いまだ逃走中の状態にあるといえる）うちに発見された場合、⑦いったん取り押さえられたが、身柄拘束が確定的なものとなっていない場合（主要判例②）などにおける暴行・脅迫につき、密接関連性を肯定できよう（否定事例として主要判例③）。

主要判例等

① 他人の居宅内で財物を窃取後、窃盗の犯意を持ち続けて天井裏に潜んでいた場合、被害者等から容易に発見されて、財物を取り返され、あるいは逮捕されうる状況が継続していたのであるから、約3時間後に駆けつけた警察官に対し逮捕を免れるため暴行を加えたときは、窃盗の機会の継続中に行われたものといえる（最決平14.2.14刑集56・2・86）。

② 窃盗犯人が、電車内で車掌にスリの現行犯として逮捕され、約5分後、到着した駅のホームを連行されている際、逃走を企てて車掌に暴行を加えた場合は、逮捕を免れるための暴行に当たる（最決昭34.3.23刑集13・3・391）。

③ A方で財布等を窃取し、自転車で約1キロメートル離れた公園に行って現金を数えたが、少なかったため、再度A方に盗みに入ることにして引き返し、当初の窃盗の約30分後、A方玄関扉を開けたところ、帰宅した家人がいると気づき、扉を閉めて門扉外に出たが、家人に発見されたため、逮捕を免れる目的で、ナイフを示すなどしたという場合、被告人は、財布等を窃取した後、誰からも発見・追跡されることなく、いったん犯行現場を

離れ、ある程度の時間を過ごしており、この間に、被害者等から容易に発見されて、財物を取り返され、あるいは逮捕されうる状況はなくなったものというべきであるから、上記脅迫は、窃盗の機会の継続中に行われたものということはできない（最判平16.12.10刑集58・9・1047）。

着手時期

＊窃盗犯人が、本条所定の目的で、相手方の反抗を抑圧するに足りる暴行・脅迫に着手したときに実行の着手が認められる。

成立時期

＊本罪の既遂・未遂は、財物取得の有無（窃盗の既遂・未遂）により区別する。本条所定の目的を遂げたか否かは、既遂・未遂の判断には関係がない。

共犯

＊XとYが窃盗を共同して実行し、Xが本条所定の目的で暴行・脅迫を加えた場合、Yは、暴行・脅迫についての共謀があるときは事後強盗罪の共同正犯となり、その共謀がないときは窃盗罪の限度で刑責を負う。

＊先行者が窃盗又は窃盗未遂を犯した後、暴行・脅迫のみに関与した後行者の罪責をどう考えるか。事後強盗罪を①65条1項の真正身分犯とする（大阪高判昭62.7.17判時1253・141）、②65条2項の不真正身分犯とする（東京地判昭60.3.19判時1172・155など）、③窃盗と暴行・脅迫の結合犯とするなどの立場から、①では事後強盗の共犯、②では暴行・脅迫の共犯、③では承継的共犯として事後強盗の共犯となると解されている。

> **POINT** **身分犯**
>
> 　身分犯とは、行為者に一定の身分のあることが構成要件となっている犯罪をいう。「身分」とは、通常、「すべて一定の犯罪行為に関する犯人の人的関係である特殊の地位又は状態」をいう（最判昭27.9.19刑集6・8・1083）。
>
> 　身分犯には、真正身分犯と不真正身分犯とがある。前者は、行為者が一定の身分を有することによってはじめて可罰性が肯定される犯罪（構成的身分）である（例えば、公務員による収賄罪など）。後者は、身分がなくてもその行為の可罰性が肯定されるが、行為者が一定の身分を持つ場合には、通常の場合より重い（または軽い）法定刑が定められている犯罪（加減的身分）をいう（例えば、常習者による常習賭博罪など）。（なお、業務上横領罪について、193頁参照）

身分者（甲）に非身分者（乙）が共犯として関与したときの扱いが問題となる。

●甲が真正身分犯の場合⇒刑法65条1項

　乙は刑法65条1項により、当該身分犯の教唆・幇助・共同正犯が成立。

●甲が不真正身分犯の場合⇒刑法65条2項

　乙は刑法65条2項により、通常の刑が規定された罪の教唆・幇助・共同正犯が成立し、その刑が科される。

罪　数

＊窃盗（未遂）は本罪に吸収され、別罪を構成しない。

（主要判例等）　ひったくり犯人がバッグの取還を防ぎ、かつ、逮捕を免れるため、同人の腕を引っ張って路上に転倒させた上（第1暴行）、普通貨物自動車に乗り込んでこれを発進させて逃走するに当たって、被害者に同車を衝突させて路上に転倒させ（第2暴行）、よって同人に加療3週間を要する傷害を負わせたが、傷害がいずれの暴行から生じたのか不明という事案で、事後強盗罪と傷害罪の混合的包括一罪とした（名古屋高金沢支判平3.7.18判時1403・125）。

── 第6　昏酔強盗罪（239条）

緊速可

第239条　人を昏酔させてその財物を盗取した者は、強盗として論ずる。

成立要件

① 犯人（主体）

② 他人の占有する財物（客体）

③ 人を昏酔させて盗取すること（行為）

④ 財物の占有移転（結果）

⑤ 故意

⑥ 不法領得の意思

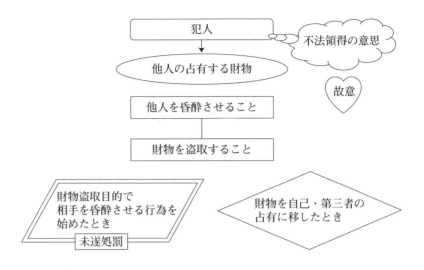

＊「昏酔させ」とは、一時的又は継続的に、相手方に意識又は運動機能の障害を生じさせて、財物に対する有効な支配を及ぼしえない状態に陥らせることである。

＊失神・睡眠状態に陥らせる場合のほか、意識はあっても身体的機能を麻痺させる場合も含む。

＊昏酔させる方法に制限はないが、例えば、飲み物に薬物をひそかに混入し、それを飲ませて昏酔させて財物を盗取したように、暴行を用いないで昏酔状態を惹起して財物を盗取した場合に成立する。暴行を用いて昏倒させた場合には強盗罪（236条）が成立する。

盗　取

＊他人の占有を侵害し、財物を自己の事実的支配の下に置くことである。

── 第7　強盗致傷罪（240条前段）

第240条　強盗が、人を負傷させたときは無期又は6年以上の懲役に処し、死亡させたときは死刑又は無期懲役に処する。

成立要件

① **強盗犯人（主体）**
② **人（客体）**
③ **負傷させること（行為）**
④ **人の負傷（結果）**
⑤ **故意**

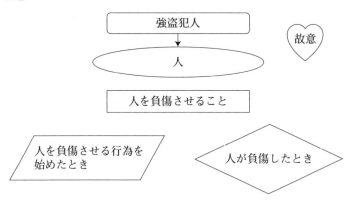

強　盗

＊強盗の実行に着手した者である。したがって予備は含まれない。
＊強盗罪のほか、事後強盗罪、昏酔強盗罪の犯人も含まれる。

人

＊犯人以外の人である。
＊強盗の被害を受けた者に限られない。例えば、金品強取の際に被害者の傍らに寝ていた幼児を負傷させたときは、幼児についても本罪が成立する。

負傷させた

＊結果として傷害を負わせた場合（強盗致傷罪）と、故意に傷害を負わせた場合（強盗傷人罪）を含む。
＊脅迫によって負傷結果が生じた場合にも本罪が成立しうる。バイクの運転者を強盗目的で停車させて、ナイフを突きつけ、被害者の片手とバイクのハンドルを手錠で連結した上で、被害者に「倒れろ」と命じてバイクもろとも路上に転倒させて負傷させたときは、脅迫により傷害を負わせた強盗致傷罪が成立する（大阪高判昭60.2.6高刑集38・1・50）。
＊傷害の意義は、傷害罪における「傷害」と同一である（大判大4.5.24刑録

21・661)。

＊負傷の結果が、強盗の手段たる暴行・脅迫によって生じた場合、当然、本罪が成立しうる（なお、この場合、負傷と財物奪取の先後は問わない。）。

＊負傷の結果が、「強盗の機会」にされた行為によって生じた場合に、本罪が成立しうる。本条は、強盗の際に、しばしば人の死傷という残虐な結果が生じることに着目して、重く処罰する規定だからである。

＊強盗の機会に生じた負傷結果と認められた事例として、㋐短刀を突きつけて脅迫中たまたま被害者が短刀を握ったため負傷した場合（最判昭24.3.24刑集3・3・376）、㋑路上で暴行・脅迫を加えて現金を強取し、なお逃げる被害者を追いかけて、約70メートル先の民家のガラス戸を割って飛び込ませ、ガラスの破片で負傷させた場合（最決昭32.10.18刑集11・10・2675）、㋒タクシーに乗り込み運転手に拳銃を突きつけて金を要求し、タクシーが約6キロメートル走って交番前で停車したため、逃走しようとして運転手と格闘し、頭部を拳銃で殴打して負傷させた場合（最決昭34.5.22刑集13・5・801）などがある。

成立時期等

＊本罪は負傷の結果の発生によって既遂となる。財物奪取の成否は関係ない。

＊傷害の結果について故意がない場合（強盗致傷罪）については、その未遂を考える余地はない。傷害させなければ単なる強盗（未遂）罪である。

＊傷害の結果について故意がある場合（強盗傷人罪）で、傷害に至らなかったときも、単なる強盗（未遂）罪である（通説）。傷害（204条）の故意で暴行を加えたが、傷害の結果が生じなかった場合は、暴行罪（208条）が成立するにすぎない（傷害未遂は「暴行」である）こととの均衡から、そのように解される（ただし、強盗傷人未遂罪とすべきであるとの見解もある。）。

共犯

＊強盗の共謀をした場合において、共犯者の1人が財物奪取の手段たる暴行により被害者を負傷させたときは、他の共犯者も強盗致傷罪の刑責を負う。

> **POINT** 承継的共犯
>
> 承継的共犯には、承継的共同正犯と承継的幇助とがある。
>
> 承継的共同正犯は、ある者（先行行為者）が特定の犯罪に着手し、まだ実行行為を終了しないうちに、他の者（後行行為者）が、その事情を知りながら、これに関与し、先行行為者と意思を通じて実行行為を分担する場合をい

う。承継的幇助は、後行行為者が、先行行為者の犯行の途中から参加し、先行行為者の実行行為を容易にする場合をいう。

後行行為者は、その関与前に先行行為者が行った実行行為に対しては関与していないので、個人責任の原則に照らし、関与前に先行行為者のなした実行行為についても責任を負わせてよいかが問題となる。

後行行為者の罪責については、Ⓐ情を知って一罪の一部に加功した以上、犯罪全体について責任を負うとする全面肯定説、Ⓑ因果的影響を及ぼし得ない過去の事実について責任を負うことはないとする全面否定説、Ⓒ先行行為者の行為の効果を利用して犯罪を実現したときに限り、犯罪全体について責任を負うとする限定肯定説などが主張されてきた。

大審院は、全面肯定説であったが、その後の下級審裁判例は分かれていた。最高裁は、後掲の傷害事案につき承継を否定する一方、詐欺事案でこれを肯定しており、犯罪類型や具体的な事案に応じた検討が必要である。

多数の傷害が包括的に一罪として評価される傷害事案に関して、最高裁は、先行行為者が被害者に傷害の結果を生じさせた後、共謀加担して暴行に及んだ後行行為者は、共謀加担前に生じていた傷害結果については、自己の行為がこれと因果関係を有することはないから、傷害罪の共同正犯としての責任を負うことはなく、共謀加担後の傷害の発生に寄与したことについてのみ、傷害罪の共同正犯としての責任を負うとしている（最決平24.11.6刑集66・11・1281）。

なお、先行行為者が被害者に暴行を加えた後、後行行為者が途中から共謀加担したが、被害者の傷害が共謀加担前後のいずれの暴行により生じたか不明であるという事案においては、刑法207条（同時傷害の特例）を適用して、後行行為者にも傷害についての責任を問い得るとするのが判例の立場である（最決令2.9.30刑集74・6・669）。

詐欺罪（単純一罪）に関して、最高裁は、先行行為者による欺罔行為がされた後、だまされたふり作戦が開始されたことを認識せずに、先行行為者と共謀の上、現金が入っていない箱を受領した後行行為者につき、欺罔行為と一体のものとして予定されていた受領行為に関与している以上、詐欺未遂罪の共同正犯としての責任を負うとしている（最決平29.12.11刑集71・10・535）。

強盗罪のように暴行・脅迫と財物奪取とが密接に関連する結合犯については、関与後の行為が財物奪取だけという場合であっても、限定肯定説の立場から強盗全体について責任を負うとする見解が有力である。

他方、先行行為者が強盗目的で被害者を殺した後、財物奪取のみに関与した後行行為者については、強盗殺人罪の共犯を認めた例もあるが（大判昭13.11.18刑集17・839）、限定肯定説からは、後行行為者が利用するのは、被害者の死亡結果ではなく、反抗抑圧状態であるなどとして、強盗罪にとどまるとする見解が有力である。

捜査官は、犯行の途中から共犯者が関与した事案では、後行行為者の参加時における、先行行為者の行為やその結果についての認識・認容又は積極的利用意思などの内心面を十分聴取し、証拠化しておくことが重要である。

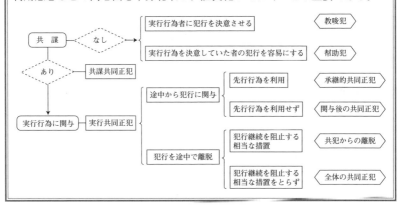

罪数等

＊負傷した被害者の数が基準となる。強盗の機会における人の負傷に着目した加重処罰規定である本罪の性格上、その保護法益として、財産に対する罪の側面よりも、身体に対する罪の側面が重視されるからである。

＊１回の強盗の際に複数の者を負傷させた場合、被害者の数の本罪が成立する。そして、被害者にそれぞれ暴行を加えたときは併合罪となり、１個の暴行（爆発物の使用など）によるときは観念的競合の関係に立つ。

＊数人に暴行・脅迫を加えて財物を強取しようとして、１人のみを負傷させた場合、占有が１個とみられるのが通常であるとき（例えば、同一居宅内での家人３名に対する暴行など）は、強盗致傷罪一罪が成立し、占有が別個とみられるとき（例えば、賭博場で３名に暴行してそれぞれから所持金を強取するなど）は、負傷の結果が生じた者に対する強盗致傷罪と、負傷の結果が生じなかった者に対する強盗（未遂）罪が成立して併合罪となる。

＊財物奪取の意思なしに暴行を加えて被害者を負傷させた後、財物奪取の意思を生じて更に暴行を加えて財物を奪取したが、後の暴行では傷害を負わせていないという場合、傷害罪と強盗罪が成立するにすぎない。

第8　強盗致死罪（240条後段）

第240条　強盗が、人を負傷させたときは無期又は6年以上の懲役に処し、死亡させたときは死刑又は無期懲役に処する。

成立要件

① 強盗犯人（主体）
② 人（客体）
③ 死亡させること（行為）
④ 人の死亡（結果）
⑤ 故意

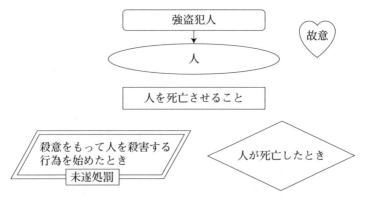

死亡させた

＊結果として死亡させた場合（強盗致死罪）と、故意に殺害した場合（強盗殺人罪）を含む。

＊死亡の結果が、強盗の手段たる暴行・脅迫によって生じた場合、当然、本罪が成立しうる。なお、この場合、死亡と財物奪取の先後は問わないから、財物を強取する目的で被害者を殺害した上で、その所持品を奪った場合も、本罪が成立する。

＊負傷の場合と同じく、死亡の結果が強盗の機会にされた行為によって生じた場合にも、本罪が成立しうる。例えば、㋐強盗に着手後、家人に騒がれて逃走しようとし、表入口付近で追跡してきた被害者を刺殺した場合（最判昭24.5.28刑集3・6・873）、㋑強盗に着手後、家人に騒がれて「泥棒」と

追呼されながら逃走中、警察官に発見され逮捕されそうになった際、警察官に切りつけて殺害した場合（最判昭26.3.27刑集5・4・686）などがある。

＊これに対して、強盗とは別個の機会に生じた死亡結果については本罪は成立しない。例えば、強盗殺人を行った後、犯行の発覚を防ぐため、被告人らの顔を見知っている者を殺害しようと共謀し、先の強盗殺人から約5時間後に同人を別の場所に呼び出して殺害した場合（最判昭23.3.9刑集2・3・140）などがある。

成立時期等

＊本罪は、死亡の結果の発生によって既遂となる。すなわち、財物奪取目的で暴行・脅迫に着手し、その暴行・脅迫行為又はその機会になされた行為によって死亡の結果を生じさせた場合である。財物奪取の成否は本罪の既遂・未遂に関係しない。

＊死亡の結果について故意がない場合（強盗致死罪）については、その未遂を考える余地はない。

＊死亡の結果について故意がある場合（強盗殺人罪）で、死亡に至らなかったときは、強盗殺人未遂罪となる（結局、強盗傷人未遂罪を認めない通説を前提とすれば、本条の未遂は、この場合のみということになる。）。

共 犯

＊強盗の共謀をした場合において、共犯者の1人が殺意なく被害者を死亡させたときは、他の共犯者も強盗致死罪の責を負う。

＊強盗の共謀をした場合において、共犯者の1人が殺意をもって被害者を殺害したときは、他の共犯者は強盗致死罪の責を負う。

罪数等

＊死亡した被害者の数が基準となる。生命に対する罪の側面が重視されるからである。例えば、1回の強盗の際に3名を死亡させた場合、3個の本罪が成立する。

＊強盗犯人が殺意をもって人を殺したときは、本罪のみが成立し、殺人罪は法条競合により成立しない。

＊覚醒剤の窃盗（又は詐欺）を犯し、引き続き覚醒剤の返還又は代金支払を免れるため被害者を殺害した場合は、その罪と強盗殺人罪の包括一罪となる（最決昭61.11.18刑集40・7・523）。

＊強盗殺人を犯した者が罪跡を隠滅するために放火したときは、強盗殺人罪と放火罪の併合罪である（大判明42.10.8刑録15・1293）。

＊強盗犯人が人を殺害した後、罪跡を隠滅するためにその死体を他の場所に運搬し、土中に埋蔵した場合は、強盗殺人罪と死体遺棄罪との併合罪となる（大判昭11.1.29刑集15・30）。

第9　強盗・強制性交等罪
（241条1項・2項）

第241条　強盗の罪若しくはその未遂罪を犯した者が強制性交等の罪（第179条第2項の罪を除く。以下この項において同じ。）若しくはその未遂罪をも犯したとき、又は強制性交等の罪若しくはその未遂罪を犯した者が強盗の罪若しくはその未遂罪をも犯したときは、無期又は7年以上の懲役に処する。
2　前項の場合のうち、その犯した罪がいずれも未遂罪であるときは、人を死傷させたときを除き、その刑を減軽することができる。ただし、自己の意思によりいずれかの犯罪を中止したときは、その刑を減軽し、又は免除する。

成立要件

① **強盗罪の犯人・強制性交等罪の犯人（主体）**
② **人（性別を問わない）（客体）**
③ **強制性交等・強盗をすること（行為）**
④ **故意**

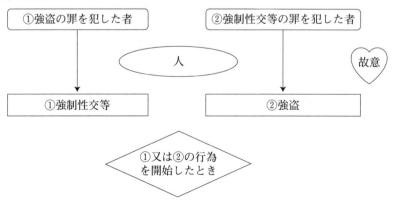

＊「強盗の罪」とは、強盗罪（236条）のほか、事後強盗罪（238条）及び昏酔強盗罪（239条）も含まれる。

強制性交等の罪を犯した者

＊「強制性交等の罪」とは、強制性交等罪（177条）のほか、準強制性交等罪（178条2項）も含まれる。

＊監護者性交等罪（179条2項）は除外されている。

「強盗の罪」と「強制性交等の罪」の先後関係

＊強盗の罪と強制性交等の罪が同一機会に行われている以上、本罪の成否にその先後関係は問わない。

想定問答

圊　「同一の機会」といえるかはどのように判断するか。

䇂　両罪の行為との時間的・場所的な乖離の程度、両罪の被害者の関係、強盗の罪の行為に向けられた暴行・脅迫を強制性交等の罪の行為に利用しているか等から一つの犯罪として処断すべきかを検討して判断する。

既遂・未遂

＊同一の機会に行われた①強盗の罪及び強制性交等の罪の双方が既遂の場合、②強盗の罪が既遂で強制性交等の罪が未遂の場合、③強盗の罪が未遂で強制性交等の罪が既遂の場合、④強盗の罪及び強制性交等の罪の双方が未遂の場合、いずれも本罪が成立する。

＊本条1項の強盗・強制性交等罪の未遂は観念されておらず、43条の規定は適用されない。

＊強盗の罪及び強制性交等の罪の双方が未遂の場合は、刑が任意的減軽される。なお、人を死傷させた場合には除かれる（2項本文）。

＊強盗の罪と強制性交等の罪のいずれか一方を行為者が自己の意思により中止した場合、他方が障害未遂であっても、中止犯（43条ただし書）と同様に刑を必要的に減免することとしている（2項ただし書）。

共犯

＊強盗の共犯者の一人が被害者に対して強制性交等に及んだ場合、強制性交

等について共謀していない他の共犯者は強盗・強制性交等罪の共犯の責任
を負わない。

第10　強盗・強制性交等致死罪（241条3項）

緊速可　　裁判員

第241条
3　第1項の罪に当たる行為により人を死亡させた者は、死刑又は無期懲役
に処する。

成立要件
① 　**強盗罪の犯人・強制性交等罪の犯人（主体）**
② 　**人（性別を問わない）（客体）**
③ 　**強制性交等・強盗をすること（行為）**
④ 　**人の死亡（結果）**
⑤ 　**故意**

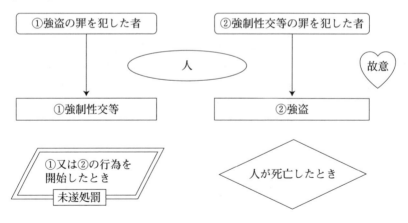

第1項の罪に当たる行為

＊強盗・強制性交等罪（146頁）参照。

＊死亡させたとは、同一の機会に、①強盗の罪の行為を原因として死亡の結果が生じた場合、②強制性交等の罪の行為を原因として死亡の結果が生じた場合、③強盗の罪の行為と強制性交等の罪の行為のいずれを原因として死亡の結果が生じたかは不明であるが、それらのいずれかを原因として死亡の結果が生じたと認められる場合である。

＊上記以外の強盗又は強制性交等の機会に人の死亡の結果が生じた場合には、3項は適用されない。

＊第1項の罪に該当する行為から傷害の結果が生じた場合、第1項のみが成立する。

＊殺意をもって強盗・強制性交等を行い、被害者を死亡させるに至らなかった場合、強盗・強制性交等殺人未遂罪が成立する（243条）。

＊強盗犯人が、被害者と強制性交をし、殺意を持って被害者を殺害した場合、強盗殺人罪と強盗・強制性交等罪が成立し観念的競合の関係にある（大判昭10.5.13刑集14・514〔強盗殺人罪と強盗強姦罪の観念的競合〕）のではなく、強盗・強制性交等殺人罪の一罪が成立する。

第11 他人の占有等に係る自己の財物（242条）

第242条 自己の財物であっても、他人が占有し、又は公務所の命令により他人が看守するものであるときは、この章の罪については、他人の財物とみなす。

第12 未遂罪（243条）   緊逮可 裁判員 (240条、241条)

第243条 第235条から第236条まで、第238条から第240条まで及び第241条第3項の罪の未遂は、罰する。

第13 親族間の犯罪に関する特例（244条）

第244条 配偶者、直系血族又は同居の親族との間で第235条の罪、第235条の2の罪又はこれらの罪の未遂罪を犯した者は、その刑を免除する。
2 前項に規定する親族以外の親族との間で犯した同項に規定する罪は、告訴がなければ公訴を提起することができない。
3 前2項の規定は、親族でない共犯については、適用しない。

第14 電気（245条）

第245条 この章の罪については、電気は、財物とみなす。

② 詐欺及び恐喝の罪

CHECK　詐欺罪の保護法益は被害者の財産である。また、恐喝罪の保護法益は、被害者の財産とともに、その意思決定ないし行動の自由である。詐欺罪と恐喝罪は、被害者が瑕疵ある意思を生じた原因について、前者は欺かれて錯誤に陥ったことによるのに対して、後者は暴行・脅迫されて畏怖したことによる点が異なる。

背任罪は、信任関係を裏切って本人に財産的損害を加えるものであり、横領罪に類似する。また、他の財産犯とは異なり、個人の財産状態全体を客体とする「全体財産に対する罪」である。

─ 第1　詐欺罪（246条）

緊速可

> 第246条　人を欺いて財物を交付させた者は、10年以下の懲役に処する。
> 2　前項の方法により、財産上不法の利益を得、又は他人にこれを得させた者も、同項と同様とする。

(1)　詐欺罪（1項）

成立要件

① 　犯人（主体）
② 　他人の占有する財物（客体）
③ 　人を欺いて財物を交付させること（行為）
④ 　財物の占有移転（結果）
⑤ 　故意
⑥ 　不法領得の意思

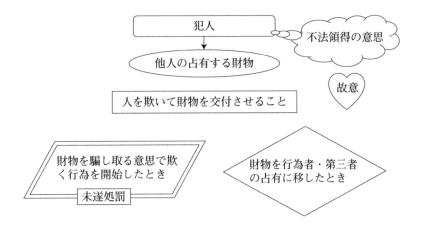

＊財物について事実上又は法律上財産的処分行為（交付）をなしうる権限ないし地位を有する者である。→必ずしも財物の所有者又は占有者であることは要しない。例えば、銀行員を欺いて預金の払戻しを受ける場合、本罪が成立する。

＊不特定人でもよい（いわゆる広告詐欺など）。

＊錯誤に陥り財物について処分行為をなしうる者である限り、知慮浅薄な未成年者や心神耗弱者も、本罪の相手方となりうる。

想定問答

圖　いわゆるカード（クレジットカード・ローンカードなど）をめぐる犯罪についてどう考えればよいか。

答　カード犯罪は、①カードの不正入手、②カードの不正作出、③他人名義のカードによる現金取得、④クレジットカード詐欺などが問題となる。

①　カードの不正入手

　他人名義のカードには、正規のカードと偽造カードとがある。前者の場合は、名義人から取得する場合とカード会社から取得する場合がある。さらに、名義人の承諾を得て取得する場合と名義人を被害者とする財産犯（窃盗や詐欺等）の場合がある。名義人から承諾を得て取得した場合には、直接は犯罪となるわけではないが、名義人になりすまして使用した場合は、そのなりすましての使用行為は犯罪となる。他方、他人名義の身分証明書等を利用してカード会社から他人名義のカードを取得した場合は、通常、私文書偽造罪（159条1項）・偽造私文書行使罪（161条）・詐欺罪（246条

１項）が成立する。なお、消費者金融などの無人契約機によるカード発行の場合、ローンカードの発行は機械を通じて行われるが、消費者金融会社の係員が融資の可否を決するのであるから、やはり詐欺罪（246条１項）が成立する（偽造文書を用いた場合は、偽造文書行使罪が成立する）。この場合、自動契約機の設置されているコーナーへの立入りは、建造物侵入罪となる（最決平19.7.2刑集61・5・379参照）。

② カードの不正作出

「クレジットカードその他の代金又は料金の支払用のカード」を不正に作出すれば、支払用カード電磁的記録不正作出罪（163条の２）が成立する。また、支払用カードを所持した者は不正電磁的記録カード所持罪（163条の３）となる。なお、消費者金融会社などの「ローンカード」は含まれないことに留意しておくべきである。

③ 他人名義のカードによる現金取得

他人名義のカードを使用して現金自動預払機から現金を取得した場合は窃盗罪（235条）が成立する。現金という財物の移転があるので、窃盗罪であって電子計算機使用詐欺罪ではない。

消費者金融会社の係員を欺いてローンカードを交付させた上これを利用して同社の現金自動預払機から現金を引き出した場合には、同係員を欺いて同カードを交付させた点につき詐欺罪が成立し、同カードを利用して現金自動預払機から現金を引き出した点につき窃盗罪が成立し、両者は併合罪となる（最決平14.2.8刑集56・2・71）。

④ カードによる物品購入

クレジット会員が、代金支払の意思・能力がないのに、自己名義のクレジットカードを使用して、加盟店から物品を購入（飲食）する場合（東京高判昭59.11.19判タ544・251など）、不正に入手した他人名義（又は架空名義）のクレジットカードを使用して加盟店から物品を購入する場合（東京高判平3.12.26判タ787・272）、いずれも加盟店を被害者として詐欺罪（246条１項）が成立する。判例は、友人名義のクレジットカードを預かって使用していた者から同カードを入手した被告人が、自己をカード名義人本人と誤信させてガソリンの給油を受けた場合、同カードの正当な利用権限がないのにこれがあるかのように装って、ガソリンの交付を受けたものであるから、詐欺罪を構成する（最決平16.2.9刑集58・2・89）としている。

欺いて

＊人を錯誤に陥らせる行為をすることである。→機械に対する詐欺的な行為は、「人を欺」く行為に当たらず、窃盗となる。

＊欺く手段・方法に制限はない。第三者に対して欺く行為を施し、虚偽の事

実を被害者に告知させる場合でもよい。積極的に詐術を用い、虚偽の事実を告知する場合（作為）のほか、事実を告知しないことにより、相手方が錯誤に陥っている状態を継続させ利用する場合（不作為）でもよい。

　なお、支払の意思がないのに飲食店で注文する場合などは、注文行為自体が、作為による欺く行為である（告知義務の有無は問題とならない。）。

＊人を欺く行為は、これにより相手方が錯誤に陥り、行為者の望むような処分行為をするに至らせる性質のものであることを必要とする。

＊相手方が真実を知れば財物の交付をしないであろう重要な事項につき虚偽の表示をするものであれば、欺く行為に当たる。例えば、金銭を借りるに当たり、真実の用途を告知すれば相手方が応じないであろうというときに、用途について真実に反する事実を告知して金銭を交付させるような場合である。

擬▶ 欺く行為は、当該具体的状況の下で、一般人を錯誤に陥れる可能性のあるものでなければならない。このような可能性があるか否かは、㋐行為者の身なり・風貌、㋑申し向けた文言・場所、㋒取引の具体的状況、㋓相手方の知識・年齢・職業・経験などを考慮して、一般的・客観的見地から判断する。

擬▶ 上記のような可能性のある行為である限り、被害者側の落度と重なり合って錯誤に陥った場合であっても、本罪にいう欺く行為に当たりうる。

擬▶ 売り手が駆引きや誇張した宣伝文句を用いた場合、それが取引における信義誠実に反しないと認められるときには、欺く行為に当たらない。例えば、産物商品類の売買に当たり、単に名称を偽ったにとどまり、目的物の品質・価格等には影響がなく、買主もその物を試し、自己の良否の判断に基づいて買い受けたような場合である。他方、取引上の重要事項に関して具体的に人を錯誤に陥れる方策を講じ、それが買主の意思決定に影響を与えたときには、欺く行為に当たる。例えば、いわゆるサクラを使って、商品の効用が甚大であるなど虚偽の事実を告げ、顧客を欺き、買受けを決意させたような場合である。

（主要判例等）
① 　先物取引に無知な主婦・老人に頻繁な売買を行わせて委託手数料を増大させる等の方法により委託証拠金の返還や利益金の支払を免れる「客殺し商法」によって顧客に損失を与え、また、自ら「向かい玉」を建てることにより顧客の損失に見合う利益を自己に帰属させる意図であるのに、顧客の利益のために受託業務を行うように装い、自分たちの勧めるとおりに売買すれば必ずもうかると信じ込ませて、被害者から委託証拠金名義で現金

等の交付を受ける行為は、詐欺罪に当たる（最決平4.2.18刑集46・2・1）。

②　他人に成り済まして預金口座を開設し、銀行窓口係員から預金通帳の交付を受ける行為は、246条1項の詐欺罪に当たる（最決平14.10.21刑集56・8・670）。

③　自己の口座に誤振込みがあったことを知った受取人には、銀行にこれを告知すべき信義則上の義務があるから、誤振込みの事実を秘して預金の払戻しを請求することは、詐欺罪の欺罔行為に当たる（最決平15.3.12刑集57・3・322）。

④　相手方から金員を詐取するに当たり、相手方が商品を購入したかのように仮装してクレジット契約を締結させ、信販会社をして立替金を交付させた行為は、詐欺罪を構成する（最決平15.12.9刑集57・11・1088）。

⑤　自己名義の住民異動届に虚偽の記入をして町役場係員に提出するなどして、係員を欺いて国民健康保険被保険者証の交付を受ければ、246条1項の詐欺罪が成立する（最決平18.8.21判タ1227・184）。

⑥　公共工事の請負者甲が、地方公共団体から使途を限定して甲名義の預金口座に振り込まれた前払金につき、上記使途に沿った下請業者乙に対する支払と偽って預金の払出しを請求し、その旨誤信した銀行係員をして、乙に無断で開設していた乙名義の預金口座に振込入金させた行為は、銀行の上記預金に対する管理を侵害して払出しに係る金員を領得したものであり、詐欺罪（246条1項）に当たる（最決平19.7.10刑集61・5・405判時1983・176）。

⑦　銀行支店の行員に対し、預金口座の開設等を申し込む行為は、その行為自体、申し込んだ本人がこれを自分自身で利用する意思を表しているというべきであるから、預金通帳及びキャッシュカードを第三者に譲渡する意図を隠して申し込む等した行為は、詐欺罪における「人を欺く行為」にほかならない。よって、銀行において、第三者に譲渡する意図を隠して自己名義の預金通帳等の交付を受けた場合、246条1項に定める詐欺罪を構成する（最決平19.7.17刑集61・5・521判時1985・176）。

⑧　暴力団員であるのに暴力団員でないことを表明、確約して銀行の担当者に口座開設等を申し込み、通帳等の交付を受けた行為は、当該銀行において、政府指針を踏まえて暴力団員からの貯金の新規預入申込みを拒絶する旨の約款を定め、申込者に対し暴力団員でないことを確認していたなどの事情の下では、1項詐欺罪に当たる（最決平26.4.7刑集68・4・715）。

財　物

＊その意味については、窃盗罪（235条・109頁）参照。

＊「財物」には不動産も含まれる（窃盗罪・1項強盗罪と異なる。）。

＊「財物」と認められたものとして、㋐金員借用証書、㋑登記済証、㋒売渡証書、㋓約束手形、㋔保険証券（保険契約が無効なものを含む。）などがある。

錯　誤

＊錯誤は処分行為をするように動機づけられるものであれば足りる。すなわち、経済取引的にみて重要な事実に関する欺罔があり、その点の錯誤に基づいて財物が交付されたような場合に、詐欺罪が成立する。

財産的処分行為（隠れた構成要件要素）

＊処分行為と認められるためには、㋐財産を処分する意思（主観的要件）と、㋑財産を処分する事実（客観的要件）が必要である。㋐処分の意思能力を欠く幼児などを欺いて財物を奪う行為は、本罪ではなく、窃盗罪となる。処分の意思があるというためには、処分行為者が処分の意味を了解している必要がある。したがって、ⓐ相手方を欺いて文書の記載内容を真実であると誤信させた上、その文書に署名させて交付させた場合は、当該文書に対する本罪が成立するが、ⓑ相手方を欺いて文書の記載内容を了知させず別なものと誤認させた上、署名させて交付させた場合は、本罪は成立しない（文書偽造罪が成立しうる。）。㋑財産を処分する事実は、法律行為でも、事実行為でもよい。

交付させた

＊相手方の錯誤に基づく処分行為によって財物の占有を行為者又は第三者が取得することである。

＊「交付」があったというためには、相手方の処分行為の結果として、行為者側に財物の占有が移転することが必要である。

＊人を欺いて財物を放棄させ、これを取得する行為（例えば、あたり馬券を「はずれだ」といって捨てさせ、後で拾うような場合）は、詐欺罪となる（通説）。欺かれた者の処分行為によって、行為者が自由に処分できる事実上の支配下に財物が移転したといえるからである（ただし、窃盗罪説・遺失物等横領罪説もある。）。

（交付する者）

🈀▶ 欺く行為に基づいて財物を交付する者は、通常は、欺かれた者自身である。ただし、欺かれた者の処分行為に拘束される地位・状態にある者も含まれる。例えば、訴訟詐欺の場合、欺かれた者は裁判所で、財物の交付者

は敗訴者である。

（交付を受ける者）

擬▶ 行為者以外の第三者に財物を受領させてもよい。ただし、第三者の範囲は、行為者との間に特別な事情が存在する者に限られる。㋐第三者が行為者の道具として行動する場合、㋑第三者が行為者の代理人として受領する場合、㋒行為者が第三者に利得させる目的を有する場合などである。

（財産上の損害）

擬▶ 本罪の成立には、被害者に財産上の損害が生じたことが必要である。もっとも、本罪の場合、財物を交付したこと自体が損害となるから、被害者の全体財産が減少することは要しない。

（詐取額）

擬▶ 行為者が欺く行為によって取得した財物の一部につき正当に受領する権限を有する場合であっても、財物全体について本罪が成立する。

擬▶ 人を欺く手段として対価を提供した場合でも、交付を受けた財物全体につき本罪が成立する（詐取額は、対価を差し引いた額ではなく、全体である。）。

主要判例等

① 価格相当の商品を提供したとしても、真実を知れば金員を交付しないような場合において、商品の効能等につき真実に反する誇大な事実を告知して相手方を誤信させ、金員の交付を受けたときは、詐欺罪が成立する（最決昭34.9.28刑集13・11・2993）。

② 請負人が受領の権利を有する請負代金を詐欺的手段を用いて不当に早く支払わせた場合、詐欺的手段を用いなかった場合に得られたであろう支払と社会通念上別個の支払に当たるといいうる程度の期間、支払時期を早めたときは、詐欺罪が成立する（最判平13.7.19刑集55・5・371）。

③ 他の者を搭乗させる意図を秘し、航空会社の搭乗業務を担当する係員に外国行きの自己に対する搭乗券の交付を請求してその交付を受けた行為は１項の詐欺罪に当たる（最決平22.7.29刑集64・5・829）。

④ 区の職員をだまして住民基本台帳カードの交付を受けた行為は、その取得行為により、区に財産上の損害を生じさせるもので１項詐欺罪が成立する（東京高判平27.1.29高裁速報平成27・53）。

故　意

＊欺く行為をして、相手方を錯誤に陥らせ、それに基づく処分行為によって、財物の占有を自己又は第三者に移転させることの認識である。

＊その認識は、確定的なものでなく、未必的なものであっても足りる。

> **主要判例等**　マンションの空室に宅配便で現金を送付させてだまし取る特殊詐欺において、被告人が指示を受けてマンションの空室に赴き、そこに配達される荷物を名宛人になりすまして受け取り、回収役に渡すなどしていること、被告人は同様の受領行為を多数回繰り返して報酬等を受け取っており、犯罪行為に加担していると認識していたこと、詐欺の可能性があるとの認識が排除されたことをうかがわせる事情が見当たらないことなどの事情の下では、被告人には、詐欺の故意に欠けるところはなく、共犯者らとの共謀も認められる（最判平30.12.11刑集72・6・672、同旨最判平30.12.14刑集72・6・737、最判令元.9.27刑集73・4・47）。

不法領得の意思

＊その意味については、窃盗罪（235条・116頁）参照。

> **主要判例等**　Ｘが、Ａを装って、郵便配達員からＡあての支払督促正本等を受領し、支払督促の効力を確定させて、Ａの財産を差し押さえようとした事案において、郵便配達員を欺いて交付を受けた支払督促正本等につき、破棄するだけで他に何らかの用途に利用・処分する意思がなかった場合は、不法領得の意思を認めることはできず、このことは、郵便配達員からの受領行為を財産的利益を得るための手段の１つとして行ったときであっても異ならないとされた（最決平16.11.30刑集58・8・1005）（なお、本決定は、郵便送達報告書の受領者の押印又は署名欄に他人の氏名を冒書する行為は有印私文書偽造罪を構成するとした。）。

着手時期

＊行為者が財物を詐取する目的で欺く行為を開始したときに認められる。相手方が錯誤に陥ったかどうかは問わない。

> **主要判例等**
> ①　共犯者による欺罔行為後、だまされたふり作戦開始を認識せずに共謀の上、被害者から発送された荷物の受領行為に関与した者は、だまされたふり作戦の開始いかんにかかわらず、その加功前の欺罔行為の点も含めて詐

欺未遂罪の共同正犯の責任を負う（最決平29.12.11刑集71・10・535）。
② 現金を被害者宅に移動させた上で、警察官を装った被告人に現金を交付させる計画の一環として述べられた嘘について、その嘘の内容が、現金を交付するか否かを被害者が判断する前提となるよう予定された事項に係る重要なものであり、被害者に現金の交付を求める行為に直接つながる嘘が含まれ、被害者にその嘘を真実と誤信させることが、被害者において被告人の求めに応じて即座に現金を交付してしまう危険性を著しく高めるといえるなどの事情がある場合、嘘を一連のものとして被害者に述べた段階で、被害者に現金の交付を求める文言を述べていないとしても、詐欺罪の実行の着手があったと認められる（最判平30.3.22刑集72・1・82）。

成立時期等

＊本罪が既遂に達するには、㋐行為者の欺く行為によって、㋑相手方が錯誤に陥り、㋒それに基づく処分行為によって、㋓財物の占有が行為者又は第三者に移転することが必要である。

＊欺く行為はあったが、相手方がそれを見破り、錯誤に陥ることなく、（憐憫の情などから）財物を交付したような場合は、未遂となる。

＊財物の占有が行為者側に移転するとは、財物について被害者の支配力を排除して、行為者側がその財物を支配内に置くことである。したがって、単に譲渡の意思表示があっただけでは足りない。動産の場合は引渡しのときである。不動産の場合は、原則として、引渡し又は所有権移転登記をしたときである。ただし、相手方から登記に必要な書類一切の交付を受けたときは、その支配を得たといってよい。

＊無銭飲食の場合、飲食物を交付させたときに既遂となる。

想定問答

圕 被害者を騙して金員を指定口座に振り込ませましたが、その時点ですでに払戻しに応じない措置が講じられていたという場合、詐欺罪は既遂か。

圏 裁判例（浦和地判平4.4.24判タ798・268）は、被害者を脅迫して金員を指定口座に振り込ませたが、その時点ですでに捜査官の指示により払戻しに応じない措置が講じられていたという恐喝の事案で、被告人がその時点で当該口座から自由に払戻しを受けることができたものと認めうる的確な証拠はないから、被告人が被害者から自らの預金口座に振込送金を受けた行為について、これを現金の交付を直接に受けたと実質的に同視することはできないとして、恐喝未遂にとどまるとしている。詐欺罪においても同様に考えてよい。

＊1個の欺く行為によって同一人から数回にわたって財物の交付を受けた場合は、一罪である。

＊1個の欺く行為によって数人を欺き、各人から財物の交付を受けた場合は、数個の本罪が成立して観念的競合の関係に立つ。数個の占有を侵害するからである。

＊数個の欺く行為によって同一人から財物を詐取した場合、単一の犯意で遂行されたものと認められるかぎり、1個の本罪が成立する。

> **主要判例等** 街頭募金の名の下に通行人から現金をだまし取ろうと企てた者が、約2か月間にわたり、事情を知らない多数の募金活動員を通行人の多い複数の場所に配置し、募金の趣旨を立看板で掲示させるとともに、募金箱を持たせて寄付を勧誘する発言を連呼させ、これに応じた通行人から現金をだまし取ったという本件街頭募金詐欺について、これを一体のものと評価して包括一罪と解することができる（最決平22.3.17刑集64・2・111）。

他罪との関係

＊保険金目的で放火して保険金を詐取した場合、放火罪と詐欺罪が成立して併合罪となる。

＊偽造通貨を行使して財物を詐取した場合、詐欺罪は偽造通貨行使罪に吸収されて別罪を構成しない。

＊文書偽造・同行使・詐欺の間には、順次手段・結果の関係があり、牽連犯となる。

＊有価証券偽造・同行使・詐欺も牽連犯となる。

＊欺く手段を用いて財物を交付させた上、その代金の支払を免れるため相手方を殺害した場合、詐欺罪と強盗殺人罪の包括一罪となる（最決昭61.11.18刑集40・7・523参照）。（ただし、両行為の時間的・場所的近接性の程度などの点から併合罪と判断されることもありうる。）。

＊他人（本人）のためにその事務を処理する者が、本人を欺いて財物を交付させた場合、詐欺罪のみが成立する。別に背任罪を構成しない。

＊無銭飲食による財物交付の詐欺罪の成立後、代金支払を免れるためその代金取立人に暴行を加えて傷害を負わせた場合は、別個の法益を侵害するものとして詐欺罪のほか強盗致傷罪が成立する（東京高判昭52.11.9刑裁月報9・11=12・798）。

＊自己の占有する他人の財物を横領するため人を欺いても、横領罪のほか別

に詐欺罪を構成しない（大判昭8.10.19刑集12・1828）。

(2) 詐欺罪（2項）

[成立要件]

① 犯人（主体）

② 財産上の利益（客体）

③ 人を欺いて、財産上の利益を得、又は他人に得させること（行為）

④ 財産上の利益を得、又は他人に得させたこと（結果）

⑤ 故意

⑥ 不法利得の意思

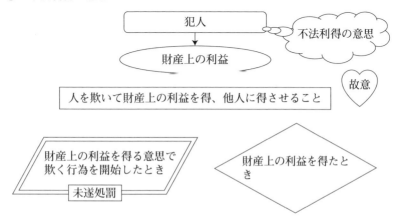

[前項の方法]

＊「人を欺」くことである。その意味については、1項詐欺罪（246条1項・153頁）を参照。

[主要判例等]

① 暴力団関係者の利用を拒絶しているゴルフ場において暴力団関係者であることを申告せずに施設利用を申し込む行為は、ゴルフ場の従業員から暴力団関係者でないことを確認されなかったなどの事情があれば、人を欺く行為には当たらない（最判平26.3.28刑集68・3・582）。

② 入会の際に暴力団関係者を同伴しない旨誓約したゴルフ倶楽部会員において、同伴者が暴力団関係者であることを申告せずに同人に関するゴルフ場の施設利用を申し込み、施設を利用させた行為は2項詐欺罪にあたる（最決平26.3.28刑集68・3・646）。

＊その意味については、強盗罪（236条2項・130頁）参照（ただし、本条の場合、不動産は1項の「財物」に当たる。）。

> **主要判例等** 不法の利益は、利益を取得する手段の不法をいい、利得の生じる法律行為が私法上有効であるかどうかを問わない（大判昭13.10.4法律新聞4333・17）。

得、又は他人に得させた

＊財産上の利益を「得」とは、行為者の欺く行為によって、相手方が錯誤に陥り、それに基づく処分行為によって、行為者又は第三者が財産上の利益を取得することである（第三者の範囲については、前項「交付させた」参照）。例えば、有効な乗車券がないのに鉄道係員を欺いて乗車して輸送の利益を得ること、電気メーターの指針を逆回転させて電気料金の支払を免れることなどである。また、いわゆる詐欺賭博を行い、賭客を欺いて、寺銭・賭銭名義で、金員支払の債務を負担させたときは、2項詐欺罪が成立する（最決昭43.10.24刑集22・10・946）。

＊財産上の利益の取得については、㋐行為者の欺く行為によって、㋑相手方を錯誤に陥らせ、㋒それに基づく処分行為によって、㋓行為者又は第三者が財産上の利益を得たという関係がなければならない。

＊欺かれた者の処分行為は、不作為でもよいが、同人が財産上の処分について意識していなければならない（そうでない場合はいわゆる利益窃盗として不可罰となる。）。

> **主要判例等**
> ① 財産上不法の利益が、債務の支払を免れたことであるとするには、相手方たる債権者を欺罔して債務免除の意思表示をさせることを要し、飲食、宿泊をなした後、自動車で帰宅する知人を見送ると申し欺いて被害者方の店先に立出でたまま逃走しただけでは詐欺罪は成立しない（最決昭30.7.7刑集9・9・1856）。
> ② 根抵当権放棄の対価として支払われた金員が根抵当権者において相当と認めた金額であっても、根抵当権者が、当該金員支払は根抵当権設定者が根抵当権の目的である不動産を第三者に正規に売却することに伴うものと誤信しなければ、根抵当権の放棄に応ずることはなかったにもかかわらず、根抵当権設定者が、真実は自己の支配する会社への売却であることなどを秘し、根抵当権者を欺いて上記のように誤信させ、根抵当権を放棄させて

その抹消登記を完了させた場合には、246条2項の詐欺罪が成立する（最決平16.7.7刑集58・5・309）。

問　いわゆるキセル乗車について詐欺罪で問擬できるか。

答　キセル乗車には、A駅からB駅・C駅を経由してD駅まで列車に乗る際に、AB間の乗車券・定期券を駅員に提示して入場・乗車した上、D駅ではCD間の乗車券・定期券を駅員に提示して出場して、BC間の乗車運賃を不正に免れる行為と、AB駅間を乗車する意思でその区間の乗車券を購入して乗車した者が、途中でD駅まで行く気になり、D駅で精算を免れるために所持していたCD駅間の定期券を提示して出場する場合がある。下級審裁判例は、本罪の成立を、肯定するもの（大阪高判昭44.8.7判時572・96）と、否定するもの（東京高判昭35.2.22判タ102・38）に分かれている。前者の立場は、A駅の改札係員に乗車券を提示した時点で着手があり、列車がA駅を出発した時点で既遂として詐欺罪を認める。なお、乗車後に不正乗車の意思が生じた場合には、D駅で精算を免れた点で不法利得を認める。後者の立場は、A駅で乗り越しする旨を申告する義務はないし、D駅で係員が免除の意思表示をしない限り支払義務を免れるものではないので、財産上不法の利益を得たとはいえないとする。もっとも、その場合でも鉄道営業法29条違反の罪は成立するとしている。

＊料金後払制の高速道路のキセル利用の事案につき、本罪を認めた下級審裁判例として、福井地判昭56.8.31刑裁月報13・8=9・547がある。
＊本罪の成立にも、被害者に財産的損害が生じたことが必要である。

着手時期

＊行為者が財産上の利益を得ようとして人を欺く行為を開始したときに認められる。
＊利用客が従業員と顔を合わせる必要がないように配慮した入室管理システムを使用したホテルでの無銭宿泊事件について、入室行為をもって詐欺罪の欺く行為に該当するとし、被告人が入室した時点で従業員が入室の事実を確認していないが、その事実は了知可能な状態になっていたとして、詐欺罪の実行の着手があったとした（東京高判平15.1.29判時1838・155）。

＊行為者の欺く行為によって、相手方が錯誤に陥り、それに基づく処分行為によって行為者又は第三者が財産上の利益を取得したときである。

＊欺く行為と財産上の利益の取得との間に因果関係が存在することが必要である。

＊⑦1個の欺く行為によって財物を交付させ、かつ、財産上の利益を得た場合、⑦1個の欺く行為によって被害者から債権を取得し、その後その債権に基づき金員を交付させた場合、⑨無銭飲食に関し飲食物の提供に接客行為を伴った場合、⑤無銭飲食をした上で、代金支払を欺いて免れた場合、いずれも包括して246条の詐欺罪となる。

＊欺く手段を用いて役務の提供を受けた上、その代金の支払を免れるため相手方を殺害した場合、2項詐欺罪と強盗殺人罪の包括一罪となる（ただし、両行為の時間的・場所的近接性の程度などの点から併合罪と判断されることもありうる。）。

＊消費者金融会社の係員を欺いてローンカードを交付させた上これを利用して同社の現金自動入出機から現金を引き出した場合には、同係員を欺いて同カードを交付させた点につき詐欺罪が成立し、同カードを利用して現金自動入出機から現金を引き出した点につき窃盗罪が成立する（最決平14.2.8刑集56・2・71）。

第2 電子計算機使用詐欺罪
（246条の2）

緊速可

第246条の2　前条に規定するもののほか、人の事務処理に使用する電子計算機に虚偽の情報若しくは不正な指令を与えて財産権の得喪若しくは変更に係る不実の電磁的記録を作り、又は財産権の得喪若しくは変更に係る虚偽の電磁的記録を人の事務処理の用に供して、財産上不法の利益を得、又は他人にこれを得させた者は、10年以下の懲役に処する。

① 犯人（主体）

② 財産上の利益（客体）

③ 人の事務処理に使用する電子計算機に虚偽の情報・不正な指令を与えて

　　　　財産権の得喪・変更に係る不実の電磁的記録を作ること（行為）（前段）
④　財産権の得喪・変更に係る虚偽の電磁的記録を人の事務処理の用に供す
　　ること（行為）（後段）
⑤　財産上の利益を得、又は他人に得させたこと（結果）
⑥　故意
⑦　不法利得の意思

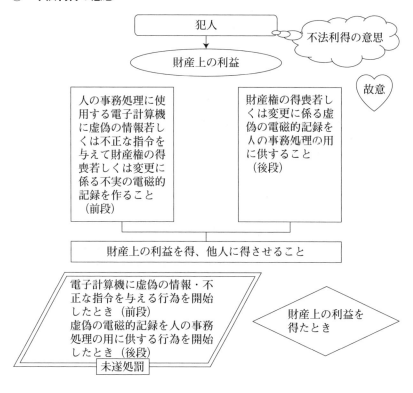

＊本罪は、前条2項の補充類型である。電子計算機（コンピュータ）が人に
　代わって自動的に財産権の得喪・変更の事務を処理している場面における
　財産上の利得行為を処罰する。したがって、事務処理の場面に人が介在し、
　その者が欺かれたと評価できる場合には、本罪ではなく、2項詐欺罪が適
　用される。

行為態様

＊前段は、「人の事務処理に使用する電子計算機に虚偽の情報若しくは不正な指令を与えて財産権の得喪若しくは変更に係る不実の電磁的記録を作」るものである。すなわち、他人のシステム内において、当該コンピュータに接続された磁気ファイル等に、真実に反する電磁的記録を作るものである。

＊後段は、「財産権の得喪若しくは変更に係る虚偽の電磁的記録を人の事務処理の用に供」するものである。すなわち、行為者の手中にある真実に反する電磁的記録を、他人の事務処理のために使用されるコンピュータにおいて用いうる状態に置くものである。

人の事務処理に使用する電子計算機

＊本罪の「人の事務処理」は、財産権の得喪・変更に係る事務に限定される。

＊「電子計算機」とは、コンピュータである。それ自体が自動的に情報処理を行う電子装置として一定の独立性を有し、財産権の得喪・変更に係る電磁的記録の作出などを行いうるものをいう。例えば、銀行に設置してあるオンラインシステムのコンピュータ端末機などがこれに当たる。

虚偽の情報若しくは不正な指令を与えて

＊「虚偽の情報」とは、当該事務システムにおいて予定されている事務処理の目的に照らし、その内容が真実に反する情報である。例えば、入金処理の原因となる経済的・資本的実体を伴わないか、あるいは、それに符合しない情報などは、これに当たる（東京高判平5.6.29高刑集46・2・189）。

＊「不正な指令」とは、当該事務処理の場面において、与えられるべきでない指令である。例えば、電話料金が計算されないように電話会社（KDD）の電話交換システムに送出した不正信号は、これに当たる（東京地判平7.2.13判時1529・158）。

＊「与え」とは、虚偽の情報・不正な指令をコンピュータに入力することである。例えば、銀行が業務用に使用しているコンピュータに、行員がオンラインシステムの端末機を操作して、入金の事実がないのに口座に入金があったとする情報を入力することなどは、これに当たる（大阪地判昭63.10.7判時1295・151）。

擬▶ 窃取したクレジットカードの名義人氏名、番号等を冒用して、これらを、インターネットを介し、クレジットカード決済代行業者の使用する電子計算機に入力送信して名義人本人が電子マネーの購入を申し込んだとする虚偽の情報を与え、その購入に関する不実の電磁的記録を作成し、電子マ

ネーの利用権を取得した行為は、電子計算機使用詐欺罪に当たる（最決平18.2.14刑集60・2・165）。

財産権の得喪若しくは変更に係る不実の電磁的記録を作り

＊「財産権の得喪若しくは変更に係る電磁的記録」とは、財産権の得喪・変更の事実又はその得喪・変更を生じさせるべき事実を記録した電磁的記録であって、それが作出されることによって事実上当該財産権の得喪・変更が生じることになるものである。例えば、㋐オンラインシステムにおける銀行の元帳ファイル中の預金残高の記録、㋑登録社債の登録ファイルの記録などがこれに当たる。しかし、㋒財産権の得喪・変更を公証するための記録（不動産登記簿・自動車登録ファイル）、㋓一定の資格を証明するための記録（クレジット会社の信用情報ファイル）などは、その作出・変更が直ちに財産権の得喪・変更に結びつかないのでこれに当たらない。

＊「不実」の電磁的記録とは、真実に反する内容の記録である。

＊「作り」とは、記録媒体上に電磁的記録を存在するに至らせることである。記録を初めから作り出す場合のほか、既存の記録を部分的に改変・抹消することによって新たな電磁的記録を存在するに至らせる場合も含む。

財産権の得喪若しくは変更に係る虚偽の電磁的記録を人の事務処理の用に供して

＊「財産権の得喪若しくは変更に係る……電磁的記録」については、前段参照。

＊ここで対象としているのは、行為者の手中にあるものである。したがって、備付け型の電磁的記録に限らず、磁気面の記録のような携帯型の電磁的記録（プリペイドカード・定期券など）も含まれる。ただし、キャッシュカード・クレジットカードの磁気ストライプ部分の記録は、これに当たらない。それらは一定の資格の証明に用いられるにとどまるものであり、「財産権の得喪若しくは変更に係る」ものではないからである。

＊「虚偽の」とは「不実の」と同趣旨で、真実に反するという意味である。

＊「人の事務処理の用に供して」とは、不正に作出された電磁的記録を、他人の事務処理のため、これに使用されるコンピュータにおいて用いうる状態に置くことである。例えば、銀行の元帳ファイルを内容虚偽のファイルと差し替えて人の事務処理に用いられうる状態に置くことなどが、これに当たる。

財産上不法の利益を得、又は他人にこれを得させた

擬▶ 本罪は、2項詐欺罪と同様、利得罪である。例えば、⑦料金の計算が行われることとなる課金ファイルの記録を改変して請求を事実上免れること、④不実の電磁的記録を使用して銀行の預金元帳ファイルに預金債権があるものと作為し、その預金の引出し・振替えを行うことができる地位を得ること、⑨不正に作出したプリペイドカードを利用して一定の役務の提供を受けることなどが、これに当たる。

＊実際に権利又は義務の得喪・変更の効果を生じることまでは要しない。

＊財産的価値があっても「情報」の不正入手は本罪に当たらない。

着手時期

＊前段については、財産権の得喪・変更に係る電磁的記録を作出する事務処理に使用されているコンピュータに虚偽の情報・不正な指令を与える行為を始めたときに認められる。

＊後段については、財産権の得喪・変更に係る虚偽の電磁的記録を人の事務処理の用に供する行為を始めたときに認められる。

＊具体的には、⑦架空の入金データを入力するような場合には、端末機等により虚偽のデータを入力しようとしたとき、④他人のキャッシュカードを利用して預金を付け替えるような場合には、カードを自動振替機に挿入しようとしたとき、⑨不正に作出したプリペイドカードを利用するような場合には、所定の機器の挿入口にカードを挿入しようとしたときなどである。

成立時期

＊財産上の利益を得たとき（得させたとき）である。例えば、⑦架空データに基づき、元帳ファイルに財産権の得喪・変更に係る不実の記録（預金の付替えによる残高の増額など）がされ、財産権の処分を事実上なしうるような状況が生じたとき、④プリペイドカードによる役務を受けるに至ったときなどである。

他罪との関係

＊保護法益が異なるので、本罪が成立する場合も別に電磁的記録不正作出罪・同供用罪が成立する（供用罪と本罪は、通常、牽連犯となる。）。

＊「前条に規定するもののほか」とされていることから、詐欺罪に該当する行為は本罪に該当しない。

＊本罪に当たる行為が同時に被害者に対する背任にも当たる場合には、詐欺罪と背任罪の関係と同様、本罪のみが成立する。

緊逮可

第247条　他人のためにその事務を処理する者が、自己若しくは第三者の利益を図り又は本人に損害を加える目的で、その任務に背く行為をし、本人に財産上の損害を加えたときは、5年以下の懲役又は50万円以下の罰金に処する。

成立要件
① 他人のためにその事務を処理する者（主体）
② 財産（客体）
③ 任務に背く行為をすること（行為）
④ 本人に財産上の損害を加えたこと（結果）
⑤ 故意
⑥ 自己若しくは第三者の利益を図る目的・本人に損害を加える目的

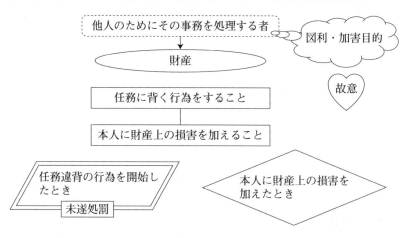

他人のためにその事務を処理する者

＊「他人」とは行為者及び「第三者」以外の者をいう。自然人、法人（国・地方公共団体を含む。）、法人格なき社団が含まれる。
＊「その事務」とは「他人（本人）の事務」である。
＊他人のために処理しても、それが自己の事務にとどまり、「他人の事務」といえなければ本罪を構成しない（その義務違反は民事上の債務不履行にすぎない。）。

＊二重抵当の場合に、抵当権設定者が、一番抵当権者に対して負う登記に協力する義務なども「他人の事務」といえる。

> **主要判例等**
> ① Aに対して自己の不動産に根抵当権を設定したXは、その登記を完了するまでは、根抵当権者Aに協力する任務を有するから、まだその登記をしていないのに乗じて、さらにBに対して根抵当権を設定し、その登記を了する行為は、Aに対する背任罪に当たる（最判昭31.12.7刑集10・12・1592）。
> ② 株式を目的とする質権の設定者は、株券を質権者に交付した後であっても、質権者のために当該株式の担保価値を保全すべき任務を負うのであるから、株券を紛失した旨の虚偽の理由で除権判決を得てこれを失効させ、質権者に財産上の損害を加える行為は、背任罪に当たる（最決平15.3.18刑集57・3・356）。

図利・加害目的

＊本罪は、「自己若しくは第三者の利益を図る目的」（図利目的）又は「本人に損害を加える目的」（加害目的）の少なくともいずれかを必要とする。

＊図利目的における「第三者」とは、自己又は本人以外の者をさす。
　→本人の利益を図る目的でした行為は、本罪を構成しない。

擬 自己・第三者の利益を図る目的と、本人の利益を図る目的が、併せて認められる場合（例えば、自己や融資先の利益を図る目的もあるが同時にそれまでの融資の焦げつきを防ぐ目的もある場合など）は、目的の主従により本罪の成否を決する。その目的がなければ当該行為に出なかったというようなものが主たる目的といえるが、本人の利益を図ることが決定的な動機でなかったときは、本罪の図利・加害目的を認めうる。

> **主要判例等**
> ① 相互銀行の役員が、土地の購入資金等の融資に当たり、その融資が、土地の売主に対し遊休資本化していた土地を売却して代金を直ちに入手できるなどの利益を与えるとともに、融資先に対し大幅な担保不足であるのに多額の融資を受けられる利益を与えることになることを認識しつつ、あえてこれを実行した場合、相互銀行と密接な関係にある売主に所用の資金を確保させることにより、ひいて相互銀行の利益を図るという動機があったとしても、それが融資の決定的動機でなかったときには、第三者図利目的を認めることができる（最決平10.11.25刑集52・8・570）。
> ② 商社の代表取締役社長がその任務に違背して巨額の融資を行った場合に

おいて、融資実行の動機は同社の利益よりも自己らの利益を図ることにあり、同社に損害を加えることの認識、認容もあったなどの事実関係の下では、特別背任罪における図利目的はもとより加害目的をも認めることができる（最決平17.10.7刑集59・8・779）。

＊図利・加害目的に関しては、どのような内容が要求されるかについて見解が分かれる。㋐図利・加害の結果についての認識・認容と解する説、㋑確定的認識を要求する説、㋒動機と解する説などがある。判例は、「意欲ないし積極的認容までは要しない」とするにとどまる（最決昭63.11.21刑集42・9・1251）。

任務違背

＊「任務に背く行為」とは、本人からの委託信任の趣旨に反する行為であり、法律行為か事実行為かを問わない。→委託信任の趣旨に沿った行為であるかぎりは、結果的に本人に損害が生じたとしても、本罪は成立しない。

擬▶ 委託信任の趣旨に反するか否かは、㋐個々の事務の内容、㋑事務処理者の地位・権限、㋒当該行為当時の状況等に照らし、当該事務の処理者として期待されていた行為に反するか否かの観点から、具体的に判断する。

主要判例等 企業者の債務につき債務保証を行う信用保証協会の業務の性質上、常態においても損害を生じさせる場合が少なくないとしても、同協会の支店長が、企業者の倒産を一時糊塗するためにすぎないことを知りながら、協会長の指示に反して抵当権を設定させないで債務保証するなどし、協会に保証債務を負担させる行為は任務に背いた行為である（最決昭58.5.24刑集37・4・437）。

＊冒険的取引（株式投資など一定の危険を伴う取引）は、委託信任の趣旨に反しない合理的な範囲内で行われる限り任務違反とならないが、その趣旨に反する場合は、任務違背となる。
＊救済融資（既存の貸付金の保全・回収を図るための融資）は、結局、不良債権を拡大させて本人に経済的不利益を生じさせやすいから、事務処理者は、原則として担保物件の処分等により既存の貸付金を回収すること、融資をする場合でも必要最小限度にとどめ十分な担保を提供させることなどの任務を負い、こうした措置をとらずに漫然と融資をした場合は、任務違背行為となる。
＊他の法令上違法とされたり、犯罪を構成する行為であっても、当然に本罪の任務違背行為に当たることにはならない。

＊決裁権を有する上司の決定・指示に従ったものであっても、そのことが本人に対する事務処理上の任務違背であるか否かに影響を及ぼすものではない。

> **主要判例等**　信用組合専務理事である被告人が、自ら所管する貸付事務について、貸付金の回収が危ぶまれる状態にあることを熟知しながら、十分な担保もなく貸付を実行した行為は、たとえそれが決裁権を有する理事長の決定・指示によるもので、被告人が当該貸付について理事長に対し反対意見を具申したという事情があるとしても、任務違背行為がないとはいえない（最決昭60.4.3刑集39・3・131）。

想定問答

問　任務違背行為にはどのようなものがあるか。

答　貸付に際しての任務違背行為としては、㋐不当貸付（法令・定款・内規等に違反する貸付）、㋑不良貸付（回収が困難な貸付）が、これに当たりうる。貸付行為自体だけでなく、事後的な担保の解放・回収保全策の懈怠等も、これに当たりうるであろう。売買に際しての任務違背行為としては、例えば、㋐買主側の事務処理者が、不当に高い価格で購入契約を締結する場合（事務処理者がリベートをもらう目的で購入価格にリベート分を上乗せする）などがこれに当たり、㋑売主側の事務処理者が、不動産の二重売買等で本罪に問われる例もある。

財産上の損害

＊「本人に財産上の損害を加えたとき」とは、経済的見地において本人の財産状態を評価し、被告人の行為によって、本人の財産の価値が減少したとき、又は増加すべきであった価値が増加しなかったときをいう（最決昭58.5.24刑集37・4・437）。

想定問答

問　背任罪の「財産上の損害」の有無を「経済的見地」から判断するというのは、どういう意味か。

答　例えば、人に金員を貸し付けた場合、金員そのものの所有権は債務者に移転する。ただ、債権者はこれに対応する貸金債権を取得するから、「法

律的」に見れば、財産上の損害はないといえる。しかし、そもそも債務者の資力が乏しくて返済が見込まれないようなときには、弁済期がきて実際に回収不能の事態に至らなくても、貸付の時点でその債権を額面どおりに評価できない。そこで、このようなときには、「経済的」に見て貸付の時点で「財産上の損害」があると考えるのである。保証債務を負担する場合においても、主たる債務者に履行の見込みがないときなどは、代位弁済による現実の損失が生じなくても、財産上の損害があるということができる。

＊損害額は、不当貸付の場合、端的に貸付額と同額の損害が生じたと認定できることが多い。不良貸付の場合、債権の額面と現実の経済的価値との差が損害となる。

＊「財産上の損害」は、既存財産の減少（積極的損害）のほか、財産の増加の妨害（消極的損害）を含む。

＊損害の発生は、犯人が事務処理の任務を離れた後に生じても差し支えない。

＊本罪の他の要件を充たすが、「財産上の損害」が発生しなかった場合、未遂となる。

故 意

＊任務違背性の認識の内容は、㋐任務違背に該当する客観的事実及び㋑自己の行為が任務に違背することの双方を含み、後者の認識も事実の認識である（通説）。→自己の行為が任務に違背するとの認識を欠いたため、任務の本旨に適したものと信じていた場合には、本罪の責任は問えない。

＊「財産上の損害」を加えることについては、未必的認識で足りる。

＊事務管理者が任務違背の行為をするに当たり、自己の行為が任務に違背するとの認識を欠き、任務の本旨に適したものと信じていた場合は、その信ずるに至ったのが事実の錯誤・法規の誤解等、事務管理者その人の過失に起因する場合でも、背任罪の成立に必要な故意を阻却する（大判大3.2.4刑録20・119）。

共 犯

＊本罪は、「他人のためにその事務を処理する者」という犯人の「身分」によって構成される犯罪である。したがって、この身分を有しない者が、事務処理者の行為に加功したときは、65条1項によって、共犯となりうる。

主要判例等

① 不正融資の借り手側についても、特別背任罪（会社法960条）の共同正犯が成立しうる（最決平15.2.18刑集57・2・161）。

② 質権設定者には質物の担保価値を保全すべき義務があり、そして、この担保価値保全義務は他人である質権者のためのものであるため、質権設定者は247条にいう「他人のためにその事務を処理する者」に当たる（最決平15.3.18刑集57・3・356）。

③ 甲社の絵画等購入担当者である乙らが、丙の依頼を受けて、甲社をして丙が支配する丁社から多数の絵画等を著しく不当な高額で購入させ、甲社に損害を生じさせた場合において、その取引の中心となった乙と丙の間に、それぞれが支配する会社の経営がひっ迫した状況にある中、互いに無担保で数十億円単位の融資をし合い、各支配に係る会社を維持していた関係があり、丙がそのような関係を利用して上記絵画等の取引を成立させたとみることができる場合は、丙には、乙らとの特別背任罪の共同正犯が成立する（最決平17.10.7刑集59・8・1108）。

④ 銀行がした融資に係る頭取らの特別背任行為につき、自らが実質的に経営する会社の債務を圧縮するスキームを頭取らに提案してその実施に必要な融資の申込みをしたにとどまらず、同融資の担保となる物件の担保価値を大幅に水増しした不動産鑑定書を作らせるなどして、同融資の実現に積極的に加担した融資先会社の実質的経営者は、上記特別背任行為に共同加功をしたということができる（最決平20.5.19刑集62・6・1623）。

POINT **不良貸付けの相手先と背任罪の共謀共同正犯**

　資金の借り手が、自己のために積極的に働きかけて融資を受けることは、経済活動として許されることである。そこで、背任罪の共同正犯が成立するのは、貸し手の任務違背や第三者への図利目的の認識に加えて、①本犯の任務違背性の明確な認識を基にした意思連絡があるか、②影響力の行使と社会通念上許されない方法がある場合であると解される（最決平15.2.18刑集57・2・161参照）。

罪　数

＊同一の融資先に対して同様の不良貸付をくり返すような場合、これらが同一の任務に違反する同一の犯意ないし目的を達するためにされた行為と認められるときは、包括一罪となる。

他罪との関係

＊他人の委託物を毀棄する行為が背任罪の要件を充たす場合は、背任罪と毀棄罪が成立して観念的競合の関係に立つ（通説）（ただし、背任罪のみの成立を認める説、毀棄罪のみの成立を認める説もある。）。

第248条 未成年者の知慮浅薄又は人の心神耗弱に乗じて、その財物を交付
させ、又は財産上不法の利益を得、若しくは他人にこれを得させた者は、
10年以下の懲役に処する。

成立要件

① 犯人（主体）

② 財物・財産上の利益（客体）

③ 未成年者の知慮浅薄・人の心神耗弱に乗じること（行為）

④ 財物を交付させること・財産上の利益を得る（他人に得させる）こと
（行為）

⑤ 財物の占有が移転したこと・財産上の利益を得た（得させた）こと（結
果）

⑥ 故意

⑦ 不法領得（利得）の意思

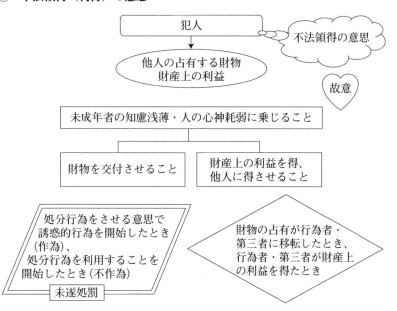

客　体

* 「財物」又は「財産上の利益」である。それらの意義については、1項詐欺罪及び2項詐欺罪を参照。

行　為

* 「未成年者の知慮浅薄又は人の心神耗弱に乗じて、その財物を交付させ、又は財産上不法の利益を得、若しくは他人にこれを得させ」ることである。

未成年者の知慮浅薄

* 「知慮浅薄」とは、知識が乏しく思慮が足りないことである。当該事項について知慮が不足していればよく、万事にわたって不足していることは要しないと解される（通説）。

人の心神耗弱

* 「心神耗弱」とは、精神の健全を欠き、事物の判断をするのに十分な普通人の知能を備えていない状態である（大判明45.7.16刑録18・1087）。

乗じて

* 誘惑にかかりやすい状態を財物・財産上の利益を得るために利用することである。積極的に誘惑的行為をする場合のほか、相手方が財産的処分を行うに任せるような場合も含まれる。なお、相手方が未成年者等であっても、詐欺の方法を用いた場合には、詐欺罪（246条）が成立し得る。

財物を交付させ、又は財産上不法の利益を得、若しくは他人にこれを得させた

* 財物・財産上の利益の取得は、未成年者・心神耗弱者の処分行為に基づいてなされなければならない。相手方が処分行為をする能力を欠くときは、本罪は成立しない（客体が財物であれば窃盗罪が成立し得る。）。

未遂・既遂

* 行為者が、①未成年者らに対して誘惑的行為を開始したとき、又は②未成年者らが行為者に対して任意に財産上の処分行為をしようとしていることを知ってこれを利用することを開始したときに、実行の着手が認められる。既遂時期については、1項詐欺罪及び2項詐欺罪を参照。

── 第5 恐喝罪（249条）

第249条　人を恐喝して財物を交付させた者は、10年以下の懲役に処する。
2　前項の方法により、財産上不法の利益を得、又は他人にこれを得させた
者も、同項と同様とする。

(1) 恐喝罪（1項）

成立要件

① 犯人（主体）
② 他人の占有する財物（客体）
③ 人を恐喝して財物を交付させること（行為）
④ 財物の占有移転（結果）
⑤ 故意
⑥ 不法領得の意思

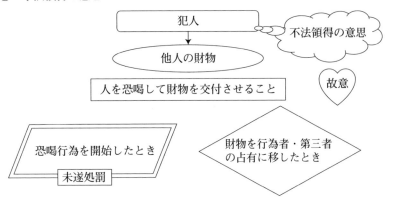

人を恐喝して

＊恐喝の相手方と財物の交付者は別人であってもよい。

＊恐喝罪は、財産に対する犯罪であり、原則として財産上の損害を被った者
　が被害者となることから、法人所有の財産を喝取する目的でその法人の取
　締役に対して恐喝行為を行って財物を交付させた場合には、法人（会社）
　を被害者とする恐喝罪が成立する（大判大6.4.12刑録23・339）。

＊恐喝とは、反抗を抑圧するに至らない程度の暴行又は脅迫を加え、被害者
　を畏怖させて、財物の交付を要求することをいう。

＊被害者の反抗を抑圧する程度の暴行は、強盗罪の手段となる（236条1項・

124頁)。

＊脅迫は、被害者を畏怖させるに足る害悪の告知である。脅迫罪・強要罪のように、相手方や親族の生命・身体・自由・名誉・財産に対するものに限られない。

＊害悪の内容は、虚偽の内容を含んでいてその実現があり得ない場合でもよいし、言語それ自体が独立して相手方を畏怖させるに足りるものでなくても、他の事情（行為者の職業・地位など）と相まって畏怖させる結果を生じさせうるものであればよい。

＊告知する害悪の内容は、犯罪を構成したり、違法でなくてもよい。例えば、犯罪事実を警察に告発すると脅して口止料を取るような場合である（最判昭29.4.6刑集8・4・407）。

＊第三者によって害悪が実現されることを告知するものでもよい。ただし、行為者が第三者の害悪行為の決意に影響を与えることができる立場にあることを相手方に知らせるか、又は相手方がこれを推測できる場合であることが必要である（大判昭5.7.10刑集9・497）。現実に行為者がその第三者に影響を与えうるかどうかは問わない。

＊告知の手段・方法には制限がない。明示的・積極的な言動によることを要しない。自己の性行・経歴・地位・風評・不法の勢威等を利用して、そのことを知悉している者に対して、害悪を暗示してもよい。

＊第三者に対する害悪の告知も含まれる（大判大11.11.22刑集1・681）。

想定問答

圊 いわゆる振り込め詐欺・恐喝についてどのように擬律すればよいか。

圏 詐欺的手段を用いて被害者から金員を指定口座に振り込ませたような場合には詐欺罪が、恐喝的手段を用いて被害者から金員を指定口座に振り込ませたような場合には恐喝罪が成立する。

　しかし、暴力団員でない者が「暴力団の者だ。事故にあってケガをした。おまえたちが無事でいたいなら示談金を振り込め」などといって金員を振り込ませた場合には、虚偽内容を含むものであるが、畏怖心に基づいて被害者が金員を振り込んでいるので恐喝罪が成立する（東京高判昭38.6.6東高時報14・6・84参照）。もっとも、高齢者の自宅にその子供らを装って電話をかけ、「ヤクザがらみのトラブルに巻き込まれたから現金を持ってきてくれ」と嘘を言い、共犯者に現金を受け取らせた事案について詐欺罪とするものもある（東京地判平15.7.8判例未登載）。

　なお、振込送金においては、振込みが完了した時点で詐欺罪（246条1

財 物

＊その意味については、 1 項詐欺罪（246条 1 項・155頁）参照。

交付させた

＊相手方の畏怖により生じた「瑕疵ある意思」に基づく処分行為によって財物の占有を行為者又は第三者が取得することである。錯誤に基づく場合は詐欺である。

＊交付行為は、被恐喝者が自ら財物を提供した場合のほか、黙示のものでもよい（詐欺罪の場合のように厳格には解されていない。）。畏怖して黙認しているのに乗じて財物を奪取した場合でもよい。

＊いきなりひったくった上、相手を脅して返還要求を断念させる態様も、財物交付を受ける態様に当たる（大阪地判昭42.11.7判タ218・264）。

＊交付を受ける者は、行為者自身である必要はなく行為者と一定の関係に立つ第三者でもよい（第三者の範囲については、詐欺罪（246条 1 項）の「交付させた」の項・156頁参照）。

＊財物交付の時期は問わないため、畏怖した時期と交付の間に時間的隔たりがあっても、因果関係が認められれば、恐喝罪が成立する。

＊不法原因に基づく交付の場合であっても本罪は成立しうる。相手方は恐喝されなければ財物を交付しなかったのであるから、恐喝行為によって給付がされたとみることができるからである。

（財産上の損害）

＊本罪の成立には、被害者に財産上の損害が生じたことを要する。もっとも本罪の場合、財物を交付したこと自体が損害となるから、被害者の全体財産が減少することは要しない。したがって、行為者が、相当の対価を支払った場合や、反対給付の約束をした場合でも、本罪が成立する。

＊喝取額は、現に受領した価額である。行為者が要求した価額よりも被害者が多く交付した場合も、同様である。

＊行為者が恐喝によって取得した財物の一部につき正当に受領する権限を有する場合であっても、財物全体について本罪が成立する。

主要判例等 他人に対して権利を有する者が、その権利を実行することは、その権利の範囲内であり、かつ、その方法が社会通念上忍容すべきものと認

められる範囲を超えないかぎり、違法でないが、その範囲を逸脱するときには、恐喝罪が成立しうる。被告人が、3万円の債権の債務者に対し、要求に応じないなら身体に危害を加えるような態度を示して畏怖させ、6万円を交付させた場合、6万円の全額について恐喝罪が成立する（最判昭30.10.14刑集9・11・2173）。

POINT　権利行使と正当行為

　法秩序全体の趣旨からみて許容され違法性が阻却される行為を正当行為という。

　正当行為は、「法秩序全体の見地から社会通念上許容されるか」という判断であり、外見上は権利行使のようにみえても、その行使が社会通念上一般に許容すべきものと認められる範囲・程度を逸脱していれば、違法性は阻却されない。したがって、真実の債権者であっても、その取り立て方法が暴行・脅迫を加えるなど社会通念上許容限度を超えた態様であれば正当行為とは言えないので、違法性は阻却されず、恐喝罪が成立する。

着手時期

＊財物を交付させる意思で恐喝行為を開始したときに着手が認められる。

＊人に畏怖の念を生じさせるに足りる恐喝行為があったが、相手方が畏怖しなかったときは、未遂である。

成立時期

＊本罪が既遂となるためには、㋐行為者の恐喝行為によって、㋑相手方が畏怖し、㋒それに基づく処分行為によって、㋓財物の占有が行為者又は第三者に移転することが必要である。

＊被害者が振り込んだが出金停止のとき、未遂となるかについては、159頁参照。

故　意

＊人を恐喝して、畏怖させ、それに基づく処分行為によって財物の占有を自己又は第三者に移転させることの認識である。

不法領得の意思

＊その意味については、窃盗罪（235条・116頁）参照。

＊恐喝の場合は、一時使用であっても、権利者排除の意思が客観的・明白に

認定できる。

罪　数
＊1個の恐喝行為により数人から金品の交付を受けた場合には、数個の本罪が成立して観念的競合の関係に立つ。
＊1個の恐喝行為で同一人から数回にわたって金員の交付を受けた場合、1個の本罪が成立する。

他罪との関係
＊恐喝の手段として用いられた暴行により傷害の結果が生じた場合、恐喝罪と傷害罪が成立して観念的競合の関係に立つ。
＊営業の妨害となる虚偽の事項を新聞に掲載し、出金しなければ引き続き掲載するとの態度を示して金員を交付させた場合、業務妨害罪と恐喝罪が成立して牽連犯となる。
＊同一人に対して接続する機会に恐喝・強盗を犯した場合、包括して重い強盗罪が成立する。
＊欺く行為と恐喝の両手段を用いて財物を交付させた場合、相手方の決意が、欺く行為による錯誤と恐喝による畏怖とに基づくときは、詐欺罪と恐喝罪が成立して観念的競合の関係に立ち、畏怖に基づくときは、恐喝罪のみが成立する。

(2) 恐喝罪（2項）

成立要件

① 犯人（主体）
② 財産上の利益（客体）
③ 人を恐喝して、財産上の利益を得、又は他人に得させること（行為）
④ 財産上の利益を得、又は他人に得させたこと（結果）
⑤ 故意
⑥ 不法利得の意思

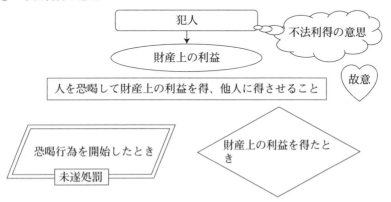

前項の方法

＊人を恐喝することである。その意味については、1項恐喝罪（249条1項・177頁）参照。

財産上不法の利益

＊その意味については、詐欺罪（246条2項・162頁）参照。
＊非財産的利益を供与させる場合は、本罪にならない（強要罪が成立しうる。）。

得、又は他人に得させた

＊財産上の利益を「得」とは、恐喝行為に基づく被害者の処分行為によって行為者又は第三者が、財産上の利益を取得することである。
＊財産上の利益の取得は、（永久的なものである必要はなく）一時的に義務の履行を免れることであってもよい。
＊㋐行為者の恐喝行為によって、㋑相手方が畏怖し、㋒それに基づく処分行

為によって、㊁行為者又は第三者が財産上の利益を得たという関係がなければならない。
＊本罪における財産上の処分行為については、黙示的なものでも足り、相手方が必ずしも積極的な処分行為をすることは要しない（主要判例①）。
＊「他人」とは、行為者と一定の関係に立つ第三者である（その範囲については、詐欺罪（246条1項）の「交付させた」の項・156頁参照）。

【罪　数】
＊1個の恐喝行為で同一人から財物及び財産上の利益を得た場合、包括して1個の恐喝罪が成立する。

第6　未遂罪（250条）

第250条　この章の罪の未遂は、罰する。

第7　準用（251条）

第251条　第242条、第244条及び第245条の規定は、この章の罪について準用する。
＊親族間の犯罪に関する特例の準用については、123頁参照。

③ 横領の罪

CHECK　横領の罪は、他人の占有に属さない他人の物を不法に領得するもので、保護法益は、物に対する所有権その他の本権である。

「財物罪」・「領得罪」である点で、窃盗・各1項犯罪と共通する。他方、これらの罪が財物の占有を奪う罪であるのに対して、横領の罪は占有の奪取が要件とならない「非奪取罪」である点で異なる。

第1　横領罪（252条）

緊逮可

> 第252条　自己の占有する他人の物を横領した者は、5年以下の懲役に処する。
> 2　自己の物であっても、公務所から保管を命ぜられた場合において、これを横領した者も、前項と同様とする。

成立要件

（1項）
① **他人の物を占有する者（主体）**
② **自己の占有する他人の物（客体）**
③ **横領すること（行為）**
④ **故意**
⑤ **不法領得の意思**

（2項）
① **公務所から保管を命ぜられた自己の物を占有する者（主体）**
② **公務所から保管を命ぜられた自己の物（客体）**
③ **横領すること（行為）**
④ **故意**
⑤ **不法領得の意思**

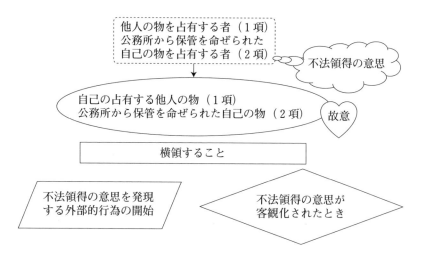

主体

*委託に基づき他人の物を占有する者（又は公務所から保管を命じられた自己の物を占有する者）である（身分犯については、57頁、137頁参照。）。

占有

*本罪にいう「占有」は、物に対する事実上の支配のほかに、法律上の支配も含む（大判大4.4.9刑録21·457）。→窃盗罪など奪取罪にいう占有よりも広い（本罪における占有の重要性は、濫用のおそれのある支配力にあるからである。）。

*他人の金銭を委託された者が、保管の方法として銀行等に預け入れた場合、預金に対する占有を有する。預金債権の支配が、その性質上、金銭そのものの支配と同視しうるからである。したがって、その受託者が、欲しいままに預金を引き出し、又は振替等により預金を引き出さずに処分した場合は、本罪を構成する。

*小切手の振出し権限を委ねられた者は、当座預金の占有を有する。小切手資金である当座預金を処分する権限を有するからである。

*預金通帳・印鑑・キャッシュカードなどを単に事務的に預かっている場合は、預金を占有するものとはいえない。

*登記名義人は不動産の占有者である。当該不動産を第三者に処分しうる地位にあるからである。例えば、不動産の所有権が売買によって移転したのに登記簿上の所有名義がなお売主にある場合や、仮装売買により他人の不

動産について登記簿上の所有名義を有するに至った場合など、登記名義人が当該不動産を占有する。したがって、これらの場合、登記名義人が当該不動産を売却したり、自己の債務の担保に供したりすると、本罪を構成する（最判昭30.12.26刑集9・14・3053）。

擬▶ 占有の基礎には、物の所有者と占有者との間に委託信任関係が必要である。委託信任関係が生じる原因は、法令・契約（使用貸借・賃貸借・委任・寄託など）・事務管理のほか、取引上一般に容認されている慣習・条理・信義則であってもよい。

＊委託によらないで偶然に自己の支配内に入った物は、本罪の客体とはならない（遺失物等横領罪の客体となる。）。

他人の物

＊他人の所有に属する財物である。「物」には、動産のほか、不動産も含まれる。

＊「他人」とは、行為者以外の者である。自然人・法人を問わない。

＊行為者と「他人」（物の所有者）との間、及び行為者と委託者との間に親族関係がある場合に、親族間の犯罪に関する特例（244条）が準用される（通説）。

＊不法原因のため給付をした者はその給付したものの返還を請求することができないことは民法708条の規定するところであるが、252条１項の横領罪の目的物は単に犯人の占有する他人の物であることを要件としているものであって、必ずしも物の給付者において民法上その返還を請求し得べきものであることを要件としていない（最判昭23.6.5刑集2・7・641）。

主要判例等　使途を限定して委託された金銭の所有権は、特別の事情のないかぎり、委託者に属する。受託者はその金銭について「他人の物」を占有する者であり、製茶買付け資金を委託の本旨に反して自己の用途に費消した場合、横領罪が成立する（最判昭26.5.25刑集5・6・1186）。

＊共有金を占有する共有者が、自己のため共有金の一部を費消したときは、占有する共有金の全額について横領罪が成立する（大判昭9.4.23刑集13・517）。

横領

＊自己の占有する他人の物（公務所から保管を命じられた自己の物）について不法領得の意思を実現する一切の行為をいう。

＊横領行為というためには、不法領得の意思を実現する行為が行為者の内心にあるだけでは足りず、客観的に認識されることが必要である（大判昭6.12.14刑集10・751）。

＊横領行為は、法律上の処分行為（売却・交換・質入れ・抵当権設定・譲渡担保設定・債務の弁済への充当・預金・預金の引出し・貸与など）でも、事実上の処分行為（費消・着服・搬出・帯出・毀棄・隠匿・共有物の独占など）でもよい。

> **主要判例等** 他人の不動産を保管する者が、委託された任務に違背してこれに仮登記を了することが横領罪を構成する（最決平21.3.26刑集63・3・291）。

＊委託物の売却を仮装しただけでは、本罪は成立しない。当該委託物の所有権に対して事実上の侵害は認められないからである。

＊行為者の権利に属する処分行為は本罪を構成しないが、その権利の範囲を超えたときは本罪を構成する（最決昭45.3.27刑集24・3・76）。

不法領得の意思

＊本罪の成立に必要な「不法領得の意思」とは、「他人の物の占有者が委託の任務に背いて、その物につき権限がないのに所有者でなければできないような処分をする意思」である。「経済的用法に従い」という限定が付されていないことから、窃盗罪等の場合よりも広い。　→目的物を毀棄・隠匿する意思でも不法領得の意思があるといいうる。

　　後日、返済・弁償・填補する意思があっても、不法領得の意思は認められる（例えば、同居親族から日常の買い物のために預かっているクレジットカードをその委託の趣旨を超えて使用したような場合）が、単なる一時使用の目的で、他人の物の占有者が権限を超えて使用しただけでは、不法領得の意思は認めがたい。

＊不法領得の意思は、目的物を自己のために領得する意思に限らず、第三者のために領得する意思も含まれる。

＊委託者本人のために目的物を処分する場合、不法領得の意思は認められない。

> **主要判例等** 横領罪の成立に必要な不法領得の意思とは、他人の物の占有者が委託の任務に背いて、その物につき権限がないのに所有者でなければできないような処分をする意思をいう。必ずしも占有者が自己の利益取得を意図することを要するものではなく、また、占有者が不法に処分した物を後日

塡補する意思があっても横領罪が成立する。農業会長が、村内農家の肥料確保のために、政府に売り渡すため保管すべき供出米と、魚粕を交換し、後日、余剰米で供出米の不足分を塡補するつもりであっても（業務上）横領罪が成立する（最判昭24.3.8刑集3・3・276）。

想定問答

問 不動産の二重売買について横領罪に問擬できるか。

答 不動産の二重売買（売主Xが、不動産を他人Aに売却した後、その所有権移転登記を経ないうちに、更に当該不動産を第三者Bに売却して、その旨の登記を完了したとき）は、横領罪となる（最判昭34.3.13刑集13・3・310）。第2売買によって第1買主Aの所有権を侵害することになるからである。ただし、第2売買におけるBへの所有権移転登記が完了しない限り、本罪は成立しない。そうでなければ、売主Xが第1買主Aに対して所有権移転登記を完了させる余地があり、Aの所有権を完全に侵害したとはいえないからである。

成立時期

＊不法領得の意思が客観化されたときに本罪が成立する。すなわち、不法領得の意思が確定的に外部に表現されたときに実行の着手があり、それと同時に既遂に達する（本罪には未遂はない。）。

共 犯

＊他人の物の占有者でない者（非身分者）が、占有者（身分者）の犯行に加功してその物を横領した場合、「犯人の身分によって構成すべき犯罪行為に加功したときは、身分のない者であっても、共犯とする」と規定する65条1項により、本罪の共犯となる。

罪 数

＊委託関係が1個であり、かつ、横領行為が1個であるときは、一罪となる。
＊被害法益が単一で、同一又は継続した意思の下に、比較的日時が近接していて、同一又は同種の横領行為が反復されているようなときは、ある程度の期間にわたっていても、包括一罪と解される。
＊本罪が成立した後、行為者が横領物に関してした処分行為は、それが横領

罪によって評価しつくされている限り、別罪を構成しない（不可罰的事後行為）。

POINT　不可罰的（共罰的）事後行為

　はじめに行われた犯罪（窃盗）を処罰すれば、その後さらに行われた犯罪に該当するようにみえる行為（盗んだ物の損壊）について別の犯罪が成立しないという考え方を不可罰的事後行為という。しかし、例えば、盗んだ物を壊した場合、盗まれたことより損壊されたことのほうが処罰感情は強い場合もある。そこで、後の行為に犯罪が成立しないのではなく、前の犯罪が処罰される場合には、後の行為が前の処罰に含まれるというべきである。そこで前の犯罪が処罰されるときには共に処罰されるという意味で共罰的事後行為という用語が用いられることがある。

他罪との関係

＊封印（差押え）された物件を売却するために搬出して横領し、封印等を無効にした場合、横領罪と封印破棄罪が成立して観念的競合の関係に立つ。

＊偽造文書の行使によって横領の意思を実現したときは、横領罪と偽造文書行使罪が成立して牽連犯となる。横領行為完了後、犯跡を隠すため偽造文書を行使したときは、併合罪となる。

＊他人の財物を横領するため詐欺的手段を用いた場合や、横領後、財物を確保するため詐欺的手段を用いて返還を免れた場合、詐欺罪は成立しない。財物の交付・占有移転（に至らせる欺く行為）がないからである。

＊第三者が他人の物の占有者と共謀して、その物の占有を占有者から自己に移す行為は、横領罪の実行行為であって、ぞう物に関する罪を構成するものではない（大判昭8.5.2刑集12・527）。

想定問答

問 背任罪との区別についてどのように考えればよいか。

答 「他人のためにその事務を処理する者」が、「自己の占有する他人の物」を、不法に処分したような場合に、（業務上）横領罪と背任罪のいずれが成立するか。一般に、横領罪は背任罪よりも刑が重いことから、横領罪が成立するときは背任罪は成立しないと解されている。したがって、まず横領罪の成否を検討する必要がある。

第1に、横領罪の対象は「物」であるから、「財産上の利益」については、横領罪が成立する余地はない。この場合、背任罪の成否を検討することになる。

第2に、横領罪が成立するためには、不法領得の意思（他人の物の占有者が委託の任務に背いて、その物につき権限がないのに所有者でなければできないような処分をする意思）の発現が必要である。

このような不法領得の意思は、事務処理者の行為が、本人の事務を処理しているものとは認められない場合、肯定される。この場合には、経済的効果が本人に帰属するものではなく、いったん行為者がその物を領得した上で、交付しているとみられるからである。したがって、処分が自己（行為者）の名義・計算で行われた場合に横領罪が成立する（主要判例①）。

他方、事務処理者の行為が、本人の事務を処理していると認められる場合は、不法領得の意思は否定される。したがって、処分が本人名義・本人計算で行われた場合は横領罪は成立せず、背任罪の成否を検討すべきである（主要判例②）。

さらに、本人名義であっても、法令により使途が限定された金員を流用するなど、本人の権限にもないような行為は、本人の事務を処理しているとは認められず、横領罪が成立するとされている（主要判例等③）。

ただし、近時の判例では、違法であるなどの理由から本人として行い得ないものであることは、行為者の不法領得の意思を推認させる一つの事情とはなり得るが、これをもっぱら本人のためにするとの意識の下に行うこともあり得ないではないので、直ちに横領と認めることはできないとされていることに注意を要する（主要判例等④）。

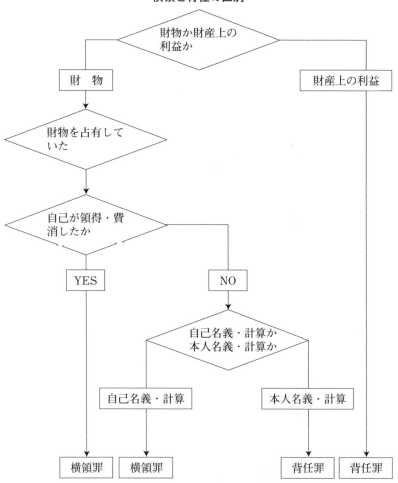

横領と背任の区別

財物か財産上の利益か

財物 → 財物を占有していた → 自己が領得・費消したか

YES → 横領罪

NO → 自己名義・計算か 本人名義・計算か

自己名義・計算 → 横領罪

本人名義・計算 → 背任罪

財産上の利益 → 背任罪

> **主要判例等**
> ① 信用組合の支店長が、自己の計算で保管する金員を支出・交付し、その補填のために融資資格のない者に不正な高利で貸し付けた行為は、組合の計算においてなされたものではなく、被告人の計算でなされたものであるから、（業務上）横領罪が成立する（最判昭33.10.10刑集12・14・3246）。
> ② 村長が、職務上保管する公金を、村の計算において、ほしいまま第三者に貸与し、村に財産上の損害を加えたときは、（業務上）横領罪でなく、背任罪が成立する（大判昭9.7.19刑集13・983）。

③ 森林組合の組合長が、法令により保管方法と使途が限定された金員を、使途の規制に反して貸付支出したときは、個人の計算においてなしたものと認められ、たとえそれが組合名義で処理されているとしても、（業務上）横領罪が成立する（最判昭34.2.13刑集13・2・101）。

④ 行為の客観的性質の問題と行為者の主観の問題は、別異のものであって、たとえ商法その他の法令に違反する行為であっても、行為者の主観において、それを専ら会社のためにするとの意識の下に行うことは、ありえないことではない。したがって、株式会社の経理部長が、株式の買占めに対抗するための工作資金として、会社の現金を支出した行為について、行為が法令に違反するという一事から、直ちに行為者の不法領得の意思を認めることはできない（最決平13.11.5刑集55・6・546）。

第2 業務上横領罪 (253条)

緊速可

第253条 業務上自己の占有する他人の物を横領した者は、10年以下の懲役に処する。

成立要件

① 業務上他人の物を占有する者（主体）
② 業務上自己の占有する他人の物（客体）
③ 横領すること（行為）
④ 故意
⑤ 不法領得の意思

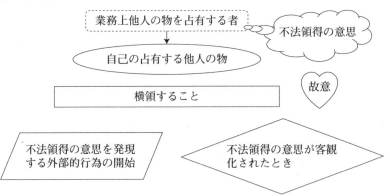

業務上他人の物を占有する者

不法領得の意思

自己の占有する他人の物

横領すること

故意

不法領得の意思を発現する外部的行為の開始

不法領得の意思が客観化されたとき

＊他人の物を業務上占有する者である。他人の物の占有者であるという点と、業務者であるという点で、二重の身分犯である。

業　務

＊「業務」とは、社会生活上の地位に基づき反復・継続して行う事務である。
＊本罪の業務は、他人の物を占有することを内容とするものでなければならない。
＊業務の根拠は、法令・契約・慣習によるとを問わない。
＊職業・職務として行われる必要はない。報酬・利益を目的とする事務である必要はない。
＊特定人の委託を受けて行うものであるか、不特定・多数人の委託を受けて行うものであるかを問わない。
＊手続上不適法な場合（取締りの必要上行為が制限されている場合など）でも、それが法の絶対的に禁止する反社会的性質のものでない限り、業務と認められる。
＊業務の内容は私的なものでも、公的なものでもよい。
＊業務に従事しなくなった後でも、事務を引継ぎその保管責任がなくなるまで、業務上の占有者である（業務者としての地位は消滅しない。）。

他人の物

＊業務上占有する他人の物である。したがって、業務者であっても、業務外で占有している物は、本罪の客体とはならない。
＊「業務上……占有する」とは、業務者がその業務の遂行として、財物の委託を受けて保管していることをいう。
＊遺失物等（占有離脱物）であっても、それを保管することなどを業務とする者が、保管中に横領すれば、本罪が成立する。

共　犯

＊業務上横領罪は、占有者という構成身分と業務者という加減身分とからなる犯罪である。
＊業務上でない占有者（単純占有者）が、業務上の占有者と共同して、共同占有する他人の物を横領した場合、単純占有者に、（単純）横領罪（252条）が成立するとの見解と、業務上横領罪が成立するとの見解がある。いずれにせよ65条2項が適用されるので、（単純）横領罪の刑が科せられる（身分犯の共犯については、137頁参照。）。

＊業務者でも占有者でもない者（非占有者）が、業務上の占有者の横領行為に加功した場合、業務上横領の共同正犯が成立した上で、（単純）横領罪の刑が科される。業務上横領は非占有者との関係では「犯人の身分によって構成すべき犯罪行為」であり、65条１項により、「身分のない者であっても、共犯」とされるが、上記のとおり単純占有者が業務上横領に加功した場合に（単純）横領罪の刑となるのに、非占有者が加功した場合には業務上横領の刑となるのは不都合であることから、65条２項が適用される。

（主要判例等）　村長は、特定の目的のために長期にわたり村の公用に供される財産を管理する権限を有するが、それ以外の財産については、会計事務を所管する収入役が保管占有すべき職務権限を有し、村長は収入役の職務を監督する地位にあるにとどまる。したがって、村長が収入役と共謀してこれを横領した場合、占有者の身分のない村長には65条１項により業務上横領罪が成立し、65条２項により単純横領罪の刑を科する（最判昭32.11.19刑集11・12・3073）。

（他罪との関係）

＊業務上保管した金員と個人的な委託に基づいて保管した金員を混同して保管中、これらを横領した場合、業務上横領罪のみが成立する。

第3　遺失物等横領罪（254条）

第254条　遺失物、漂流物その他占有を離れた他人の物を横領した者は、１年以下の懲役又は10万円以下の罰金若しくは科料に処する。

（成立要件）
① 犯人（主体）
② 遺失物・漂流物その他占有を離れた他人の物（客体）
③ 横領すること（行為）
④ 故意
⑤ 不法領得の意思

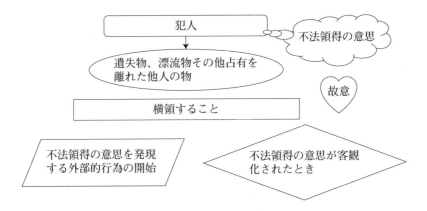

＊「遺失物」とは、占有者の意思によらないで、その占有を離れ、いまだ誰の占有にも属さない物である。

＊「漂流物」とは、遺失物のうち、水面又は水中に存在するものである。

擬▶ 占有離脱物は、他人の所有に属する物である必要があるが（無主物は客体とならない。）、その所有権の帰属が明らかである必要はない。例えば、乗客が電車内に遺留した物、逃走中の窃盗犯人が落としていった盗品、廃品回収業者が購入した紙くずの中に混入していた現金、集配人が誤配した郵便物、飼主の支配から脱出した家畜などがこれに当たる。

＊他方、当該物に対して占有が及んでいる場合、これを領得すれば、本罪ではなく、窃盗罪が成立する。例えば、旅館内の便所に遺留された物などは、旅館主の占有に属し、これを不法に領得すれば、窃盗罪となる（大判大8.4.4刑録25・382）。

＊行為者と「他人」（物の所有者）との間に親族関係がある場合、親族間の犯罪に関する特例が準用される。

> **主要判例等** 鯉が一度に網に入り込むことは、養殖業者の生けすから逃げ出した場合を除いてありえないという事案において、飼育主がこれを回収することが事実上困難であるとしても、鯉は遺失物等横領罪の客体にあたり、生けすから逃げ出した鯉であることを知りながら、これを領得する行為は、本罪を構成する（最決昭56.2.20刑集35・1・15）。

＊不法領得の意思をもって占有離脱物を自己の事実上の支配内に置くことである。

＊委託信任関係に背くということは問題とならない。

POINT　抽象的事実の錯誤

　抽象的事実の錯誤とは、行為者の認識していた犯罪事実と発生した犯罪事実が構成要件的評価を異にする場合をいう。抽象的事実の錯誤の場合、法定的符合説によれば、原則として、発生した犯罪事実についての構成要件的故意は成立しないが、例外的に、認識していた犯罪事実と発生した犯罪事実とが構成要件的に重なり合う場合には、その限度で軽い方の犯罪事実（同じ重さであれば発生した犯罪事実）について構成要件的故意の成立を認める。

　判例（最決昭54.3.27刑集33・2・140）は、被告人は、営利の目的で、麻薬であるジアセチルモルヒネの塩類である粉末を覚醒剤と誤認して輸入したという事案で、麻薬と覚醒剤との類似性にかんがみると、この場合、両罪の構成要件は実質的に全く重なり合っているものとみるのが相当であるから、麻薬を覚醒剤と誤認した錯誤は、生じた結果である麻薬輸入の罪についての故意を阻却するものではないと解すべきであるとする。

　「構成要件の実質的な重なり合い」とは、①基本となる構成要件と加重・減軽類型としての構成要件という関係のある場合（殺人と同意殺人について東京高判昭33.1.23高刑裁特5・1・21など）、②一方の構成要件が実質的に他方の構成要件を内包しているという関係のある場合（窃盗と占有離脱物横領について東京高判昭35.7.15下刑集2・7=8・989など）、③犯罪の客体の類似性、客体を除く他の構成要件要素の同一性、保護法益の同一性、罪質の同一性、法定刑の同一性等の観点を総合して両罪が同質的な犯罪であると認められる場合（覚醒剤所持と麻薬所持について最決昭61.6.9刑集40・4・269など）がある。

成立時期

＊占有離脱物であることを認識しながら、不法領得の意思をもってこれを領得すれば（不法領得の意思を発現する外部的行為をすれば）、その時点で本罪は成立する。

＊当初は不法領得の意思がなく、遺失者に返還する（警察署長に差し出す）つもりで収得した者が、後に不法領得の意思を生じて、その意思の発現行為（隠匿・費消・売却など）をしたときは、その時点で本罪が成立する。

＊所有権侵害の個数によって決する。

第4　準用（255条）

第255条　第244条の規定は、この章の罪について準用する。

＊123頁参照。

> **主要判例等**　家庭裁判所から選任された未成年後見人が業務上占有する未成年被後見人所有の財物を横領した場合、未成年後見人と未成年被後見人との間に244条1項所定の親族関係があっても、その後見事務は公的性格を有するものであり、同条項は準用されない（最決平20.2.18刑集62・2・37）。

④ 盗品等に関する罪

CHECK　盗品等に関する罪は、財産犯の一類型である。盗品等に関する罪の行為は、窃盗等の本犯の被害者が被害物を追求・回復することを困難にするものであり、また、本犯によって作り出された違法な財産状態を維持するものである。したがって、保護法益はこれらを総合して理解するのが多数説である。

第1　盗品等無償譲受け罪（256条1項） 緊逮可

第256条　盗品その他財産に対する罪に当たる行為によって領得された物を無償で譲り受けた者は、3年以下の懲役に処する。
2　〔略〕

成立要件

① **本犯以外の者（主体）**
② **盗品その他財産に対する罪に当たる行為によって領得された物（客体）**
③ **無償で譲り受けること（行為）**
④ **故意**

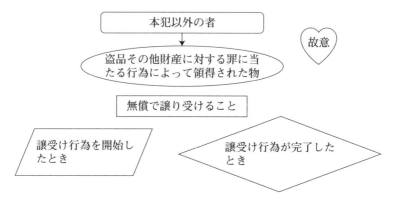

財産に対する罪に当たる行為によって領得された物

＊窃盗・強盗・詐欺・恐喝・横領などによって領得された物である。密猟によって得た物・賄賂・偽造通貨などは、これに当たらない。

＊本犯者の行為は、財産犯の構成要件に該当し違法であることが必要であるが、責任を欠き犯罪が成立しない場合でもよい（通説）。

＊本犯が処罰阻却事由に該当して不処罰となる場合でも、本罪の成否に影響はない。例えば、親族から窃盗をした者が親族間の犯罪に関する特例（244条）により刑を免除された場合でも、その目的物を譲り受けた者には本罪が成立する。

＊本犯者が起訴されるか否かは関係ない。本犯の公訴時効が完成した場合でも、盗品性には影響がない。

＊本罪が成立するためには、本犯が既遂に至っていなければならない（ただし、強盗殺人未遂罪、強盗・強制性交等罪の場合は、強盗部分が完成していればその目的物は本罪の客体となる。）。

[想定問答]

圕　他人の物の占有者Ｘから、その物を無償で譲り受けたＹは、横領罪の共犯となるのか、盗品等無償譲受け罪となるのか。

圏　この場合、Ｘが「自己の占有する他人の物」を譲り渡そうとした時点で、不法領得の意思の発現があったものとして、横領罪が成立してしまう。そうすると、その物は「財産に対する罪に当たる行為によって領得された物」となる。したがって、これを譲り受けたＹは、すでに成立してしまった横領罪の共犯とはなりえず、盗品等無償譲受け罪が成立するということになる（もちろん、この事例とは異なり、領得行為自体に加功した場合には横領罪の共犯となる。）。

＊平穏に、かつ、公然と動産の占有を始めた者は、善意（その事実を知らないこと）であり、かつ、過失がないときは、即時にその動産について権利を取得するが（民法192条）、占有物が盗品であるときは、被害者は、盗難の時から2年間、その物の回復を請求することができる（同193条）。したがって、善意・無過失の占有者から、盗品であることの情を知りながら譲り受けた者については、盗難時から2年以内であれば、本罪が成立する（最決昭34.2.9刑集13·1·76）。

＊本犯が詐欺・恐喝で民法96条により取り消しうる場合、取消し前でも、当該行為によって取得された財物は、本罪の客体となる。

＊不法原因給付（不法の原因に基づいてなされた給付）物が詐欺・横領などによって得られた場合でも、本罪の客体となる。民法上は給付者に返還請求権はない（民法708条）が、本罪の本犯助長的性格を考慮すれば、刑法上は違法性を肯定できるからである。

盗品等の同一性

＊盗品等の代替物についても、代替物であることが明らかな限り、本罪の客体となる。例えば、盗んだ一万円札を両替した千円札などである。ただし、盗品を売却して得た金銭は、本罪の客体とはならない。

＊本犯者が、盗品等に工作を加えたり、別の動産に付合させたような場合でも、全く別の物に変容したと評価しうるときを除いて、本罪の客体になる。例えば、盗んだ貴金属類を金塊にした場合や、盗伐した木を製材した場合など、盗品性が肯定される。

財物性

＊不動産についても、譲り受けたりすることは十分ありうるから、本罪の客体となる（通説）。

＊本罪の客体は「財産に対する罪に当たる行為によって領得された物」であるから、財産犯によって得られた「財産上の利益」は客体たりえない。

想定問答

問　外国人が外国で盗んだ物をわが国で譲り渡す場合、本罪の盗品等に当たるか。

答　外国人が外国で盗んだ物を日本で譲り渡す場合、⑦本犯の行為にわが国の刑法が適用されないときは、本罪の盗品等に当たらないとする説と、⑦わが国の刑法が適用されない行為であっても、盗品等を生み出す財産犯が存在したか否かは判断可能であるから、盗品等に当たるとする説がある。

無償譲受け

＊無償譲受けとは対価を伴わないで処分権を取得することをいう。

＊単純に本犯の利益にあずかる行為である。贈与・無利息の消費貸借などを含む。

＊無償である点で有償譲受けと区別され、処分権を取得する点で保管と異なる。

＊贈与等の契約が成立しただけでは足りない。盗品等を受け取ることが必要である。第三者を介して受け取る場合であってもよい。

故　意

＊客体が盗品等であることを認識していなければならない。未必的な認識で足りる。

＊本犯について、いつ誰が行ったものか、被害者は誰かなどの認識は不要である。

想定問答

問 盗品であることを認識していた（知情）ことの認定に当たってどのような事情を検討すべきか。

答 盗品の知情の認定に当たっては、①盗品の物品自体に関する事実（例えば、通常市場に出ないもの、盗品性をうかがわせる特徴、相手方の所持しうる物としての相応さ）、②取引の時刻・場所・態様・価格（例えば、人目をはばかるような異常性、不自然な安価）、③取引の際の被告人・相手方の言動（例えば、相手方が盗品であることを示唆、入手経路につき不自然な説明、被告人が盗品性を疑うような発言、それにもかかわらず追及しなかった）、④被告人・相手方の職業・経歴・両者の関係（例えば、被告人がその種の物を扱う職業で見破る能力がある、相手方が窃盗の常習犯）などのほか、⑤取引前後の事情（例えば、頻繁に交渉していた）、⑥被告人の供述態度等も併せて検討すべきである。

罪数等

＊本犯者は盗品等の罪の主体たりえない。窃盗犯人が窃取した財物を自ら処分したような場合、更に処罰されることはない（不可罰的事後行為）。

＊本犯の教唆犯・幇助犯が盗品等に関する罪に当たる行為をすれば、本犯の教唆罪・幇助罪と盗品等に関する罪が成立して併合罪となる。盗品等に関する罪の違法性が教唆行為などによって評価しつくされているとはいいがたいからである。

＊併合罪とされた事例
○窃盗教唆罪とぞう物寄蔵罪（盗品等保管罪）（大判大4.4.29刑録21・438）
○窃盗教唆罪とぞう物牙保罪（盗品等処分あっせん罪）（最判昭24.7.30刑集3・8・1418）
○強盗幇助罪とぞう物故買罪（盗品等有償譲受け罪）（最判昭24.10.1刑集3・10・1629）
○窃盗教唆罪とぞう物故買罪（盗品等有償譲受け罪）（最判昭25.11.10裁判集35・461）
○窃盗幇助罪とぞう物寄蔵罪（盗品等保管罪）（最判昭28.3.6裁判集75・435）

＊盗品等であることを知りながらこれを賄賂として収受した場合、収賄罪と
盗品等無償譲受け罪が成立して観念的競合の関係に立つ（最判昭23.3.16
刑集2・3・232）。

＊盗品等であることを知りながらこれを所持する者を恐喝して交付を受けた
場合、恐喝罪と盗品等無償譲受け罪が成立して観念的競合の関係に立つ。

親族等の間の犯罪に関する特例（257条）

＊盗品等に関する罪の犯人が、本犯者との間に所定の親族関係を有する場合、
刑が免除される（なお、本条の「親族」の範囲は、親族間の犯罪に関する
特例により刑の免除が認められる場合（244条１項）よりも広い。123頁参
照）。

＊盗品等に関する罪の犯人相互に親族関係があっても（例えば、夫が譲り受
けた盗品等を妻に譲り渡す場合）、本特例は適用されない（最決昭38.11.8
刑集17・11・2357）。同条の「親族との間で前条の罪を犯した者」とは、親
族関係のある本犯者との間で盗品等に関する罪を犯す行為を類型的に予定
している。

＊本犯の共犯者の中に、盗品等に関する罪の犯人と親族関係に立つ者がいた
としても、その者が盗品等に関する罪に関与していない場合には、本特例
は適用されない。

── 第2　盗品等有償譲受け罪（256条 2項）

第256条

1　〔略〕

2　前項に規定する物を運搬し、保管し、若しくは有償で譲り受け、又はその有償の処分のあっせんをした者は、10年以下の懲役及び50万円以下の罰金に処する。

成立要件

① 本犯以外の者（主体）

② 盗品その他財産に対する罪に当たる行為によって領得された物（客体）

③ 運搬すること・保管すること・有償で譲り受けること・有償処分のあっせんをすること（行為）

④ 故意

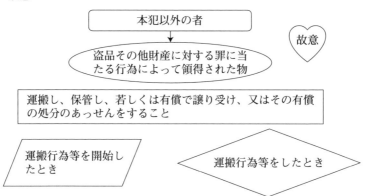

前項に規定する物

＊その意味については、盗品等無償譲受け罪（256条1項・198頁）参照。

＊不動産については、盗品等に当たるとする通説を前提としても、それ自体について運搬罪が成立する余地はない。

運　搬

＊盗品等の所在を移動させることである。有償・無償を問わない。

＊被害者の盗品等に対する追求・回復に影響を及ぼすものであること、実際

に運搬行為が行われたことを要する。

＊被害者の家に運ぶ場合でも、盗品等と認識しつつ本犯者の利益のためにな
したときは、本罪に該当しうる。

> （主要判例等）　盗品等を本犯の被害者宅に運ぶ場合でも、それが被害者のた
> めでなく、本犯者の利益のために、盗品等の返還を条件に被害者から金員を
> 得ようとしたものであるときは、盗品等運搬罪が成立する（最決昭27.7.10
> 刑集6・7・876）。

＊運搬の場合も、下記の保管と同様に、本犯者からの直接の依頼でなくても
　成立する。

＊本犯者と共同して盗品等を運搬した場合、本罪は本犯者には成立しないが、
　本犯者でない者には成立する。この場合、本犯者の運んだ分を含めて、全
　部の盗品等につき本罪の責を負う。

＊他人の罪証を隠滅するため盗品等を運搬した場合は、証拠隠滅罪と盗品等
　運搬罪が成立して観念的競合の関係に立つ。

保　管

＊委託を受けて本犯者のために盗品等の占有を得て管理することである。貸
　金の担保として受領する場合などもこれに当たる。

＊必ずしも本犯者が委託者でなくてもよい。

＊契約が成立しただけでは足りない。盗品等を受け取ることが必要である。

＊保管においても、有償であると無償であるとを問わない（大判大3.3.23刑
　録20・326）。

擬▶　預かった物が盗品等だと後に知ったものの、そのまま預かり続けた場合、
　法律上返還を拒否できる場合や返還が不可能な場合を除き、知情以後は本
　条の保管に当たる。本罪は継続犯（一定の法益侵害の状態が継続する間、
　その犯罪が継続していると認められる犯罪類型）であり、実質的にも盗品
　等であると知って預かり続けた以上は当罰性が認められる。

> （主要判例等）　盗品等であることを知らずに物品の保管を開始した者が、そ
> の後、盗品等であることを知るに至ったのに、なおも本犯者のためにその保管
> を継続したときは、盗品等保管罪が成立する（最決昭50.6.12刑集29・6・365）。

* 有償譲受けは、対価を伴う処分権の取得をいう。売買に限らず、交換・債務の弁済・利息つき消費貸借等を含む。本犯者から直接取得した場合のほか、転売によって取得した場合も含む。
* 契約が成立しただけでは足りない。盗品等を受け取ることが必要である。代金は未払いでもよい。
* 数量や価格について具体的な交渉がされていなくても、物の買受けを承諾して引渡しを受けた以上は、本罪が成立する。
* 財物の引渡し後に盗品等であると認識した場合は、本罪は成立しえない（保管罪の場合と異なる。）。

擬▶ 盗品等であることを知って有償取得した場合でも、被害者のためにこれをしたときは、本罪に当たらない。

* 本罪の故意としては、買い受ける物が盗品等かもしれないと思いながら、あえてこれを買い受ける意思があれば足りる（最判昭23.3.16刑集2・3・227）。
* 情を知ってぞう物を買い受けた以上、ぞう物故買罪（盗品等有償譲受け罪）は成立し、その後に被害者の承諾を得ても、被告人の罪責に消長を来さない（大判大14.2.24刑集4・86）。

* 有償の法律上の処分（売買・交換・質入れなど）を仲介・周旋する行為である。
* あっせん行為自体は、有償・無償を問わない。本犯者の名義でするか行為者の名義でするかを問わない。
* 処分は、依頼者名義（その代理人名義）か自己名義によるかを問わない。
* 直接相手方と交渉しなくても、他人に依頼して交渉させ、盗品等の売買の仲介をしたような場合も含む。
* 本罪が成立するためには、あっせん行為時に盗品等が存在していたことが必要である。窃盗の決意をした者の依頼に応じて、同人が将来窃取すべき物の売却を周旋しても、本罪は成立しない（窃盗幇助罪が成立しうる。）（最決昭35.12.13刑集14・13・1929）。
* あっせん行為がされれば足り、現に売買等が成立する必要はない。

擬▶ 本犯の被害者を処分の相手方とする場合であっても、本罪に当たりうる。

主要判例等
① 盗品等の有償の処分あっせんが処罰されるのは、これにより被害者の返還請求権の行使を困難にさせるだけでなく、強盗・窃盗のような犯罪を助

成し誘発させる危険があるからである。したがって、盗品等であるという情を知りながら、その売買の仲介・周旋をすれば、売買が成立しなくても、盗品等処分あっせん罪が成立する（最判昭26.1.30刑集5・1・117）。

② 窃盗等の被害者を処分の相手方とする場合であっても、被害者による盗品等の正常な回復を困難にするばかりでなく、窃盗等の犯罪を助長し誘発するおそれがある以上、盗品等処分あっせん罪に当たる（最決平14.7.1刑集56・6・265）。

親族等の間の犯罪に関する特例（257条）

＊その意味については、盗品等無償譲受け罪（256条1項・202頁）参照。

第3 親族等の間の犯罪に関する特例（257条）

第257条 配偶者との間又は直系血族、同居の親族若しくはこれらの者の配偶者との間で前条の罪を犯した者は、その刑を免除する。

2 前項の規定は、親族でない共犯については、適用しない。

＊202頁参照。

⑤ 毀棄及び隠匿の罪

CHECK 　毀棄及び隠匿の罪は、財産的価値を消滅させその利用を妨げる犯罪である。領得罪には不法領得の意思が要求されるから、他人の物を奪っても、専ら毀棄・隠匿する意思だった場合には、窃盗罪ではなく、本罪が成立する。

第1　公用文書等毀棄罪（258条）

第258条　公務所の用に供する文書又は電磁的記録を毀棄した者は、3月以上7年以下の懲役に処する。

第2　私用文書等毀棄罪（259条）

第259条　権利又は義務に関する他人の文書又は電磁的記録を毀棄した者は、5年以下の懲役に処する。

第3　建造物等損壊罪（260条前段）

第260条　他人の建造物又は艦船を損壊した者は、5年以下の懲役に処する。よって人を死傷させた者は、傷害の罪と比較して、重い刑により処断する。

成立要件
① 犯人（主体）
② 他人の建造物・艦船（客体）
③ 損壊すること（行為）
④ 客体の効用が滅失・減損したこと（結果）
⑤ 故意

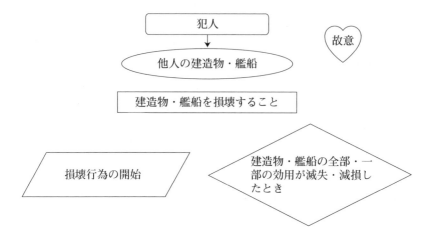

他　人

*他人所有の建造物という意味である。ただし、自己所有でも、差押えを受け、物権を負担し、賃貸したものは、本罪の客体となる（262条）。

*他人所有であるか否かは、基本的に、民事法によって決せられる。ただし、将来、民事訴訟等において否定される可能性のないことまでは必要とされない。

> **主要判例等**　本条にいう「他人の」建造物というためには、他人の所有権が、将来、民事訴訟等において否定される可能性がないということまでは要しない。したがって、根抵当権の実行により他人に競落され移転登記を経た建物を、旧所有者が損壊した場合は、たとえ根抵当権の設定が詐欺に基づく可能性があり、かつ、損壊以前に取消しの意思表示がなされていたとしても、本罪に当たる（最決昭61.7.18刑集40・5・438）。

建造物

*壁又は柱で支えられた屋根を持つ工作物であって、土地に定着し、少なくとも人がその内部に出入りできるものである。

*単に棟上げを終えただけで、屋蓋・周壁等を有するに至らないものは含まれない。

*損壊しなければ取り外すことができないものは建造物に含まれる。例えば、天井板・敷居・鴨居・屋根瓦・ビルのアルミサッシにはめ殺しにされた壁面ガラスなどである。

＊建造物に取り付けられた物が建造物損壊罪の客体に当たるか否かは、当該物と建造物との接合の程度のほか、当該物の建造物における機能上の重要性をも総合考慮して決すべきであり、住居の玄関ドアとして、外壁と接続し、外界とのしゃ断、防犯、防風、防音等の重要な役割を果たしている物は、適切な工具を使用すれば損壊せずに取り外しが可能であるとしても、建造物損壊罪の客体に当たる（最決平19.3.20刑集61・2・66）。

艦 船

＊「艦船」といえるためには航行能力を必要とし、廃船、解体中のものは艦船ではない。126条と異なり、汽車又は電車は含まない。

損 壊

＊その物の効用を害する行為である。

＊物理的な損壊を生じさせる場合、建造物の一部を損壊すれば足りる。必ずしも主要な構成部分を損壊することまでは要しない。

擬▶ 物理的な損壊を伴わない場合、効用のすべてを滅失・減損させなくても、損壊に当たる。

＊原状回復の難易も損壊の成否を決する要素となりうる。例えば、物理的な損壊を伴わず、原状回復も容易な場合には、効用が害されていないと認められることがある（ただし、原状回復の難易自体は、侵害された状態をどの程度回復できるかという行為後の事情であるから、あくまでも効用侵害を認定する１つの間接事実である。）。

主要判例等

① 家屋を地上から持ち上げて約20メートル移動させた場合、本罪に当たる（大判昭5.11.27刑集9・810）。

② 建物の壁・窓ガラス戸・ガラス扉・シャッター等に１回に400枚ないし2,500枚のビラを３回にわたって糊で貼り付けた行為は、その効用を減損するものであるから、建造物の損壊に当たる（最決昭41.6.10刑集20・5・374）。

③ 会社建物内の壁などに約50枚、窓ガラス・入口引戸などに約30枚のビラを糊で貼り付ける行為は、建造物損壊罪に当たる（最決昭43.1.18刑集22・1・32）。

④ 区立公園内の公衆便所の外壁に、スプレー式のペンキで「反戦」などと落書きをしたという行為は、建物の外観ないし美観を著しく汚損し、原状回復に相当の困難を生じさせたものであって、その効用を減損させたものというべきであるから、260条前段にいう「損壊」に当たる（最決平18.1.

第4　建造物等損壊致死傷罪（260条後段）

第260条　他人の建造物又は艦船を損壊した者は、5年以下の懲役に処する。よって人を死傷させた者は、傷害の罪と比較して、重い刑により処断する。

第5　器物損壊等罪（261条）

第261条　前3条に規定するもののほか、他人の物を損壊し、又は傷害した者は、3年以下の懲役又は30万円以下の罰金若しくは科料に処する。

成立要件
① 犯人（主体）
② 公用文書・電磁的記録、私用文書・電磁的記録、建造物・艦船以外の他人の物（客体）
③ 損壊すること・傷害すること（行為）
④ 客体の効用が滅失・減損したこと（結果）
⑤ 故意

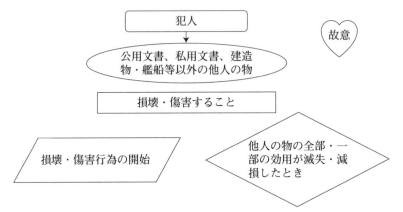

＊公用文書等毀棄罪・私用文書等毀棄罪・建造物等損壊罪に該当するときは、本罪は成立しない。本条はそれらの罪の補充的規定である。

他 人

＊私人でなくてもよい。

＊共有物は相互に「他人の」物である。

＊無主物は他人の物に当たらない。

＊自己の物でも、差押えを受け、物権を負担し、賃貸したものであるときは、本罪の客体となる（262条）。

物

＊財産権の目的となる一切の物件である。

＊258条～260条に規定するものは除かれる。したがって、258条・259条の定める文書等を除く物、建造物を除く土地その他の不動産、艦船を除く自動車その他の乗物、動物・植物などが、本罪の客体に含まれる。

擬▶ 信書は263条の客体となるが、意思伝達機能を果たし終えたものは本罪の「物」に当たる。

＊行為者の物に他人が付着させた物については、それに独自の価値が認められる場合や、民法による不動産への付合が成立しない場合に、これを損壊すれば、本罪が成立する。例えば、使用収益権を有する者が水田に植え付けた稲苗を、水田の登記簿上の所有者が毀棄した事例につき、本罪の成立が認められている。

擬▶ 違法な物も客体となりうる。例えば、電気施設工事が違法なものであっても、その施設に属する物を壊す行為は、本罪に当たる。また、ポスターの掲示が公職選挙法違反であっても、その肖像写真や氏名の部分に「殺人者」と印刷されたシールを貼り付ける行為は、本罪に当たる。

損 壊

擬▶ その意味については、建造物等損壊罪（260条・209頁）参照。例えば、㋐食器に放尿する行為、㋑海老と鯛を描いた掛軸に「不吉」と墨で大書する行為、㋒盗難・火災予防のため埋設されたガソリン入りドラム缶を発掘する行為、㋓ビラ約60枚を窓ガラスに糊で貼り付ける行為などが、これに当たる。

① 高校の校庭に「アパート建築現場」と書いた立札を掲げ、幅11メートル・長さ36メートルの範囲で2か所に杭を打ち込み、板付けをして、保健体育の授業などに支障を生じさせたときは、器物損壊罪に当たる（最決昭35.12.27刑集14・14・2229）。
② 会社に掲げてあった組合の看板を取り外して約140メートル離れた場所に投げ捨てた行為及び会社の事務室に置いてあった荷物から荷札を剥ぎ取って持ち去った行為は、いずれも器物損壊罪に当たる（最判昭32.4.4刑集11・4・1327）。
③ コンピュータウイルスファイルをファイル共有ソフトのネットワーク上に公開し、同ソフト利用者のパソコンでウイルスファイルを受信、実行させたことにより、パソコンに記録されているファイルを使用不能にさせることは、パソコン内蔵のハードディスクの効用を害する行為であり、器物損壊罪に該当する（東京高判平24.3.26東高時報63・1〜12・42）。

傷　害

＊動物を客体とする場合である。その意味は「損壊」と同様である。動物の肉体・健康を害する場合のほか、死亡させる場合も含まれる。

＊飼養されている動物を失わせたり隠匿したりする場合も含む。例えば、養魚池の水門を開いて鯉を流出させる行為なども「傷害」である。

故　意

＊客体が他人に属すること及び当該行為により客体の効用を害することの認識が必要である。

主要判例等　他人所有の犬を撲殺した場合でも、飼犬証票のない犬は無主犬とみなす旨の県飼犬取締規則を誤解し、鑑札をつけていない犬は他人の飼犬であっても直ちに無主犬とみなされるものと信じていたときは、器物損壊罪の故意を欠く（最判昭26.8.17刑集5・9・1789）。

他罪との関係

＊行為態様が損壊行為でも、本罪の保護法益を超える法益の保護を目的とする罪（外国国章損壊、封印破棄、強制執行妨害、消火妨害、死体損壊など）とは、観念的競合となる。

＊個人的財物の損壊もその評価に含めている罪（内乱、建造物等以外放火など）との関係では、器物損壊罪はこれらの罪に吸収される。

＊騒乱罪とは、観念的競合となる。

＊窃盗などの領得罪により取得した財物を損壊しても本罪を構成しない（不可罰的事後行為）。

＊建造物損壊罪が成立すれば、同一の客体について器物損壊罪は成立しない。

＊建造物と器物を同時に損壊すれば、建造物損壊罪と器物損壊罪が成立して観念的競合の関係に立つ。

＊常習又は団体（複数）による器物損壊は、暴力行為等処罰ニ関スル法律違反となる。

第6　自己の物の損壊等（262条）

第262条　自己の物であっても、差押えを受け、物権を負担し、賃貸し、又は配偶者居住権が設定されたものを損壊し、又は傷害したときは、前3条の例による。

第7　境界損壊罪（262条の2）

第262条の2　境界標を損壊し、移動し、若しくは除去し、又はその他の方法により、土地の境界を認識することができないようにした者は、5年以下の懲役又は50万円以下の罰金に処する。

第8　信書隠匿罪（263条）

第263条　他人の信書を隠匿した者は、6月以下の懲役若しくは禁錮又は10万円以下の罰金若しくは科料に処する。

第9　親告罪（264条）

第264条　第259条、第261条及び前条の罪は、告訴がなければ公訴を提起することができない。

第2編

社会公共の法益を侵害する罪

第1章　公衆の安全を害する罪

① 騒乱の罪

第1　騒乱罪（106条） 緊速可 (1号、2号)

第106条　多衆で集合して暴行又は脅迫をした者は、騒乱の罪とし、次の区
別に従って処断する。
 (1)　首謀者は、1年以上10年以下の懲役又は禁錮に処する。
 (2)　他人を指揮し、又は他人に率先して勢いを助けた者は、6月以上7年
　　以下の懲役又は禁錮に処する。
 (3)　付和随行した者は、10万円以下の罰金に処する。

騒　乱

＊交通の要衝である新宿駅とその周辺を占拠しての集団暴力行動は、一地方
　の平穏を害するものとして本罪が成立する（最決昭59.12.21刑集38・12・
　3071）。

第2　多衆不解散罪（107条） 緊速可 (首謀者)

第107条　暴行又は脅迫をするため多衆が集合した場合において、権限のあ
　る公務員から解散の命令を3回以上受けたにもかかわらず、なお解散しな
　かったときは、首謀者は3年以下の懲役又は禁錮に処し、その他の者は10
　万円以下の罰金に処する。

② 放火及び失火の罪

CHECK　放火及び失火の罪は、不特定多数の人の生命・身体・財産に重大な危険を生じさせる公共危険罪であるが、個人の財産権に対する侵害も考慮される。

放火罪の諸類型

罪　　　名	法文上の要件	処罰根拠
現住建造物等放火罪（108条）	現住建造物等又は現在建造物等の焼損	抽象的公共危険の惹起及び抽象的内部危険の惹起
非現住建造物等放火罪（109条1項）	非現住・現在建造物等の焼損	抽象的公共危険の惹起
自己所有非現住建造物等放火罪　（109条2項）	自己所有に係る非現住・現在建造物等の焼損及び公共危険の惹起	具体的公共危険の惹起
建造物等以外放火罪（110条1項）	建造物等以外の物の焼損及び公共危険の惹起	具体的公共危険の惹起
自己所有建造物等以外放火罪　（110条2項）	自己所有に係る建造物等以外の物の焼損及び公共危険の惹起	具体的公共危険の惹起

公共の危険

＊公共の危険とは、不特定又は多数の人の生命、身体、財産に対する危険をいう（最決平15.4.14刑集57・4・445）。

＊公共の危険を要件とする犯罪は、①法文上、具体的な危険の発生が明記されておらず、一般的・抽象的に危険な行為が規定されている抽象的危険犯（108条、109条1項）と②法文上、具体的な危険の発生が要件として規定されている具体的危険犯（109条2項、110条1項、同2項）とがある。

＊公共の危険の発生の認識は不要である（最判昭60.3.28刑集39・2・75）。

第1　現住建造物等放火罪
（108条）

第108条　放火して、現に人が住居に使用し又は現に人がいる建造物、汽車、電車、艦船又は鉱坑を焼損した者は、死刑又は無期若しくは5年以上の懲役に処する。

成立要件

① 犯人（主体）
② 現に人が住居に使用し又は現に人がいる建造物、汽車、電車、艦船又は鉱坑（客体）
③ 放火すること（行為）
④ 焼損に至ったこと（犯罪の成立）
⑤ 故意

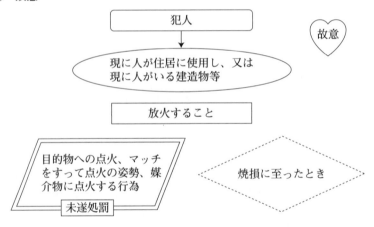

現に人が住居に使用し又は現に人がいる

＊①現に人が住居に使用するもの（現住建造物等）か、②現に人が存在するもの（現在建造物等）をいう。

＊人とは、犯人以外の者をいう（最判昭32.6.21刑集11・6・1700）。

＊住居とは、人の起臥寝食の場所として日常使用しているものをいい、常に人が現在することを要しない（大判大2.12.24刑録19・1517）。

＊現に人の住居として使用されていなければならない。

競売手続の妨害目的で自己の経営する会社の従業員を交替で泊まり込ませていた家屋につき放火を実行する前に従業員らを旅行に連れ出していても、同家屋に日常生活上必要な設備、備品があり、従業員らが犯行前の約1か月半の間に十数回交替で宿泊し、旅行から帰れば再び交替で宿泊するものと認識していたという場合には、その家屋は現住建造物に当たる（最決平9.10.21刑集51・9・755）。

建造物

* 建造物とは、家屋その他これに類似する建築物をいい、屋根があり壁又は柱で支持されて土地に定着し、少なくともその内部に人が出入りすることができるものをいう（大判大3.6.20刑録20・1300）。
* 外観上複数の建造物が接合された複合建造物であっても、物理的・機能的に一体性が認められれば全体として建造物といえる（最決平元.7.14刑集43・7・641）。
* 毀損せずに建造物から取り外すことのできる建具、布団、畳、雨戸などは建造物の一部ではない（最判昭25.12.14刑集4・12・2548）。

想定問答

問　不燃性・難燃性の建造物は放火罪の客体となるか。

答　鉄筋コンクリートなどで作られた不燃性・難燃性の建造物も放火罪の客体となる。もっとも、延焼の可能性がほぼない優れた耐火構造の集合住宅については、区画ごとの独立した建造物と評価される場合もある（仙台地判昭58.3.28刑裁月報15・3・279、福岡地判平14.1.17判タ1097・305）が、耐火構造だけというだけでは、延焼の可能性がないとはいえないし、新建材等の燃焼による有毒ガスの危険性も無視できないことから、全体として1個の建造物として評価されよう（東京高判昭58.6.20刑裁月報15・4=5=6・299）。

　鉄筋コンクリート造の耐火建造物で一つの居室で発生した火災が容易には他の居室へ延焼し難い構造になっているとしても、他の居室に延焼する可能性があったこと、発生した火災により生じた一酸化炭素等の有毒ガスが、他の居室に入り込んでそこにいる人に危険を及ぼす可能性もあったことから、本件建物は、物理的にも機能的にも全体として一個の建造物に当たると認められる（東京地判平16.4.20判時1877・154）。

汽車、電車

＊汽車とは、蒸気機関を動力として一定の軌道上を運行する交通機関をいう。

＊電車は、電気を動力として一定の軌道上を運行する交通機関をいう。

艦　船

＊護衛艦及び船舶をいう。

鉱　坑

＊鉱坑は、鉱物を採取するために設けられた坑道その他の地下設備をいう。

放火すること

＊目的物の焼損を生じさせる行為をいう。

擬▶ 建造物占有者・所有者等の消火義務（作為義務）のある者が、既発の火力を利用する意思で、消火が容易であるにもかかわらず（作為容易性）敢えて放置した場合には、不作為による放火となる（不真正不作為犯）。

＊残業職員が自己の過失により木机等の燃焼し始めていることを発見し、自身で、又は宿直員を呼び起こして協力を求めることにより容易に消火できる状態にありながら、何らの処置もせずに逃走した場合、現住建造物放火罪となる（最判昭33.9.9刑集12・13・2882）。

焼損したこと

＊焼損とは、目的物自体が媒介物とは独立して燃焼を継続する状態になったことをいう（大判大7.3.15刑録24・219）。

主要判例等

① 住宅の天井板約一尺四方のみを燃焼させた場合（最判昭23.11.2刑集2・12・1443）、床板一尺四方及び押入床板とその上段各三尺四方を焼いた場合（最判昭25.5.25刑集4・5・854）にも放火罪を認め得る。

② 鉄筋コンクリート建物内のエレベーター内において火を放ち、表面を燃焼させた行為も本罪に当たる（最決平元.7.7判時1326・157）。

故　意

＊①自己の行為によって目的物の独立燃焼が惹起されること、②目的物が現に人が住居に使用し又は現に人がいるものであることの認識が必要である。

＊公共の危険発生についての認識は不要である（大判昭6.7.2刑集10・303、最判昭60.3.28刑集39・2・75）。

＊目的物近くで点火の姿勢をとった場合、媒介物に点火した場合等には、たとえ目的物に達する前に鎮火したとしても、放火罪の未遂となる（大判大3.10.2刑録20・1789、大判大3.10.13刑録20・1848）。

＊点火しなくても、ガソリンなどの引火性の強い物質を放出や散布した段階で未遂罪が成立する（横浜地判昭58.7.20判時1108・138）。

＊放火罪は、公共危険犯であり、複数の放火行為や複数の建造物等が焼損しても、生じた公共危険が１つであれば、１個の放火罪が成立する。

＊住居侵入罪（130条前段）と本罪とは、通常目的・手段の関係にあり牽連犯（54条１項後段）となる。

＊火災保険金詐取目的の放火と詐欺罪（246条１項）とは、通常目的・手段の関係にあるとはいえず、牽連犯ではなく併合罪である（45条）。

＊殺人の犯跡隠蔽目的で放火する場合等、１個の行為で複数の罪を犯しているので、死体損壊罪（190条）と観念的競合（54条１項前段）となる。

＊放火による殺人罪（199条）は、１個の行為で複数異なる法益を侵害するので、観念的競合（54条１項前段）であるとする見解が支配的である。

＊108条又は109条１項の客体を焼損する目的で、110条の物を焼損させた場合には、112条の罪（未遂罪）のみが成立する。

第2　非現住建造物等放火罪

緊速可

（109条）

第109条　放火して、現に人が住居に使用せず、かつ、現に人がいない建造物、艦船又は鉱坑を焼損した者は、２年以上の有期懲役に処する。

2　前項の物が自己の所有に係るときは、６月以上７年以下の懲役に処する。ただし、公共の危険を生じなかったときは、罰しない。

① 犯人（主体）

② 現に人が住居に使用せず、かつ、現に人がいない建造物、艦船又は鉱坑（客体）

③ 　放火すること（行為）
④ 　焼損に至ったこと（1 項）、焼損して公共の危険が生じたこと（2 項）
⑤ 　故意

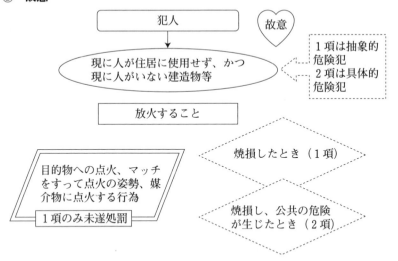

> ### 現に人が住居に使用せず、かつ、現に人がいない

＊「現に人が住居に使用せず、かつ、現に人がいない」とは、犯人以外の者
　が住居に使用しておらず、かつ、犯人以外の者が現在しないことをいう。

＊非現住建造物の典型例は、物置小屋や倉庫などである。

擬▶ 109条は、目的物が①他人所有の場合（1 項）と②自己所有の場合（2
　項）に区別される。②は他人の所有権侵害がない場合であり、建造物等が
　共犯者に属する場合、建造物等の所有者が焼損について同意している場合、
　建造物等が無主物の場合が含まれる。

> ### 建造物、艦船又は鉱坑

＊建造物、艦船又は鉱坑の意味については、現住建造物等放火罪（108条・
　219〜220頁）参照。

＊本条は、建造物、艦船又は鉱坑に限られるので、汽車、電車を焼損した場
　合は110条が適用される。

> ### 放火すること

＊その意味については、現住建造物等放火罪（108条・220頁）参照。

＊その意味については、現住建造物等放火罪（108条・220頁）参照。

第3　建造物等以外放火罪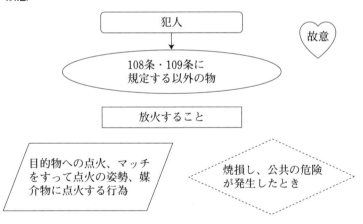
（110条）

緊逮可
（1項）

第110条　放火して、前2条に規定する物以外の物を焼損し、よって公共の
　　危険を生じさせた者は、1年以上10年以下の懲役に処する。
2　前項の物が自己の所有に係るときは、1年以下の懲役又は10万円以下の
　　罰金に処する。

成立要件

① 犯人（主体）
② 108条・109条に規定する以外の物（客体）
③ 放火すること（行為）
④ 焼損し、公共の危険が生じたこと（犯罪の成立）
⑤ 故意

犯人

故意

108条・109条に
規定する以外の物

放火すること

目的物への点火、マッチ
をすって点火の姿勢、媒
介物に点火する行為

焼損し、公共の危険
が発生したとき

建造物等以外の物

＊108条・109条に規定する物以外の物をいう。
＊110条は、公共の危険の発生が要件とされるので、それ自体を焼損するこ
　とに意味のある物をいい、マッチ棒やごく少量の紙片のように、他の物体

に対する点火の媒介物として用いられていて、それ自体の焼損によっては公共の危険の発生が予想されないような物は含まない（東京地判昭40.8.31判タ181・194）。

擬▶ 110条は、目的物が①他人所有の場合（1項）と②自己所有の場合（2項）に区別され、109条2項と同様に、建造物等以外の物が共犯者に属する場合、建造物等以外の物の所有者が焼損について同意している場合、建造物等以外の物が無主物の場合（東京高判昭61.11.6東高時報37・11=12・76）について110条2項が適用される。

放　火

＊その意味については、現住建造物等放火罪（108条・220頁）参照。

＊社会通念上、喫煙行為やたき火は「放火」とは解されない。

焼損したこと

＊その意味については、現住建造物等放火罪（108条・220頁）参照。

他罪との関係

＊109条1項所定の客体と110条所定の客体とを焼損した場合には、109条1項の罪のみが成立する。

＊建造物侵入罪（130条前段）と本罪とは牽連犯となる。

＊110条1項に当たる物を焼損したが、公共の危険を生じなかった場合においては、261条所定の器物損壊罪が成立するものと解すべきである（東京高判昭58.10.19高刑集36・3・279）。

第4　建造物等延焼罪（111条）

第111条　第109条第2項又は前条第2項の罪を犯し、よって第108条又は第109条第1項に規定する物に延焼させたときは、3月以上10年以下の懲役に処する。

2　前条第2項の罪を犯し、よって同条第1項に規定する物に延焼させたときは、3年以下の懲役に処する。

第5　未遂罪（112条）

第112条　第108条及び第109条第1項の罪の未遂は、罰する。

第6　放火予備罪（113条）

第113条　第108条又は第109条第1項の罪を犯す目的で、その予備をした者は、2年以下の懲役に処する。ただし、情状により、その刑を免除することができる。

第7　消火妨害罪（114条）

第114条　火災の際に、消火用の物を隠匿し、若しくは損壊し、又はその他の方法により、消火を妨害した者は、1年以上10年以下の懲役に処する。

第8　差押え等に係る自己の物に関する特例（115条）

第115条　第109条第1項及び第110条第1項に規定する物が自己の所有に係るものであっても、差押えを受け、物権を負担し、賃貸し、配偶者居住権が設定され、又は保険に付したものである場合において、これを焼損したときは、他人の物を焼損した者の例による。

第9　建造物等失火罪（116条）

第116条　失火により、第108条に規定する物又は他人の所有に係る第109条に規定する物を焼損した者は、50万円以下の罰金に処する。
2　失火により、第109条に規定する物であって自己の所有に係るもの又は第110条に規定する物を焼損し、よって公共の危険を生じさせた者も、前項と同様とする。

第10　激発物破裂罪（117条）

第117条　火薬、ボイラーその他の激発すべき物を破裂させて、第108条に規定する物又は他人の所有に係る第109条に規定する物を損壊した者は、放火の例による。第109条に規定する物であって自己の所有に係るもの又は第110条に規定する物を損壊し、よって公共の危険を生じさせた者も、同様とする。
2　前項の行為が過失によるときは、失火の例による。

── 第11　業務上失火等罪（117条の2）

第117条の2　第116条又は前条第1項の行為が業務上必要な注意を怠ったことによるとき、又は重大な過失によるときは、3年以下の禁錮又は150万円以下の罰金に処する。

成立要件

① 犯人（主体）

② 108条・他人の所有に係る109条に規定する物（客体）

③ 109条に規定する物であって自己の所有に係るもの又は110条に規定する物（客体）

④ 失火により焼損すること又は激発物を破裂させて損壊すること（行為）

⑤ ②について焼損を生じたこと、③について焼損・損壊を生じ、公共の危険を生じたこと（犯罪の成立）

⑥ 業務上必要な注意を怠った又は重大な過失（過失）

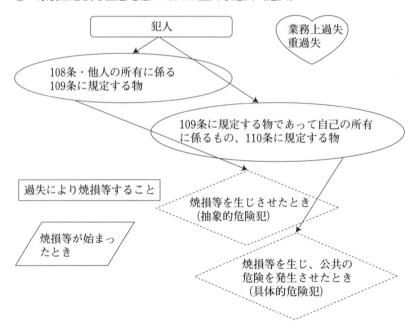

業務上の過失

＊本罪における業務とは、職務上、火気の安全に配慮すべき地位を指す。

> (主要判例等) 誤ってガソリンを灯油として販売した石油販売業者（東京高判昭39.11.25高刑集17・8・729）、ディーゼル自動車を運転中に部品の燻焼を感じながら運転を継続して火災を発生させた運転者（最決昭46.12.20刑集25・9・1086）、従業員更衣室におけるアイロンの過熱による火災に際して巡回を懈怠して見過ごした夜警代行者（最判昭33.7.25刑集12・12・2746）には業務上失火罪が成立する。

重過失

＊発火した際に重大な危険を招く蓋然性が大であるか、又は発火した際に公共の危険が生ずべき物件に延焼する蓋然性が大であって、特に慎重な態度をとることが要請される事情があるのに、必要な慎重さを欠いた場合を指す。

> (主要判例等) 盛夏にガソリン給油場内でガソリン缶から一尺五寸ないし二尺の箇所でライターを使用した者（最判昭23.6.8裁判集2・329）には重過失失火が成立する。

過失の共同正犯

＊共同の注意義務に共同して違反して法益侵害の現実的危険性を有する行為（過失行為）をしたと認められる場合に、過失の共同正犯が認められる。

＊判例において、結論的に過失の共同正犯を肯定したものがあった（最判昭28.1.23刑集7・1・30）。

擬▶ 各自の過失と結果との個々の因果関係が明らかにできないときには過失犯の成立を認めることはできないが、複数人に過失が認められるときに、それぞれの過失と結果との因果関係の立証を省略できる点で、過失の共同正犯は、実務上実益がある。

> (主要判例等) 溶接工である被告人両名が、建物増築現場で電気溶接機を用いて鋼材の溶接作業を行うに当たり、共に、溶接に際して発生する輻射熱又は火花（スパッタ）が溶接箇所周辺にある可燃物に達しないようにあらかじめ遮へい措置を講ずべき業務上の注意義務があるのに、これを怠り作業をし

たため火を失して建物を焼損した場合に、その作業が同一機会に同一場所で特定の鋼材を溶接するという1つの目的に向けられたものであり、被告人両名が、その作業をほぼ対等の立場で交互に交替して行い、かつ、あらかじめ遮へい措置を講じないで作業をしても大丈夫であるということについて相互に意思の連絡があるなどの事情があるときは、業務上失火について、被告人両名による過失の共同正犯が成立する（名古屋高判昭61.9.30高刑集39・4・371）。

他罪との関係

＊失火行為が業務上の過失に当たり、人を死傷させた場合、本罪と業務上過失致死傷罪とは観念的競合となる（最決平12.12.20刑集54・9・1095）。

第12　ガス漏出等罪・同致死傷罪（118条）

第118条　ガス、電気又は蒸気を漏出させ、流出させ、又は遮断し、よって人の生命、身体又は財産に危険を生じさせた者は、3年以下の懲役又は10万円以下の罰金に処する。

2　ガス、電気又は蒸気を漏出させ、流出させ、又は遮断し、よって人を死傷させた者は、傷害の罪と比較して、重い刑により処断する。

③ 出水及び水利に関する罪

第1 現住建造物等浸害罪 (119条)

第119条 出水させて、現に人が住居に使用し又は現に人がいる建造物、汽車、電車又は鉱坑を浸害した者は、死刑又は無期若しくは3年以上の懲役に処する。

第2 非現住建造物等浸害罪 (120条)

第120条 出水させて、前条に規定する物以外の物を浸害し、よって公共の危険を生じさせた者は、1年以上10年以下の懲役に処する。
2 浸害した物が自己の所有に係るときは、その物が差押えを受け、物権を負担し、賃貸し、配偶者居住権が設定され、又は保険に付したものである場合に限り、前項の例による。

第3 水防妨害罪 (121条)

第121条 水害の際に、水防用の物を隠匿し、若しくは損壊し、又はその他の方法により、水防を妨害した者は、1年以上10年以下の懲役に処する。

第4 過失建造物等浸害罪 (122条)

第122条 過失により出水させて、第119条に規定する物を浸害した者又は第120条に規定する物を浸害し、よって公共の危険を生じさせた者は、20万円以下の罰金に処する。

第5 水利妨害罪・出水危険罪 (123条)

第123条 堤防を決壊させ、水門を破壊し、その他水利の妨害となるべき行為又は出水させるべき行為をした者は、2年以下の懲役若しくは禁錮又は20万円以下の罰金に処する。

④ 往来を妨害する罪

CHECK　往来を妨害する罪は、不特定又は多数の人が利用する交通機関・交通施設に攻撃を加えて交通を妨害することを内容とする。その保護法益は、公衆の交通の安全である。

─ 第1　往来妨害罪（124条1項）─

第124条　陸路、水路又は橋を損壊し、又は閉塞して往来の妨害を生じさせた者は、2年以下の懲役又は20万円以下の罰金に処する。

2　〔略〕

成立要件

① 犯人（主体）
② 陸路・水路・橋（客体）
③ 損壊すること・閉塞すること（行為）
④ 往来の妨害が生じたこと（結果）
⑤ 故意

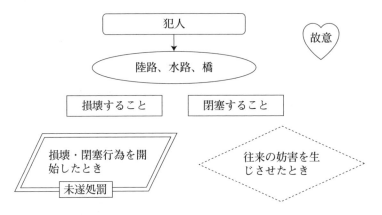

陸　路

＊公衆の通行の用に供される陸上の通路である。

＊道路法で定められている必要はなく、事実上、人・車馬の通行の用に供されている道であればよい。

水　路

＊艦船・船・筏の運航の用に供されている河川・運河・港口等である。

＊一般公衆の通行の用に供されているものに限られる。

橋

＊河川湖沼等の上に架けられているもののほか、陸橋・桟橋を含む。

＊一般公衆の通行の用に供されているものに限られる。

＊専ら汽車・電車の運行のために架設されたものは「鉄道」に当たるので本条には含まれない。

損　壊

＊物質的に破壊して、その効用を害することである。例えば、道路に大穴を開けること、橋桁・堤防を破壊することなどである。

閉　塞

＊障害物を置いて遮断することである。

擬▶　「損壊」と同視しうる程度に遮断することが必要である。例えば、道路上にバリケードを築いて通行できなくすること、港の入口を土嚢で封鎖することなどである。

> **主要判例等**　幅員約5.9メートルの県道上の側端から中央部分にかけて長さ約4.26メートルの普通乗用自動車をやや斜め横向きに置き、ガソリンを振りまいた上で炎上させ、車両の燃料に引火して爆発するおそれを生じさせたという事案において、障害物が道路を部分的に遮断するにすぎない場合でも、その通路の効用を阻害して往来の危険を生じさせるものであるときは、「閉塞」に当たる（最決昭59.4.12刑集38・6・2107）。

往来の妨害

＊人や車馬が通路を往来することを不可能又は困難にさせる状態を作り出すことである。

＊現に往来を妨害されたことを要しない。

着手時期

＊陸路・水路・橋の損壊・閉塞行為に着手したときに認められる。

＊往来の妨害に至ったときである。

第2　往来妨害致死傷罪（124条2項）

第124条

1　〔略〕

2　前項の罪を犯し、よって人を死傷させた者は、傷害の罪と比較して、重い刑により処断する。

第3　電汽車往来危険罪（125条1項）

第125条　鉄道若しくはその標識を損壊し、又はその他の方法により、汽車又は電車の往来の危険を生じさせた者は、2年以上の有期懲役に処する。

2　〔略〕

成立要件

① 犯人（主体）

② 汽車・電車（客体）

③ 鉄道若しくはその標識を損壊すること・その他の方法によること（行為）

④ 往来の危険が生じたこと（結果）

⑤ 故意

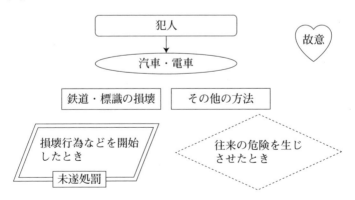

232　第1章　公衆の安全を害する罪

鉄　道

＊狭い意味での鉄道（鉄道営業法）だけでなく、軌道（軌道法）も含む。

＊レールだけでなく、構造上これと密接不可分の関係において汽車・電車の運行に直接必要な施設をすべて含む。例えば、枕木・犬釘・つぎ目板のほか、鉄橋・トンネルも「鉄道」に当たる。

標　識

＊汽車・電車の運行に必要な信号機その他の目標である。

損　壊

＊物質的に破壊して、その効用を害することである。

その他の方法

＊損壊以外で、汽車・電車の往来の危険を生じさせるものである限り、その手段を問わない。例えば、レール上に石や自転車などの障害物を置くこと、車両に工作を施すことなどである。

汽　車

＊蒸気機関車によって列車を牽引し、線路上を走行する交通機関である。

＊ガソリンカーを含む。

電　車

＊電力によって軌道上を走行する交通機関である。

＊ケーブルカー・モノレールを含む。

＊ロープウェー・トロリーバスは含まない（軌道上を走行しないため）。

往来の危険

＊往来の安全を害するおそれのある状態である。

＊汽車・電車の脱線・転覆・衝突・破壊などを生ずるおそれのある状態を発生させることが、これに当たる。

想定問答

問　「往来の危険」はどのように判断すればよいか。

答　具体的状況から判断して、実害が発生するおそれのある状態が生じたことを要すると解される。実害が現実に発生したことは要しないが、単に交

4　往来を妨害する罪（電汽車往来危険罪）　**233**

通の妨害を生じさせた程度では足りないと解されている。例えば、線路沿いの土地を掘削し、土砂が崩壊するなどしたことにより、電車の脱線などの実害の発生する可能性が生じた場合、往来の危険が発生したと認められる。

故 意
＊実害発生のおそれのある状態が生じることの認識で足りる。実害そのものについての認識・予見は必要ではない。

着手時期
＊汽車・電車の往来の具体的危険を生じさせるに足る行為に着手したときに認められる。

成立時期
＊汽車・電車の往来の具体的危険が生じたときである。

擬▶ 線路上に置き石をした場合は既遂となる。汽車・電車が通過する前に除去したときや、石が列車によってはね飛ばされて実害が生じなかったときでも、未遂ではない。

第4 艦船往来危険罪（125条2項）

第125条

1 〔略〕

2 灯台若しくは浮標を損壊し、又はその他の方法により、艦船の往来の危険を生じさせた者も、前項と同様とする。

第5 電汽車転覆罪・同致死罪（126条）

第126条 現に人がいる汽車又は電車を転覆させ、又は破壊した者は、無期又は3年以上の懲役に処する。

2 現に人がいる艦船を転覆させ、沈没させ、又は破壊した者も、前項と同様とする。

3 前2項の罪を犯し、よって人を死亡させた者は、死刑又は無期懲役に処する。

第6 電汽車往来危険転覆等罪（127条）

第127条 第125条の罪を犯し、よって汽車若しくは電車を転覆させ、若しくは破壊し、又は艦船を転覆させ、沈没させ、若しくは破壊した者も、前条の例による。

第7 未遂罪（128条）

第128条 第124条第1項、第125条並びに第126条第1項及び第2項の罪の未遂は、罰する。

── 第8　過失往来危険罪（129条1項）──

第129条　過失により、汽車、電車若しくは艦船の往来の危険を生じさせ、又は汽車若しくは電車を転覆させ、若しくは破壊し、若しくは艦船を転覆させ、沈没させ、若しくは破壊した者は、30万円以下の罰金に処する。

2　〔略〕

成立要件

① 犯人（主体）
② 汽車・電車・艦船（客体）
③ 往来の危険を生じさせること（行為）（前段）
④ 汽車・電車の転覆・破壊、艦船の転覆・沈没・破壊を生じさせること（行為）（後段）
⑤ 往来の危険が生じたこと（結果）（前段）
⑥ 汽車・電車の転覆・破壊、艦船の転覆・沈没・破壊が生じたこと（結果）（後段）
⑦ 過失

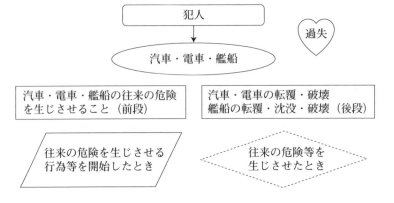

主 体

＊電車等の運行に携わらない者でも、本罪の主体たりうる（自動車で踏切を通過する者など）。

往来の危険

＊その意味については、電汽車往来危険罪（125条1項・233頁）参照。
＊電汽車を脱線に遭遇させるおそれのある状態を生じさせることも往来の危

険に含まれる（大判大15.2.17刑集5・41）。
* 独立に航行しえない被曳船を海上に漂流させる行為も海面を航行する他の船舶の往来に対して危険がある（大判昭2.11.28刑集6・472）。

汽車・電車の転覆・破壊

* 「転覆」は、転倒・横転・転落させることを要する。脱線したのみでは足りないが、横倒しに近い状態に達すれば足りる。
* 「破壊」は、汽車・電車といえないように交通機関としての機能の全部又は一部を失わせる程度に損壊することをいう（最判昭46.4.22刑集25・3・530）。

艦船の転覆・沈没・破壊

* 艦船の転覆・沈没・破壊は、必ずしも船体の全体が水中に没することを要しない。座礁させることは、具体的態様により沈没又は破壊となるといえる。

過　失

* 犯罪事実の認識のないまま不注意によって一定の作為・不作為を行うことである。
* 不注意の程度・軽重を問わない。

― 第9 業務上過失往来危険罪（129条2項） 緊逮可

第129条

1 〔略〕

2 その業務に従事する者が前項の罪を犯したときは、3年以下の禁錮又は50万円以下の罰金に処する。

成立要件

① 業務に従事する者（主体）

② 汽車・電車・艦船（客体）

③ 往来の危険を生じさせること（行為）（前項前段）

④ 汽車・電車の転覆・破壊、艦船の転覆・沈没・破壊を生じさせること（行為）（前項後段）

⑤ 往来の危険が生じたこと（結果）（前項前段）

⑥ 汽車・電車の転覆・破壊、艦船の転覆・沈没・破壊が生じたこと（結果）（前項後段）

⑦ 業務上過失

業務に従事する者

＊業務とは、社会生活上の地位に基づき継続して行う事務である。

＊本項の業務者に当たるものとして、直接に車船の運行を担当する者（機関士・運転士・船長など）のほか、駅長、信号係、転轍係、保線係、操車係などがあげられる。

＊その者の業務が電車等の交通往来そのものに間接的にも関係のないときは、

本項の業務者には当たらない（例えば、積み荷が高すぎて陸橋を壊した貨物自動車の運転手など。）。

前項の罪
＊過失往来危険罪である。

第2章　国民の健康に対する罪

① あへん煙に関する罪

第1　あへん煙輸入等罪（136条）

第136条　あへん煙を輸入し、製造し、販売し、又は販売の目的で所持した者は、6月以上7年以下の懲役に処する。

第2　あへん煙吸食器具輸入等罪（137条）

第137条　あへん煙を吸食する器具を輸入し、製造し、販売し、又は販売の目的で所持した者は、3月以上5年以下の懲役に処する。

第3　税関職員あへん煙輸入等罪（138条）

第138条　税関職員が、あへん煙又はあへん煙を吸食するための器具を輸入し、又はこれらの輸入を許したときは、1年以上10年以下の懲役に処する。

第4　あへん煙吸食罪・場所提供罪（139条）

第139条　あへん煙を吸食した者は、3年以下の懲役に処する。
2　あへん煙の吸食のため建物又は室を提供して利益を図った者は、6月以上7年以下の懲役に処する。

第5　あへん煙等所持罪（140条）

第140条　あへん煙又はあへん煙を吸食するための器具を所持した者は、1年以下の懲役に処する。

第6　未遂罪（141条）

第141条　この章の罪の未遂は、罰する。

② 飲料水に関する罪

第1 浄水汚染罪 (142条)

第142条 人の飲料に供する浄水を汚染し、よって使用することができない
ようにした者は、6月以下の懲役又は10万円以下の罰金に処する。

第2 水道汚染罪 (143条)

第143条 水道により公衆に供給する飲料の浄水又はその水源を汚染し、
よって使用することができないようにした者は、6月以上7年以下の懲役
に処する。

第3 浄水毒物等混入罪 (144条)

第144条 人の飲料に供する浄水に毒物その他人の健康を害すべき物を混入
した者は、3年以下の懲役に処する。

第4 浄水汚染等致死傷罪 (145条)

第145条 前3条の罪を犯し、よって人を死傷させた者は、傷害の罪と比較
して、重い刑により処断する。

第5 水道毒物等混入罪・同致死罪
(146条)

第146条 水道により公衆に供給する飲料の浄水又はその水源に毒物その他
人の健康を害すべき物を混入した者は、2年以上の有期懲役に処する。
よって人を死亡させた者は、死刑又は無期若しくは5年以上の懲役に処す
る。

第6 水道損壊・閉塞罪 (147条)

第147条 公衆の飲料に供する浄水の水道を損壊し、又は閉塞した者は、1
年以上10年以下の懲役に処する。

第3章　公共の信用を害する罪

① 通貨偽造の罪

CHECK　通貨の偽造・変造は、通貨に対する公共の信用の保護という社会的法益であると一般的に解されている。

なお、行使の目的が欠けるために通貨偽造の罪が成立しない場合であっても、「通貨及証券模造取締法」により処罰される場合がある。

偽　　造	変　　造	模　　造
通貨の発行権を持たない者が真貨に似せて通貨の外観を有する物を作ること。	通貨の発行権を持たない者が真正な通貨を材料として、一般人をして真正な通貨と誤認させる変更を加えること。	真正な通貨に類似しているが、一般人をして真正な通貨と誤認することがないものを作り出すこと。

── 第1　通貨偽造罪（148条1項）

第148条　行使の目的で、通用する貨幣、紙幣又は銀行券を偽造し、又は変造した者は、無期又は3年以上の懲役に処する。

2　〔略〕

成立要件

① 犯人（主体）
② 通用する貨幣・紙幣・銀行券（客体）
③ 偽造・変造すること（行為）
④ 真正の通貨と誤信させるものを作り出したこと（犯罪の成立）
⑤ 故意
⑥ 行使の目的

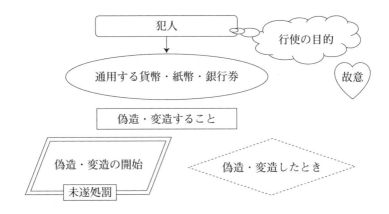

行使の目的

＊貨幣・紙幣又は銀行券を単に正当な権限なしに作出する故意では足りない。

＊本罪における行使とは、真貨として流通の過程に置くことをいい、単に偽貨を人の閲覧に供するだけでは足りない。

＊自己が行使する場合に限らず、他人をして真正の通貨として流通に置かせる目的でもよい（最判昭34.6.30刑集13・6・985）。

通用する貨幣、紙幣又は銀行券

＊貨幣とは硬貨、紙幣とは政府その他の発行権者により発行された貨幣に代用される証券、銀行券とは政府により授権された特定の銀行が発行する貨幣に代用される証券（日本銀行券）をいう。

＊通用するとは、国内で強制通用力を有することをいう。

偽造・変造

＊偽造とは、発行権限を有しない者が一般人をして真貨と誤信させる外観の物を作成する行為をいう。真貨に細工を施して同一性を変える方法を含む。

＊変造とは、真正の通貨に加工を施して額面価格の異なる通貨の外観を作出することをいう。

主要判例等

① 百円札の額面価格部分に変更を施した上、全体を青く染めて五百円札に見せかける行為は通貨変造罪を構成する（東京高判昭30.12.6東高時報6・12・440）。

② ２枚の千円札を表裏に剥がし、切断の上、その一部ずつを糊付け等して

四つ折又は八つ折千円札に見える物体6片を作成する行為は通貨変造罪となる（最判昭50.6.13刑集29・6・375）。

着手時期

＊偽造・変造の故意で偽造・変造行為に着手しながら、一般人に真正の通貨と誤認させる程度のものを作り出せなかった場合は、偽造・変造の未遂となる（151条）。

他罪との関係

＊偽変造通貨行使罪（148条2項）は、本罪とは牽連犯となる。

第2　偽変造通貨行使罪
（148条2項）

第148条

1　〔略〕

2　偽造又は変造の貨幣、紙幣又は銀行券を行使し、又は行使の目的で人に交付し、若しくは輸入した者も、前項と同様とする。

成立要件

① 犯人（主体）

② 偽造・変造された貨幣・紙幣・銀行券（客体）

③ 行使すること（行為）

④ 行使の目的で人に交付・輸入すること（行為）

⑤ 行使したこと・交付・輸入したこと（犯罪の成立）

⑥ 故意

⑦ 行使の目的

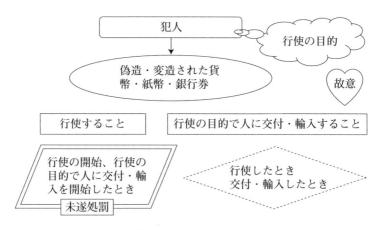

＊その意味については、通貨偽造罪（148条1項・243頁）参照。

行　使

擬▶ 真貨として流通の過程に置くことである。賭博の掛け金のように違法な使用や贈与のように反対給付を伴わない場合を含む。相手方が偽貨であることを知らない場合に限られるが、自動販売機への投入等、人の判断作用を誤らせない場合を含む（東京高判昭53.3.22刑裁月報10・3・217）。単に偽貨を人の閲覧に供するだけでは本罪を構成しない。

交　付

＊偽貨であることを告げて渡す場合は交付罪となる。

着手・成立時期

＊偽変造された通貨を真正な通貨として流通に置けば直ちに行使罪は既遂となる。

＊相手方に偽変造された通貨を真正の通貨として手渡そうとしたところ、相手方に偽変造された通貨であることを看破され手渡すに至らなかった場合は未遂罪となる（151条）。

── 第3 外国通貨偽変造罪・同行使等罪（149条）

第149条　行使の目的で、日本国内に流通している外国の貨幣、紙幣又は銀行券を偽造し、又は変造した者は、2年以上の有期懲役に処する。
2　偽造又は変造の外国の貨幣、紙幣又は銀行券を行使し、又は行使の目的で人に交付し、若しくは輸入した者も、前項と同様とする。

成立要件

① 犯人（**主体**）
② 日本国内に流通している外国の貨幣・紙幣・銀行券（1項）、偽造・変造された日本国内に流通する外国の貨幣・紙幣・銀行券（2項）（**客体**）
③ 偽造・変造すること（1項）、行使し、行使の目的で人に交付・輸入すること（2項）（**行為**）
④ 偽造・変造、行使等したこと（**犯罪の成立**）
⑤ 故意
⑥ 行使の目的

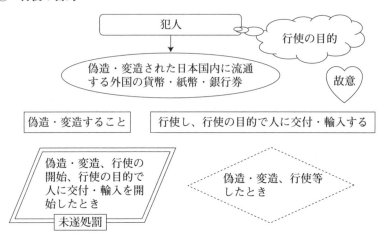

行使の目的

＊その意味については、通貨偽造罪（148条1項・243頁）参照。

＊わが国の正式通貨としての流通に限らず、国内で事実上使用されているに
すぎない場合をも含むが、外国通貨に改変を施してわが国の通貨に見せか
ける行為は本罪を構成せず、通貨偽造罪を構成する。例えば、500韓国
ウォン硬貨に細工して500円硬貨類似の物体を作出する行為は通貨偽造罪
である。

（主要判例等）　偽造外国通貨をわが国の通貨に両替する行為も行使に当たる
（最決昭32.4.25刑集11・4・1480）。

（他罪との関係）

＊行使概念が流通過程に偽貨を置くことを内容とする以上、詐欺行為はその
必然的結果であるから、詐欺罪（246条 1 項、同条 2 項）は本罪に吸収さ
れ、独立には成立しない。

─ 第 4　偽造通貨等収得罪（150条） ─

第150条　行使の目的で、偽造又は変造の貨幣、紙幣又は銀行券を収得した
　　　者は、 3 年以下の懲役に処する。

（成立要件）

① 　犯人（主体）
② 　偽造・変造された貨幣・紙幣・銀行券（客体）
③ 　収得すること（行為）
④ 　収得したこと（犯罪の成立）
⑤ 　故意
⑥ 　行使の目的

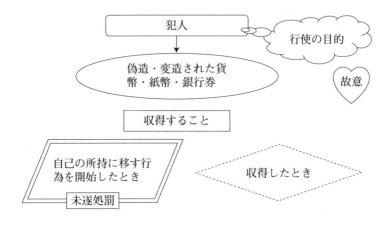

犯人

行使の目的

偽造・変造された貨幣・紙幣・銀行券

故意

収得すること

自己の所持に移す行為を開始したとき

未遂処罰

収得したとき

行使（の目的）

＊その意味については、通貨偽造罪（148条1項・243頁）参照。

収　得

＊偽変造通貨を自己の占有下に移す行為であり、有償・無償を問わない。
＊収得の態様としては、拾得、売買、交換、盗取、騙取等がある。

罪　数

＊収得後これを行使すれば、収得罪は行使罪に吸収される。

他罪との関係

＊情を知らずに収得した後、偽の通貨であることに気づき、これを第三者に行使した場合は、偽造通貨収得後知情行使等罪（152条）が適用される。

第5　未遂罪（151条）

第151条　前3条の罪の未遂は、罰する。

第6 偽造通貨収得後知情行使等罪 （152条）

第152条 貨幣、紙幣又は銀行券を収得した後に、それが偽造又は変造のものであることを知って、これを行使し、又は行使の目的で人に交付した者は、その額面価格の3倍以下の罰金又は科料に処する。ただし、2,000円以下にすることはできない。

第7 通貨偽造等準備罪 （153条）

緊逮可

第153条 貨幣、紙幣又は銀行券の偽造又は変造の用に供する目的で、器械又は原料を準備した者は、3月以上5年以下の懲役に処する。

成立要件

① 犯人 （主体）
② 器械・原料 （客体）
③ 器械・原料を準備すること （行為）
④ 準備行為の完了したこと （犯罪の成立）
⑤ 故意
⑥ 偽造・変造の用に供する目的

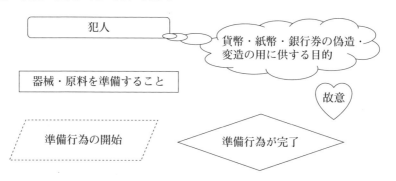

通貨偽変造の用に供する目的

＊強制通用力のある通貨の偽変造の用に供する目的をいう。

器械又は原料

＊器械とは、偽変造の用に供する客観的可能性のある一切の器械をいう。

＊原料とは、地金、用紙、印刷用インクのように偽変造の用に供される原料をいう。

準備行為

＊実行行為を容易にする行為一般という通常の予備行為概念とは異なり、器械又は原料の準備に限定される。優秀な技術者をそろえる行為等は含まれない。

＊他人が通貨偽変造をする目的を有する場合に器械又は原料を供給する行為も本罪に含まれ、通貨偽変造幇助罪となるわけではない。

他罪との関係

＊本罪を犯した者が通貨の偽変造の実行行為に及んだときは、本罪は偽変造罪に吸収され、本罪が独立して成立するわけではない。

② 文書偽造の罪

CHECK　文書は、社会生活上、一定の事項を証明する手段として重要な意義を有する。また、情報処理の用に供される電磁的記録も、また、文書と同様に重要な社会的意義を有する。そこで、文書及び電磁的情報に対する公共の信用が保護される。

最広義の偽造			
広義の偽造			行使
有形偽造（狭義の偽造）		無形偽造	行使
最狭義の偽造	変造	無形偽造	行使
有印公文書偽造罪（155条1項）	有印公文書変造罪（155条2項）	虚偽公文書作成罪（156条）	偽造公文書行使罪（158条）
無印公文書偽造罪（155条3項）	無印公文書変造罪（155条3項）	公正証書原本不実記載罪（157条）	偽造私文書行使罪（161条）
有印私文書偽造罪（159条1項）	有印私文書変造罪（159条2項）	虚偽診断書作成罪（160条）	
無印私文書偽造罪（159条3項）	無印私文書変造罪（159条3項）		

POINT　**有形偽造・無形偽造**

　有形偽造とは、作成権限のない者が他人名義の文書を作成することをいう。無形偽造とは、作成権限をもつ者が真実に反する内容の文書を作成することをいう。

　刑法では、有形偽造を「偽造罪」とし、無形偽造を「虚偽文書作成罪」としている。

　偽造罪の対象は、すべての公文書及び権利、義務又は事実証明に関する私文書であるのに対し、虚偽文書作成罪の場合は、公文書のほか、私文書については医師が公務所に提出すべき診断書等に限定している。

　判例は、偽造とは、文書の名義人と作成者との間の人格の同一性を偽って文書を作成することとしている（最決平5.10.5刑集47·8·7）。

　偽造罪等の成否を検討する場合には、まず文書の作成者が誰かを調べる必要がある。

第154条 行使の目的で、御璽、国璽若しくは御名を使用して詔書その他の
　　文書を偽造し、又は偽造した御璽、国璽若しくは御名を使用して詔書その
　　他の文書を偽造した者は、無期又は3年以上の懲役に処する。
　2　御璽若しくは国璽を押し又は御名を署した詔書その他の文書を変造した
　　者も、前項と同様とする。

第2 公文書偽造等罪（155条）

第155条 行使の目的で、公務所若しくは公務員の印章若しくは署名を使用
　　して公務所若しくは公務員の作成すべき文書若しくは図画を偽造し、又は
　　偽造した公務所若しくは公務員の印章若しくは署名を使用して公務所若し
　　くは公務員の作成すべき文書若しくは図画を偽造した者は、1年以上10年
　　以下の懲役に処する。
　2　公務所又は公務員が押印し又は署名した文書又は図画を変造した者も、
　　前項と同様とする。
　3　前2項に規定するもののほか、公務所若しくは公務員の作成すべき文書
　　若しくは図画を偽造し、又は公務所若しくは公務員が作成した文書若しく
　　は図画を変造した者は、3年以下の懲役又は20万円以下の罰金に処する。

成立要件

① 人（主体）
② 公務所・公務員の作成すべき文書・図画（1項・3項前段）（客体）
③ 公務所・公務員が押印・署名した文書・図画（2項）（客体）
④ 公務所・公務員が押印・署名していない公務所・公務員が作成した文
　書・図画（3項後段）（客体）
⑤ 公務所・公務員の印章・署名を使用して偽造すること（1項前段）（行
　為）
⑥ 偽造した公務所・公務員の印章・署名を使用して偽造すること（1項後
　段）（行為）
⑦ 変造すること（2項・3項後段）（行為）
⑧ 公務所・公務員の印章・署名及び偽造した公務所・公務員の印章・署名
　を使用しないで偽造すること（3項前段）（行為）

⑨　文書・図画を作り出したこと（結果）
⑩　故意
⑪　行使の目的

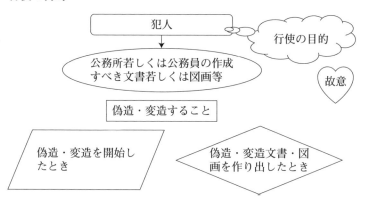

> ### 行使の目的

＊偽造又は変造の公文書を真正な文書として使用する目的をいう。

> ### 公文書・公図画

＊文書とは、文字又はこれに代わるべき符号を用い永続すべき状態に置いてある物体の上に記載した意思の表示をいう（大判明43.9.30刑録16・1572）。写真コピーも、文書本来の性質上写真コピーが原本と同様の機能と信用性を有し得ない場合を除き、文書偽造罪の客体となり得る（最判昭51.4.30刑集30・3・453）。図画とは、象形的符号を用いて、意思又は観念を表示したものをいう。

＊公文書とは、公務所・公務員が、職務に関し、所定の形式に従って作成すべき文書をいう。例えば、運転免許証、旅券、外国人登録証明書、印鑑登録書などがある。しかし、公務員の作成した退職届は職務に関して作成されたものではないので公文書とはいえない。

＊作成権限のない公務員が作成したものでも、一般人からみて、その権限内で作成されたものと信じさせる形式・外観を備えたものは公文書とされる（最判昭28.2.20刑集7・2・426）。

> ### 偽造・変造

＊偽造とは、作成権限のない者が作成名義を冒用して文書を作成する行為（有形偽造）をいう。もっとも、作成権限者の委任・承諾を受けて他人が

文書を作成する場合は偽造にはならないと説く観念説（精神性説）が通説である。

＊名義人が実在しない場合であっても、一般人をして当該名義人が実在し、当該文書の名義人が実在すると誤信する程度であれば偽造に当たる。

＊名義人の承諾があった場合であっても、文書の性格上、名義人以外の者が作成することが許されない文書を名義人以外の者が作成した場合には、偽造となる（大阪地判平8.7.8判タ960・293）。

＊変造とは、作成権限のない者が真正に成立した文書に対して不正に加工を施すことである。

【想定問答】

圖 コピー機やファクシミリ機を悪用して、公文書原本とは異なる内容の謄本を証明文書として作成した場合は、偽造となるか。

圖 この場合、コピーやファクシミリ送信状をもって文書原本の提示に代わる社会的機能と信用性が認められる場合があることに鑑み、コピー機・ファクシミリ機の悪用により、当該印字どおりの文書原本が実在するかの外観を呈する行為は、当該改変箇所が文書の本質的部分である場合、偽造となる。

擬▶ 代理・代表権限のない者（一定の権限を付与されているがこれを越権した場合＝逸脱を含む。）が、代理・代表権限を偽って表示した場合には、当該文書の内容に基づく効果が本人に帰属する外観を呈する限り偽造となる。他方、代理・代表権限のある者が、これを悪用する目的で文書を作成した場合（濫用）は、偽造には当たらない。

【主要判例等】

① 公務員であっても自己に作成権限のない文書を作成すれば公文書偽造罪が成立する（最判昭25.2.28刑集4・2・268）。

② 市長の代決者たる課長の補助者として一定の手続の下で印鑑証明書を作成する権限を有する公務員が、その手続たる申請書の提出・手数料の納付のないまま印鑑証明書を作成しても、申請書がなくても正確性に問題がないような場合には、作成権限に基づいてこれを作成したといえ、公文書偽造罪は成立しない（最判昭51.5.6刑集30・4・591）。

＊名義人の印章又は署名が示されている文書を偽造した場合を有印偽造という。印章及び署名のない文書の偽造を無印偽造という。

＊公文書については、155条3項で無印偽造を有印偽造とともに処罰することとしている。

他罪との関係

＊偽造公文書行使等罪（158条1項）と本罪とは、牽連犯となる。

＊窃取又は横領した用紙を使って偽造すれば、窃盗又は横領と偽造とは併合罪である。

＊印鑑証明書に記載された印鑑の部分と証明書の部分の偽造は、私文書偽造と公文書偽造との観念的競合である。

第3 虚偽公文書作成等罪（156条）

第156条 公務員が、その職務に関し、行使の目的で、虚偽の文書若しくは図画を作成し、又は文書若しくは図画を変造したときは、印章又は署名の有無により区別して、前2条の例による。

公務員が作成し

＊部下が起案し、作成権者たる上司をして内容虚偽の公文書を作成させた場合は間接正犯となる（最判昭32.10.4刑集11・10・2464）。

＊間接正犯の概念については、120頁のPOINTを参照。

第4　公正証書原本不実記載等罪
（157条）

緊逮可
（2項を除く。）

> 第157条　公務員に対し虚偽の申立てをして、登記簿、戸籍簿その他の権利
> 若しくは義務に関する公正証書の原本に不実の記載をさせ、又は権利若し
> くは義務に関する公正証書の原本として用いられる電磁的記録に不実の記
> 録をさせた者は、5年以下の懲役又は50万円以下の罰金に処する。
> 2　公務員に対し虚偽の申立てをして、免状、鑑札又は旅券に不実の記載を
> させた者は、1年以下の懲役又は20万円以下の罰金に処する。
> 3　前2項の罪の未遂は、罰する。

成立要件

① 犯人（主体）

② 登記簿、戸籍簿その他の権利若しくは義務に関する公正証書の原本（1項）（客体）

③ 権利若しくは義務に関する公正証書の原本として用いられる電磁的記録（1項）（客体）

④ 免状・鑑札・旅券（2項）（客体）

⑤ 虚偽の申立て（行為）

⑥ ②・④について不実の記載、③について不実の記録（結果）

⑦ 故意

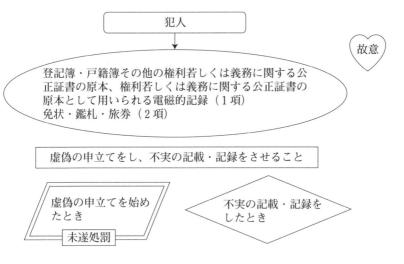

＊公正証書原本の具体例としては、住民票（選挙権等に関する証書原本であって単なる事実証明証書原本にとどまらない。）・不動産登記簿・商業登記簿・外国人登録原票等がこれに該当する。

主要判例等

① 不動産の所有者が他人から売渡を受けた事実がないのにその旨登記申請をし登記簿原本に記載させたときは、157条1項の罪が成立する（最決昭35.1.11刑集14・1・1）。

② 仮装の株式払込に基づいて新株発行による変更登記を申請し商業登記簿原本に記載をさせたときは、157条1項の罪が成立する（最決平3.2.28刑集45・2・77）。

③ 定款に株式譲渡制限の定めのある非上場会社の一人株主が、その全株式を同社の債務の担保のため譲渡担保に供した後に、同社の役員の解任及び選任等の株式会社変更登記申請を債権者の関与なく行い、同社の商業登記簿の原本にその旨記載させた行為は、上記譲渡担保の契約当事者の合理的な意思解釈として、株主共益権を債権者に帰属させる旨の合意があったものと認められる事情の下では、公正証書原本不実記載罪に当たる（最決平17.11.15刑集59・9・1476）。

その原本として用いられる電磁的記録

＊公正証書原本として用いられる電磁的記録の具体例としては、自動車登録ファイル・特許原簿ファイル・電子証明書ファイル等があり、今日では上記公正証書原本のほぼすべてが電磁的記録化されている。

主要判例等 甲社の増資の際、新株の引受人である乙社において甲社から第三者を通じて間接的に融資を受けた資金によって行った新株の払込みが無効であるとして、商業登記簿の原本である電磁的記録に増資の記載をさせた行為は電磁的公正証書原本不実記録罪が成立する（最決平17.12.13刑集59・10・1938）。

虚偽の申立てにより公務員をして不実の記載・記録をさせること

＊公務員を利用した虚偽公文書作成行為のうち、公務員が実質的調査権限をもたず、形式的審査権限を有するにすぎないために間接正犯形態での虚偽

公文書作成をなしやすい公正証書原本及び限定された重要な証明文書について
いてのみ特に処罰するものである。

擬▶ 虚偽の申立てとは、申立て内容が虚偽の場合だけでなく、申立人に関す
る事項が虚偽の場合も含まれる。

＊不実とは客観的真実に反することをいう。公務員には故意がないので虚偽
ではなく不実と表現している。

＊虚偽の申立てをして原本に不実の記載又は記録をさせることである。公正
証書等の交付を受けることは要件とされていない。

＊公務員が申立人と共謀し、又は申立人から教唆されて不実の記載をしたと
きは、公務員に虚偽公文書作成罪（165条）が成立し、申立人はその共同
正犯又は教唆犯となる。

> **主要判例等** 　真実の買主はその暴力団幹部であるのにこれを隠すため、被
> 告人が代表取締役を務める会社を買主として売主との間で売買契約を締結し
> た上、土地につき所有権移転登記等の申請をして当該登記等をさせた行為に
> ついて、売主が買主は会社であると認識していたなどの事情がある場合には、
> 登記等は当該土地に係る民事実体法上の物権変動の過程を忠実に反映したも
> のであり、これに係る申請が電磁的公正証書原本不実記録罪にいう「虚偽の
> 申立て」であるとはいえず、また、当該登記等が同罪にいう「不実の記録」
> であるともいえない（最判平28.12.5刑集70・8・749）。

他罪との関係

＊偽造公文書行使等罪（158条1項、同条2項）と本罪とは牽連犯となる。

＊偽造公文書行使等罪（158条1項、同条2項）と本罪及び詐欺罪（246条1
項、同条2項）の三罪は目的・手段の関係にあるので、牽連犯となる。

　なお、内容虚偽の公正証書を受領するのは本罪の帰結といえるので、別
途詐欺罪を構成するものではない。

第5 偽造公文書行使等罪
(158条)

第158条 第154条から前条までの文書若しくは図画を行使し、又は前条第1
項の電磁的記録を公正証書の原本としての用に供した者は、その文書若し
くは図画を偽造し、若しくは変造し、虚偽の文書若しくは図画を作成し、
又は不実の記載若しくは記録をさせた者と同一の刑に処する。
2 前項の罪の未遂は、罰する。

成立要件

① 犯人（主体）
② 154条〜157条の偽造文書・図画（客体）
③ 157条の電磁的記録（客体）
④ 行使・供用すること（行為）
⑤ 行使・供用したこと（結果）
⑥ 故意

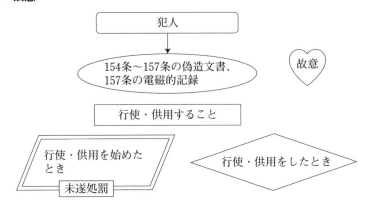

偽変造・虚偽作成

＊虚偽作成とは、当該文書の作成権限者が虚偽の内容を記載する行為（無形
偽造）をいう。

＊「偽造・変造」については、公文書偽造罪（155条1項・253頁）参照。

＊その意味については、公文書偽造等罪（155条1項・253頁）参照。

公正証書原本、その他電磁的記録

＊その意味については、公正証書原本不実記載等罪（157条1項・257頁）参照。

行　使

＊行為者自ら偽変造・虚偽記載・不実記載又は不実記録した文書又は電磁的記録ではなくても、既に他人が作出した偽変造文書等を行使する場合にも本罪が成立する。

擬▶ 登記簿等の公正証書が所轄官署に備え付けられれば第三者の閲覧が可能となり、あるいは当該公正証書原本に基づいて権利行使等が可能な状態になるので、備付けによって行使罪の成立を認め得る。

主要判例等

① 偽造の運転免許証を携帯して自動車を運転しただけでは、例え運転免許証の提示を求められればこれを提示しようとの意図を持っていたとしても、未だ免許証を他人の閲覧に供しその内容を認識し得る状態に置いたといえないから、偽造公文書行使罪には当たらない（最大判昭44.6.18刑集23・7・950）。

② 偽造にかかる自動車運転免許証表示の有効期間が3か月余経過した時点であっても、警察官をして、真正に作成され、かつ、被告人が自動車運転免許を受けたものであると誤信させるに足りる外観を具備していると認められる本件免許証の提示行為は、偽造公文書の行使に当たる（最決昭52.4.25刑集31・3・169）。

③ 公立高等学校の教諭である被告人が甲と共謀の上、偽造にかかる同高等学校長乙名義の甲の卒業証書を、真正に成立したものとして、甲の父丙に提示する行為は、単に丙を満足させる目的のみをもってなされたとしても、偽造公文書行使罪に当たる（最決昭42.3.30刑集21・2・447）。

公正証書の原本としての用に供し

＊公正証書の原本と同様の機能を有するものとして使用されるべき状態に置くことをいう。不正に作出された電磁的記録をコンピュータに使用して人の事務処理に用いるものであることから、「行使」ではなく、このような表現が用いられている。

＊公文書偽造等罪（155条1項、同2項）、虚偽公文書作成等罪（156条）、公正証書原本不実記載等罪（157条1項）と本罪とは牽連犯（54条1項後段）となる。

＊偽造公文書等を用いて詐欺を行った場合は、詐欺罪（246条1項、同条2項）と本罪は牽連犯となる。

第6　私文書偽造等罪（159条）

緊速可
（1項、2項）

第159条　行使の目的で、他人の印章若しくは署名を使用して権利、義務若しくは事実証明に関する文書若しくは図画を偽造し、又は偽造した他人の印章若しくは署名を使用して権利、義務若しくは事実証明に関する文書若しくは図画を偽造した者は、3月以上5年以下の懲役に処する。

2　他人が押印し又は署名した権利、義務又は事実証明に関する文書又は図画を変造した者も、前項と同様とする。

3　前2項に規定するもののほか、権利、義務又は事実証明に関する文書又は図画を偽造し、又は変造した者は、1年以下の懲役又は10万円以下の罰金に処する。

成立要件

① 犯人（主体）

② 権利、義務若しくは事実証明に関する文書若しくは図画（客体）

③ 他人の印章若しくは署名を使用して偽造すること（1項）（行為）

④ 偽造した他人の印章若しくは署名を使用して偽造すること（1項）（行為）

⑤ 他人が押印し又は署名した権利、義務若しくは事実証明に関する文書若しくは図画を変造すること（2項）（行為）

⑥ 偽造・変造したこと（結果）

⑦ 故意

⑧ 行使の目的

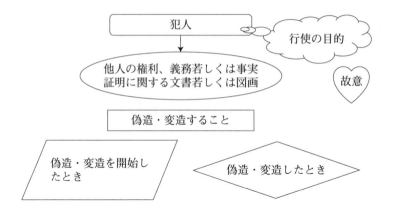

＊行使の目的とは、人をして偽造文書を真正な文書と誤信させ、又は虚偽文書を内容の真実な文書を誤信させる目的をいう。

＊私文書とは、公文書以外の文書をいう。郵便送達報告書の受領書（最決平16.11.30刑集58・8・1005）、正規の国際免許証に酷似する文書（最決平15.10.6刑集57・9・987）、履歴書（最決平11.12.20刑集53・9・1495）、交通切符中の供述書（最決昭56.12.22刑集35・9・953）などがある。

＊私文書偽造の客体は、権利、義務若しくは事実証明に関する文書又は図画である。

＊私文書の作成名義人は、自然人に限られない。独立して社会活動を営む団体であれば法人格がなくても作成名義人となる。

＊印章とは、人の同一性を表示するために使用される一定の象形をいう。

＊署名とは、自己を表象する文字で、氏名その他の呼称を表記したものをいう。署名は自署に限られない。

＊権利・義務に関する文書とは、権利義務の発生・変更・消滅に関係する事実を記載した文書をいう。例えば、売買契約書、預金払戻請求書などがある。

＊事実証明に関する文書とは、社会生活に交渉を有する事項を証明するに足

りる文書をいう（最決昭33.9.16刑集12・13・3031）。例えば、履歴書、郵便局への転居届などがある。

> （主要判例等） 大学入試答案は、試験問題に対し志願者が正解と判断した内容を解答用紙に記載する文書であり、その採点結果が志願者の学力を示す資料となり、これを基に合格の判定を受けた志願者が入学を許可されるのであるから、志願者の学力の証明に関するものであって、社会生活に交渉を有する事項を証明する文書に当たる（最決平6.11.29刑集48・7・453）。

＊なお、銀行の支払伝票のように署名又は押印のない無印偽造の場合は、159条3項により軽い刑で処罰される。

偽造又は変造

＊その意味については、公文書偽造等罪（155条・253頁）参照。
＊作成名義を偽れば、内容の真偽を問わず偽造罪が成立する。性質上名義人以外の者が作成することが許されない文書については、名義人が承諾していても作成者との同一性を偽った場合には偽造罪が認められる（最決昭56.4.8刑集35・3・57、最決昭56.4.16刑集35・3・107）。通称名の使用も、それが名義人と作成者との同一性に食い違いを生じない性質の文書であれば、偽造罪は成立しないが、戸籍や登録上の氏名を記載することが予定されているものについては偽造となる（最決昭56.12.22刑集35・9・953、最決昭59.2.17刑集38・3・336）。
＊偽造の方法に制限はない。
＊既存の文書を改ざんした場合には、本質的部分に変更が加えられた場合は偽造であるが、そうでなければ変造になる。

> （主要判例等）
> ① 架空人名義の申込書を作成した場合、一般人をして真正に作成された文書と誤信される危険のある点は実在人名義を冒用した場合と区別がないから私文書偽造となる（最判昭28.11.13刑集7・11・2096）。
> ② 虚偽の氏名、生年月日、住所、経歴等を記載し、被告人の顔写真を貼付した履歴書及び虚偽の氏名等を記載した雇用契約書を作成した場合、これらの文書の性質、機能等に照らすと、たとえ被告人の顔写真が貼付され、あるいは被告人が文書から生ずる責任を免れようとする意思を有していなかったとしても、文書に表示された名義人は、被告人とは別人格の者であることが明らかであるから、名義人と作成者との人格の同一性に齟齬を生じさせたものであり、私文書偽造となる（最決平11.12.20刑集53・9・1495）。

③ 正規の国際運転免許証に酷似する文書をその発給権限のない団体の名義で作成した行為は私文書偽造罪に当たる（最決平15.10.6刑集57・9・987）。

想定問答

圊 私文書の名義人は実在することが必要か。

圀 作成名義人は実在していることを要しない。死者や架空人の名義で私文書を偽造した場合でも、一般人からみてその名義人が真正に作成した文書と誤信するようなものであれば、私文書偽造罪が成立する。
　架空名義人の履歴書に自分の写真を貼り付けた場合でも架空人名義の文書となる（最決平11.12.20刑集53・9・1495）。また、判例は、同姓同名の弁護士の肩書きを付した文書を作成した場合に、私文書偽造罪を認めている（最決平5.10.5刑集47・8・7）。

＊代理人名義を使った文書を作成する場合については、公文書偽造等罪（155条・254頁）参照。
＊他人の承諾を得ずに、その署名を偽って文書を作成した場合は、事後承諾が予知される場合であると否とを問わず文書偽造罪となる（大判明43.2.21刑録16・278）。
＊文書作成当時に承諾がない場合は、事後承諾を得たとしても文書偽造罪が成立する（大判大8.11.5刑録25・1064）。

罪　数
＊銀行預金通帳の預け入れ等の記載は、それぞれの預け入れ欄ごとに偽造が成立すると解される。

他罪との関係
＊偽造私文書等行使罪（161条1項、同2項）と本罪とは牽連犯となる。
＊他人の占有する自己名義の文書の改ざんは変造ではなく、元の文書の証明力を滅却するにすぎないから毀棄罪（259条）が成立することがある。

第7　虚偽診断書等作成罪（160条）

第160条　医師が公務所に提出すべき診断書、検案書又は死亡証書に虚偽の記載をしたときは、3年以下の禁錮又は30万円以下の罰金に処する。

第8　偽造私文書等行使罪
（161条1項）

> 第161条　前2条の文書又は図画を行使した者は、その文書若しくは図画を
> 偽造し、若しくは変造し、又は虚偽の記載をした者と同一の刑に処する。
> 2　前項の罪の未遂は、罰する。

成立要件

① 　犯人（主体）
② 　偽造・変造された私文書・私図画、虚偽診断書（客体）
③ 　159条〜160条の偽造・変造文書を行使すること（行為）
④ 　行使したこと（結果）
⑤ 　故意

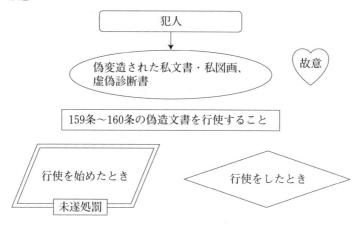

偽変造した私文書・私図画又は虚偽診断書等

＊偽変造した私文書・私図画については、私文書偽造等罪（159条・263頁）
　参照。
＊160条は、医師が公務所に提出すべき診断書、検案書、死亡証書に虚偽の
　記載をした場合を処罰する。本条では、この虚偽診断書等を含む。

行　使

＊他人の閲覧し得る状態に置くことである。

＊司法書士に対し金銭消費貸借契約証書に基づく公正証書の作成の代理嘱託を依頼するに際して偽造の同契約証書を真正な文書として交付する行為は、161条1項にいう「行使」に当たる（最決平15.12.18刑集57・11・1167）。

他罪との関係

＊私文書偽造等罪（159条1項、同2項、同3項）、虚偽診断書等作成罪（160条）と本罪とは牽連犯となる。

＊偽造私文書を行使してする詐欺も本罪と詐欺罪との牽連犯となる。

第9 電磁的記録不正作出罪

（161条の2第1項、第2項）

緊速可

第161条の2 人の事務処理を誤らせる目的で、その事務処理の用に供する権利、義務又は事実証明に関する電磁的記録を不正に作った者は、5年以下の懲役又は50万円以下の罰金に処する。

2 前項の罪が公務所又は公務員により作られるべき電磁的記録に係るときは、10年以下の懲役又は100万円以下の罰金に処する。

3・4 〔略〕

成立要件

① 犯人（主体）

② 人の事務処理の用に供する権利・義務又は事実証明に関する電磁的記録（1項）（客体）

③ 公務所又は公務員が職務遂行上作成すべき電磁的記録（2項）（客体）

④ 不正に作ること（行為）

⑤ 不正作出をしたこと（結果）

⑥ 故意

⑦ 人の事務処理を誤らせる目的

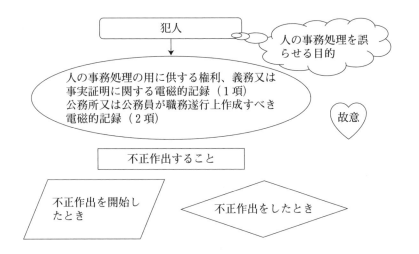

人の事務処理を誤らせる目的

＊不正に作出された電磁的記録を用いることにより、他人の事務処理を誤らせる目的をいう。

＊「事務処理」とは、財産関係、身分関係をはじめ、人の生活に影響を及ぼす一切の事務処理をいう。

＊電磁的記録物の単なる無権限コピーは本罪に含まれない。

権利、義務又は事実証明に関する電磁的記録

＊私文書偽造罪における「権利、義務又は事実証明」と同じ。例えば、権利・義務に関する電磁的記録としてはオンラインで結ばれている銀行の預金元帳ファイルの記録などがあり、事実証明に関する電磁的記録には、各種証明書等のデータベースの電磁的記録がある。

公務所又は公務員が職務遂行上作成すべき電磁的記録

＊公務所又は公務員の職務遂行として作出される電磁的記録をいう。例えば、自動車登録ファイルや住民票ファイルなどがある。

不正作出

＊不正作出とは、権限がないのに又は権限を濫用して電磁的記録を記録媒体上に存在するに至らしめることをいう。

自動払戻機に挿入して現金の払戻を受ける目的で、外れ馬券裏面の磁気ストライプ部分に的中馬券と同一内容を印磁する行為は、私電磁的記録不正作出罪に当たる（甲府地判平元.3.31判時1311・160）。

他罪との関係

＊不正作出電磁的記録供用罪（161条の2第3項）と本罪とは牽連犯となる。

第10　不正作出電磁的記録供用罪

緊速可

（161条の2第3項）

第161条の2

1・2　〔略〕

3　不正に作られた権利、義務又は事実証明に関する電磁的記録を、第1項の目的で、人の事務処理の用に供した者は、その電磁的記録を不正に作った者と同一の刑に処する。

4　前項の罪の未遂は、罰する。

成立要件

① 犯人（主体）

② 不正に作出された電磁的記録（客体）

③ 他人の電子計算機で使用しうる状態に置くこと（行為）

④ 他人の電子計算機で使用しうる状態になったこと（結果）

⑤ 故意

⑥ 人の事務処理を誤らせる目的

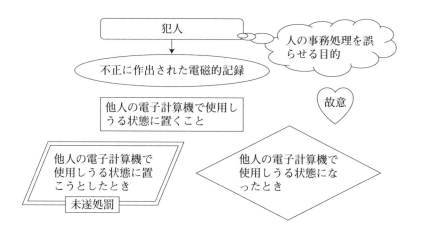

不正に作られた電磁的記録

＊その意味については、電磁的記録不正作出罪（161条の2第1項・267頁）参照。

＊供用の行為者が不正に作出したものである必要はない。

人の事務処理のために供する

＊人の事務処理の用に供するとは、不正に作出された電磁的記録を他人の事務処理のため、これに使用される電子計算機において用いることができる状態に置くことをいう。

着手時期

＊供用罪は未遂規定がある。

＊供用の実行の着手は、供用行為を開始したときである。それが完了すれば既遂となる。例えば、キャッシュカードを銀行のATM機に差し込もうとしたときに着手があり、記録内容の読み取りが可能となった時点で既遂となる。

他罪との関係

＊不正作出電磁的記録供用罪（161条の2第3項）と詐欺罪も牽連犯となる。

③ 有価証券偽造の罪

CHECK
　　有価証券偽造の罪は、有価証券の経済社会における重要な役割にてらし、有価証券に対する社会的な信用を保護するものとしている。
　　なお、偽造に至らないものは通貨及証券模造取締法により処罰される。

第1　有価証券偽造等罪（162条）緊速可

第162条　行使の目的で、公債証書、官庁の証券、会社の株券その他の有価証券を偽造し、又は変造した者は、3月以上10年以下の懲役に処する。
2　行使の目的で、有価証券に虚偽の記入をした者も、前項と同様とする。

成立要件
① 犯人（主体）
② 公債証書、官庁の証券、会社の株券その他の有価証券（客体）
③ 偽造・変造すること（1項）（行為）
④ 虚偽の記入をすること（2項）（行為）
⑤ 偽造・変造、虚偽記入したこと（結果）
⑥ 故意
⑦ 行使の目的

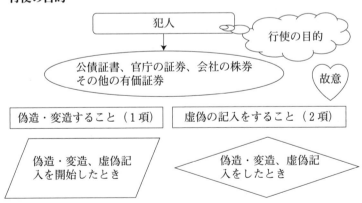

＊有価証券を正当な権限なしに作出する故意では足りず、真正な有価証券として使用する目的をいう。

＊本罪における行使とは、真券として流通の過程に置くことにとどまらず、「見せ手形」として単に偽変造有価証券を人の閲覧に供することを含む（大判明44.3.31刑録17・482）。

＊自ら行使する目的であると、他人に行使させる目的であるとを問わない。

有価証券

＊商法上の有価証券概念とは異なり、広く財産上の権利の行使又は処分に証券の所持を要するものを指し、流通性は不要である。商法上の有価証券には含まれないクーポン券・商品券・勝馬投票券（馬券）も本罪にいう有価証券に該当する。

主要判例等

① 刑法上の有価証券とは、財産権を表示した証券でその表示された権利の行使のために証券の占有を必要とするものであり、鉄道定期乗車券も刑法上の有価証券に当たる（最判昭32.7.25刑集11・7・2037）。

② ゴルフのカントリークラブ入会保証金預託書も刑法上の有価証券である（最決昭55.12.22刑集34・7・747）。

偽造・変造

＊偽造とは、作成権限のない者が他人名義を冒用して有価証券を作成する行為をいう。

＊変造とは、作成権限のない者が真正に成立した他人名義の有価証券に対して不正に加工を施すことである。

＊架空人名義の証券であっても、一般人をして真正な有価証券と誤信させる程度の外観を呈していれば偽造に当たる（最判昭30.5.25刑集9・6・1080）。

主要判例等

① 被告人が、設立準備中の会社である「甲株式会社」の発起人代表乙の承諾を得たとしても、右会社の設立前に行使の目的をもって、振出人を「甲株式会社代表取締役乙」と表示、押印して、いかにも実在する右会社が振出したものと誤信させるような約束手形を作成するときは、架空の会社の代表資格を冒用したものとして、有価証券偽造罪が成立する（最判昭38.

12.6刑集17・12・2443）。

② 被告人が水産業協同組合法により支配人に関する商法の規定が準用される漁業協同組合参事であっても、同組合内部の定めとしては、同組合が融通手形として振り出す組合長振出名義の約束手形の作成権限はすべて専務理事に属するものとされ、被告人は単なる起案者、補佐役として右手形作成に関与していたにすぎない場合において、同人が組合長又は専務理事の決裁・承認を受けることなく融通手形として組合長振出名義の約束手形を作成したときは、有価証券偽造罪が成立する（最決昭43.6.25刑集22・6・490）。

虚偽記入

＊作成権限のある者が有価証券に不実の記載をすることをいう。すなわち、基本的証券行為における他人名義の冒用を除く一切の不実記載をいう（最決昭32.1.17刑集11・1・23）。

罪　数

＊本罪は、作成された有価証券1通ごとに成立する。本罪の保護法益は文書に対する公共の信用であるところ、各々の文書ごとに公共の信用が生じ、それが害される危険があるためである。

＊したがって、数個の文書を一度に行使する場合には、その文書の数だけの行使罪が成立し、観念的競合となる。

他罪との関係

＊偽造有価証券行使等罪（163条）と本罪とは牽連犯となる。

＊詐欺罪（246条1項、同条2項）と本罪及び偽造有価証券行使等罪とは通常目的・手段の関係にあり牽連犯となる。

＊有価証券偽造の罪は文書偽造の罪の特別規定であるため、前者が成立すれば後者は成立しない。

第2 偽造有価証券行使等罪
（163条1項）

緊逮可

第163条　偽造若しくは変造の有価証券又は虚偽の記入がある有価証券を行使し、又は行使の目的で人に交付し、若しくは輸入した者は、3月以上10年以下の懲役に処する。
2　前項の罪の未遂は、罰する。

成立要件

① 犯人（主体）
② 偽造・変造された有価証券（客体）
③ 虚偽記入がある有価証券（客体）
④ 行使すること（行為）
⑤ 行使の目的で人に交付・輸入すること（行為）
⑥ 行使、交付・輸入したこと（結果）
⑦ 故意
⑧ 行使の目的（交付・輸入の場合）

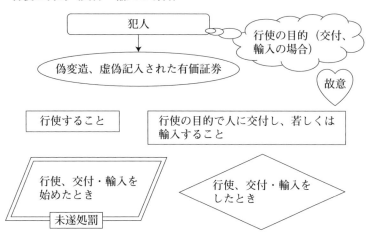

行　使

＊真券として流通の過程に置くことにとどまらず、「見せ手形」として用いる行為も行使に該当する。「見せ手形」として使用されることを知りながら、当該有価証券が偽造であることを知らない者に交付する行為も偽変造

有価証券行使罪となる（大判明44.3.31刑録17・482）。

偽造・変造

＊その意味については、有価証券偽造等罪（162条1項・271頁）参照。

有価証券

＊その意味については、有価証券偽造等罪（162条1項・271頁）参照。

交　付

＊偽変造有価証券であることを明かした上で他人に渡すことをいう。

他罪との関係

・有価証券偽造等罪（162条1項、同条2項）と本罪とは、通常、目的・手段の関係にあり牽連犯となる。

・有価証券偽造等罪（162条1項、同条2項）と本罪、及び詐欺罪（246条1項、同条2項）の三罪は目的・手段の関係にあるので、牽連犯となる。

④ 支払用カード電磁的記録に関する罪

CHECK　クレジットカードの普及による支払用カードを構成する電磁的記録の真正及び支払決済システムに対する社会的信頼を保護するものである。平成13年の改正により、支払用カード電磁的記録に関する罪として制定された。

第1　支払用カード電磁的記録不正作出等罪（163条の2第1項）

緊逮可

第163条の2　人の財産上の事務処理を誤らせる目的で、その事務処理の用に供する電磁的記録であって、クレジットカードその他の代金又は料金の支払用のカードを構成するものを不正に作った者は、10年以下の懲役又は100万円以下の罰金に処する。預貯金の引出用のカードを構成する電磁的記録を不正に作った者も、同様とする。

2・3　〔略〕

成立要件

① 犯人（主体）

② 人の財産上の事務処理の用に供する電磁的記録でクレジットカードその他の代金又は料金の支払用のカードを構成する電磁的記録（客体）

③ 預貯金の引出用のカードを構成する電磁的記録（客体）

④ 不正に作出すること（行為）

⑤ 支払用・引出用のカードの不正作出をしたこと（結果）

⑥ 故意

⑦ 人の財産上の事務処理を誤らせる目的

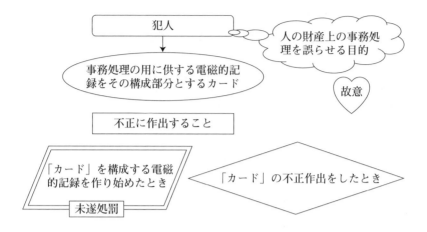

人の財産上の事務処理を誤らせる目的

＊「人の財産上の事務処理を誤らせる目的」は、不正に作出された電磁的記録を用いることにより、他人の生活関係に影響を及ぼし得ると認められる事柄の処理を誤らせる目的のうち、非財産的なもののみを誤らせる目的を除くものである。

擬▶ クレジットカードでキャッシングを受けるような場合には「財産上の事務処理」に当たるが、他人の預貯金残高をのぞき見るためだけにカードを不正作出した場合には、「財産上の事務処理を誤らせる目的」には当たらない。

支払用カード又は引出用カードを構成する電磁的記録

＊クレジットカード・キャッシュカードのほか、テレホンカード等のプリペイドカード・デビッドカード等は、支払決済を目的とするので含まれる。

＊ポイントカード及びマイレージカードは、いずれもクレジット機能を併有しない限り、支払決済又は預貯金引出しの手段たるカードではなく、上得意先への割引・景品提供等の特典を贈呈するための記録機能を有するにすぎず、本罪の客体には含まれない。

＊消費者金融会社等におけるローンカードは融資用カードであって、預貯金引出用カードには当たらない。

不正作出

＊電磁的記録は文書とは違って名義人が明らかではなく、他人名義の冒用は考えにくいため、文書のように偽造・変造・虚偽入という区別をせず、

包括して不正作出と称する。

＊不正作出とは、電磁的情報を権限なくして別のカードの電磁的記録に入力したり、権限なくして新たな財産的情報を入力した電磁的記録を持つカードを作成する行為をいう。

＊電磁的記録を初めから作り出すだけでなく、既存の電磁的記録を部分的に改変、抹消することによって、新たな電磁的記録を存在するに至らせる場合も含まれる。

擬▶ カードの券面に改変を加えることは、文書・有価証券の偽造・変造の問題である。

着手時期・成立時期

＊カードを構成する電磁的記録を作り出すときに着手が認められる。スキミングした情報をカードの磁気ストライプやICチップ部分に記録し始めた段階である。

＊カードとして機械処理が可能な程度に情報が記録されたときに既遂となる。

擬▶ 作出した情報をカードに記録しようとしたが、機械の不具合等により記録できなかった場合、未遂となる。

他罪との関係

＊不正作出支払用カード電磁的記録供用罪（163条の2第2項）と本罪とは牽連犯となる。

＊譲渡罪・貸与罪・輸入罪（163条の2第3項）と本罪とは牽連犯となる。

＊詐欺罪（246条1項・2項）、電子計算機使用詐欺罪（246条の2）、窃盗罪（235条）と本罪とは牽連犯となる。

＊電磁的記録部分のほか、可視的部分の偽変造もあれば、有価証券偽造等罪（162条1項）と本罪との併合罪となる。

第2 不正作出支払用カード電磁的記録供用罪（163条の2 第2項）

第163条の2
1 〔略〕
2 不正に作られた前項の電磁的記録を、同項の目的で、人の財産上の事務処理の用に供した者も、同項と同様とする。
3 〔略〕

成立要件

① 犯人（主体）
② 不正に作られた人の財産上の事務処理の用に供する電磁的記録（客体）
③ 人の財産上の事務処理の用に供すること（行為）
④ 電磁的記録を人の財産上の事務処理の用に供したこと（結果）
⑤ 故意
⑥ 人の財産上の事務処理を誤らせる目的

人の財産上の事務処理を誤らせる目的

＊その意味については、支払用カード電磁的記録不正作出等罪（163条の2 第1項・276頁）参照。

＊その意味については、支払用カード電磁的記録不正作出等罪（163条の2第1項・276頁）参照。

供 用

＊電磁的情報を財産上の事務処理のために使用される電子計算機で使用し得る状態に置くことをいう。

＊供用には、クレジットカードを信用照会端末に通す、キャッシュカードをATMに差し込むなどがある。

未 遂

＊カードをATM等に差し込もうとしたが、読み取りが可能となる前に検挙された場合は未遂である。

他罪との関係

＊支払用カード電磁的記録不正作出等罪（163条の2第1項）と本罪とは牽連犯となる。

＊譲渡し罪・貸渡し罪・輸入罪（163条の2第3項）と本罪とは牽連犯となる。

＊詐欺罪（246条1項、2項）、電子計算機使用詐欺罪（246条の2）、窃盗罪（235条）と本罪とは牽連犯となる。

＊電磁的記録部分のほか、可視的部分の偽変造もあれば、有価証券偽造等罪（162条1項）と本罪との併合罪となる。

― 第3　不正電磁的記録カード譲渡し
　　　　等罪（163条の2第3項）

第163条の2
1・2　〔略〕
3　不正に作られた第1項の電磁的記録をその構成部分とするカードを、同項の目的で、譲り渡し、貸し渡し、又は輸入した者も、同項と同様とする。

成立要件

① 犯人（主体）
② 不正に作られた人の財産上の事務処理の用に供する電磁的記録を構成部分とするカード（客体）
③ 譲り渡し、貸し渡し、輸入をすること（行為）
④ カードの譲渡し、貸渡し、輸入をしたこと（結果）
⑤ 故意
⑥ 人の財産上の事務処理を誤らせる目的

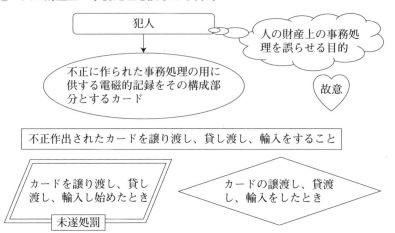

人の財産上の事務処理を誤らせる目的

＊その意味については、支払用カード電磁的記録不正作出等罪（第163条の2第1項・276頁）参照。

支払用カード又は引出用カードを構成する電磁的記録

＊その意味については、支払用カード電磁的記録不正作出等罪（第163条の
　2第1項・276頁）参照。

譲り渡し・貸し渡し・輸入

＊譲り渡しとは、人に引き渡す行為で、相手方に対する処分権を伴うものを
　いう。

＊貸し渡しとは、人に引き渡す行為で、相手方が処分権を伴わないものとい
　う。

擬▶ 本罪は、引渡しを受ける相手方が、不正作出されたものであることにつ
　いて認識を有していなくても該当する。

＊輸出とは、国外から国内に搬入することをいう。

擬▶ 譲受け、借受け行為は処罰対象とされておらず、所持罪で処罰される。

＊いわゆるホワイトカード（可読性のある券面表示を伴わないが電磁的情報
　は入力されているカード）の交付も処罰される。

他罪との関係

＊支払用カード電磁的記録不正作出等罪（163条の2第1項）と本罪とは牽
　連犯となる。

＊不正作出支払用カード電磁的記録供用罪（163条の2第2項）と本罪とは
　牽連犯となる。

＊詐欺罪（246条1項・2項）、電子計算機使用詐欺罪（246条の2）、窃盗罪
　（235条）と本罪とは牽連犯となる。

＊電磁的記録部分のほか、可視的部分の偽変造もあれば、有価証券偽造等罪
　（162条1項）と本罪との併合罪となる。

第4　不正電磁的記録カード所持罪
（163条の3）

第163条の3　前条第1項の目的で、同条第3項のカードを所持した者は、5年以下の懲役又は50万円以下の罰金に処する。

成立要件

① 犯人（主体）
② 不正電磁的記録カード（客体）
③ 所持すること（行為）
④ 事実上の実力支配関係を有するに至ったこと（結果）
⑤ 故意
⑥ 人の財産上の事務処理を誤らせる目的

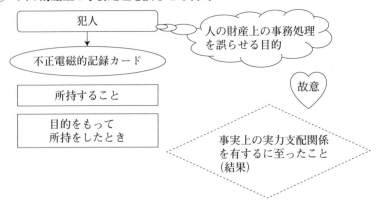

人の財産上の事務処理を誤らせる目的

＊その意味については、支払用カード電磁的記録不正作出等罪（第163条の2第1項・276頁）参照。

支払用カード又は引出用カードを構成する電磁的記録

＊その意味については、支払用カード電磁的記録不正作出等罪（163条の2第1項・276頁）参照。

所　持

＊所持とは、保管についての事実上の実力支配関係を有していることをいう。

所有権があるかどうかとは関係がない。現実に持っている必要はない。

> （主要判例等）「不正電磁的記録カード」はカードの照合をする機器で正規のカードを直ちに使用できるなど、特別の手間を要することなく使用可能なものでなければならないが、たまたま使用停止措置が採られていたことから、使用することができなかったものの、その措置が解除されれば使用可能であるという事情の下では、偽造カードを所持した行為について、不正電磁的記録カード所持罪が成立する（広島高判平18.10.31高裁速報平成18・279）。

第5　支払用カード電磁的記録不正作出準備罪（163条の4）

緊逮可

第163条の4　第163条の2第1項の犯罪行為の用に供する目的で、同項の電磁的記録の情報を取得した者は、3年以下の懲役又は50万円以下の罰金に処する。情を知って、その情報を提供した者も、同様とする。
2　不正に取得された第163条の2第1項の電磁的記録の情報を、前項の目的で保管した者も、同項と同様とする。
3　第1項の目的で、器械又は原料を準備した者も、同項と同様とする。

成立要件
① 犯人（主体）
② 支払用カード電磁的記録情報（客体）
③ 電磁的記録の情報を取得すること（1項前段）（行為）
④ 情を知って電磁的記録の情報を提供すること（1項後段）（行為）
⑤ 不正取得された情報を保管すること（2項）（行為）
⑥ 器械・原料を準備すること（3項）（行為）
⑦ 情報の取得等に至ったこと（結果）
⑧ 故意
⑨ 支払用カード電磁的記録不正作出の用に供する目的

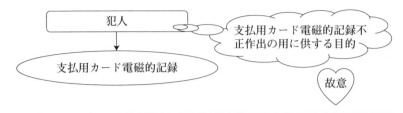

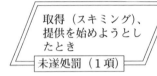

取得（スキミング）、
提供を始めようとし
たとき
—未遂処罰（1項）

取得等に至ったとき

人の財産上の事務処理を誤らせる目的

＊その意味については、支払用カード電磁的記録不正作出等罪（163条の2
　第1項・276頁）参照。

支払用カード又は引出用カードを構成する電磁的記録

＊その意味については、支払用カード電磁的記録不正作出等罪（163条の2
　第1項・276頁）参照。
＊「クレジットカードを構成する電磁的記録の情報」とは、正規のクレジッ
　トカードとして機械処理ができる状態の電磁的記録を作ることが可能なひ
　とまとまりの情報をいう（東京高判平16.6.17東高時報55・1〜12・48）。
＊カードに記録させれば支払用カードとして使用できるひとまとまりの情報
　である限り、取得方法がカード面からコピーして得たものか、カード会社
　のコンピュータに不正アクセスして得たものかを問わない。

電磁的記録の情報の取得

＊他人のカードの磁気ストライプ部分の電磁的記録をコピーしてカード情報
　を盗み取る、いわゆるスキミングと呼ばれる電磁的情報を自己の支配下に
　移す一切の行為をいう。

器械又は原料の準備

＊器械とは、支払用カードを構成する電磁的記録の不正作出の用に供するも

のとして客観的な可能性のある一切の器機をいう。

＊原料とは、電磁的記録を記録する前のカード原板のほか、カード作成のための接着材料等も含まれる。

＊準備とは、不正作出の用に供すべき器械、原料を買い入れ、製作するなど、これを利用してその目的を遂行しうるべき状態に置くことをいう。

擬▶ スキミングのための器械・装置の販売や購入は、情報取得の準備行為であって、不正作出のための準備行為ではないから、本罪には当たらない。

＊予備行為一般を可罰的とはせずに、カード原板やスキマーの購入等に限定して処罰する独立予備罪である。

情を知って

＊情を知ってとは、不正作出の用に供されることの認識を有していることをいう。

罪　数

＊いわゆるハンディスキマー１個に複数の支払用カード電磁的記録情報が保管されている場合、保管されている電磁的情報全部について包括一罪が成立する（東京高判平16.6.17東高時報55・1～12・48）。

＊不正作出の準備行為から不正作出に至った場合には、準備罪は不正作出罪に吸収される。

第6　未遂罪（163条の5）
緊連句

第163条の5　第163条の2及び前条第1項の罪の未遂は、罰する。

⑤ 印章偽造の罪

第1 御璽偽造罪・同不正使用等罪（164条）

第164条　行使の目的で、御璽、国璽又は御名を偽造した者は、2年以上の有期懲役に処する。
2　御璽、国璽若しくは御名を不正に使用し、又は偽造した御璽、国璽若しくは御名を使用した者も、前項と同様とする。

第2 公印偽造罪・同不正使用等罪（165条）

第165条　行使の目的で、公務所又は公務員の印章又は署名を偽造した者は、3月以上5年以下の懲役に処する。
2　公務所若しくは公務員の印章若しくは署名を不正に使用し、又は偽造した公務所若しくは公務員の印章若しくは署名を使用した者も、前項と同様とする。

第3 公記号偽造及び不正使用等罪（166条）

第166条　行使の目的で、公務所の記号を偽造した者は、3年以下の懲役に処する。
2　公務所の記号を不正に使用し、又は偽造した公務所の記号を使用した者も、前項と同様とする。

第4 私印偽造罪・同不正使用等罪（167条）

第167条　行使の目的で、他人の印章又は署名を偽造した者は、3年以下の懲役に処する。
2　他人の印章若しくは署名を不正に使用し、又は偽造した印章若しくは署名を使用した者も、前項と同様とする。

第5 未遂罪（168条）

第168条　第164条第2項、第165条第2項、第166条第2項及び前条第2項の罪の未遂は、罰する。

⑥ 不正指令電磁的記録に関する罪

─ 第1 不正指令電磁的記録作成等罪
（168条の2第1項）

第168条の2　正当な理由がないのに、人の電子計算機における実行の用に
　供する目的で、次に掲げる電磁的記録その他の記録を作成し、又は提供し
　た者は、3年以下の懲役又は50万円以下の罰金に処する。
　⑴　人が電子計算機を使用するに際してその意図に沿うべき動作をさせず、
　　又はその意図に反する動作をさせるべき不正な指令を与える電磁的記録
　⑵　前号に掲げるもののほか、同号の不正な指令を記述した電磁的記録そ
　　の他の記録
2・3　〔略〕

成立要件
① 　正当な理由がないこと（正当な理由の不存在）
② 　人の電子計算機における実行の用に供する目的（目的）
③ 　1号又は2号に掲げる電磁的記録その他の記録（客体）
④ 　作成し、又は提供したこと（行為）
⑤ 　故意

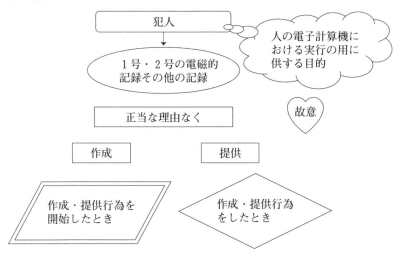

正当な理由がないこと

* 「正当な理由がないのに」とは、「違法に」という意味である。
* ウイルス対策ソフトの開発・試験等のため、自己又は他人（承諾があるのが前提）のコンピュータでコンピュータ・ウイルスを作成、提供した場合には、目的を欠くことになるが、さらに、このような場合には本罪が成立しないことを明確にするために、この要件が定められた。

人の電子計算機における実行の用に供する目的

* 「人」とは、犯人以外の者をいう。
* 「電子計算機」とは、7条の2の電子計算機と同義である。なお、自動的に計算やデータ処理を行う電子装置としての機能を有すれば、携帯電話や携帯ゲーム機等も該当する。
* 「実行の用に供する」とは、不正指令電磁的記録を、電子計算機の使用者にとって、これを実行しようとする意思がないのに実行され得る状態に置くことをいう。したがって、「実行の用に供する」に当たるためには、電子計算機の使用者において、コンピュータ・ウイルス等であることを認識していないことが必要となる。

1号又は2号に掲げる電磁的記録その他の記録

* 本罪の客体は、「人が電子計算機を使用するに際してその意図に沿うべき動作をさせず、又はその意図に反する動作をさせるべき不正な指令を与える電磁的記録」（1号）とそれ以外の「不正な指令を記述した電磁的記録その他の記録」（2号）である。
* 本罪は、コンピュータ・ウイルスを対象とするものであるが、コンピュータ・ウイルスは多種多様であることから、1号又は2号で定義される不正指令電磁的記録に該当すれば対象となる。したがって、一般に、トロイの木馬、ワーム、スパイウェアなどと呼ばれるものであっても、不正指令電磁的記録に当たるのであれば、対象となり得る。コンピュータ・ウイルスが動作するためにアイコンのダブルクリック等の使用者の行為が必要であるか否かは問わない。
* 擬▶ 不正指令電磁的記録に関する罪は、電子計算機のプログラムに対する社会一般の信頼を保護法益とするので、「意図に沿うべき動作をさせず、又はその意図に反する動作をさせる」か否かが問題となる場合の「意図」も保護法益との関連で判断されることになる。したがって、市販されているソフトウェアの場合、通常、仮に使用者がその機能を現実には認識していなくても、そのプログラムによる電子計算機の動作は、「使用者の意図に

反する動作」には当たらないことになる。また、フリーソフトでも、その名称や公開されているサイト上での説明等により、通常、使用者が認識し得るようになっているものは、使用説明書が付されていないからといって、「使用者の意図に反する動作」に当たることとなるわけではない。

擬▶ ポップアップ広告は、通常、インターネットの利用に随伴するものとして一般に認識すべきと考えられることから、基本的に、「意図に反する動作」には当たらない。

擬▶ いわゆるプログラムのバグは、作成者も知らないうちに発生するプログラムの誤りないし不具合をいうから、不正指令電磁的記録に当たらない。

＊ソフトウェアの修正プログラムがユーザーの電子計算機にインストールされる場合も、不正ではない指令を与えるもので不正指令電磁的記録に当たらない。

> （主要判例等） 不正指令電磁的記録作成等罪における不正指令電磁的記録に該当するためには、プログラムに悪用の可能性があるというだけでは足りず、当該プログラムが実行者の意図に反する動作をさせる指令を与えると、客観的、一般的に想定される必要がある（東京高判令元.12.17高裁速報令和元・362）

作成し、又は提供したこと

＊「作成」とは、電磁的記録等を新たに記録媒体上に存在するに至らしめることをいう。既存のウイルス・プログラムを複写するだけでの行為は、基本的には作成に当たらない。

＊「人が電子計算機を使用するに際してその意図に沿うべき動作をさせず、又はその意図に反する動作をさせるべき不正な指令」として機能し得る内容のものが存在するに至らしめた段階で既遂となる。

＊「提供」とは、不正指令電磁的記録等であることの情を知った上でこれを自己の支配下に移そうとする者に対し、これをその支配下に移して事実上利用し得る状態に置くことをいう。すなわち、提供した時点で、それぞれ故意及び目的がなければ、これらの罪は成立しない。

＊提供には、その情を知って取得しようとする相手方に、不正指令電磁的記録が記録されている記録媒体を交付したり、電子メールに添付して相手方のメールアドレスに宛てて送信し、メールサーバのメールボックスに記録させたり、不正指令電磁的記録のソースコードを印刷した紙媒体を相手方に交付する行為などがある。

擬▶ 提供罪は、「人の電子計算機における実行の用に供する目的」で作成された ものには限定されていないので、対象となる不正指令電磁的記録について、その作成時における目的のいかんを問わない。例えば、ハードディスク内のファイルを全て消去するプログラムで、その作成時には不正指令電磁的記録に当たらないものであったとしても、そのプログラムについて虚偽の説明をするなどして、事情を知らない第三者に電子メールで送り付け、その旨を誤信させて実行させ、ハードディスク内のファイルを全て消去させたというような場合には、プログラムの機能自体は作成時と変化していなくても、提供時においては、不正指令電磁的記録に当たり得る。

故　意

＊本罪は、故意犯であり、プログラマーが誤ってバグを発生させたとしても、成立しない。

他罪との関係

＊コンピュータウイルスファイルをファイル共有ソフトのネットワーク上に公開し、同ソフト利用者のパソコンでウイルスファイルを受信、実行させたことにより、パソコンに記録されているファイルを使用不能にさせることは、パソコン内蔵のハードディスクの効用を害する行為であり、器物損壊罪に該当する（東京高判平24.3.26高裁速報平成24・104）。

第2 不正指令電磁的記録供用罪

（168条の2第2項）・未遂罪（3項）

168条の2 1 〔略〕
2 正当な理由がないのに、前項第1号に掲げる電磁的記録を人の電子計算
機における実行の用に供した者も、同項と同様とする。
3 前項の罪の未遂は、罰する。

成立要件

① 正当な理由がないこと（正当な理由の不存在）
② 前項1号に掲げる電磁的記録（客体）
③ 人の電子計算機における実行の用に供したこと（行為）
④ 故意

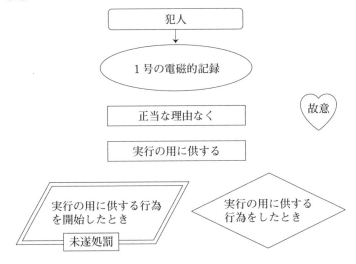

正当な理由がないこと

＊不正指令電磁的記録作成・提供罪の場合と同様である。

前項1号に掲げる電磁的記録

＊本罪の客体は1号の電磁的記録に限られ、2号の電磁的記録は含まれず、
また、「人の電子計算機における実行の用に供する目的」で作成されたも
のである必要はない。

＊本項は、「供用」行為を処罰対象とする。「供用」とは、人の電子計算機における実行の用に供する行為（前述）をいう。例えば、コンピュータ・ウイルスを電子メールに添付して事情を知らない者に送信する行為や、コンピュータ・ウイルスをウェブサイト上に公開し、事情を知らない者がいつでもダウンロード可能な状態に置く行為等である。

＊本罪については、未遂犯も処罰される。現実的に実行の用に供される状態に至らなかったとしても、コンピュータ・ウイルスを電子メールに添付して送信するなどして実行に着手すれば、相手方の電子計算機に受信されるなどして実行の用に供される状態に至る危険性が大きいので、未遂を処罰することにしたのである。

第3　不正指令電磁的記録取得等罪（168条の3）

第168条の3　正当な理由がないのに、前条第1項の目的で、同項各号に掲げる電磁的記録その他の記録を取得し、又は保管した者は、2年以下の懲役又は30万円以下の罰金に処する。

成立要件

① 正当な理由がないこと（正当な理由の不存在）
② 168条の2第1項の目的で（目的）
③ 168条の2第1項各号に掲げる電磁的記録その他の記録（客体）
④ 取得し、又は保管したこと（行為）
⑤ 故意

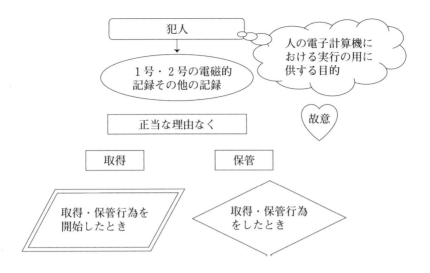

正当な理由がないこと

＊不正指令電磁的記録作成・提供罪の場合と同様である。

168条の2第1項の目的

＊「人の電子計算機における実行の用に供する目的」が必要である。

＊保管行為を開始した時点では、この目的を有していなくても、その後、この目的を有するに至った場合には、他の要件を満たす限り、その時点から保管罪が成立する。

168条の2第1項各号に掲げる電磁的記録その他の記録

＊不正指令電磁的記録作成・提供罪と同様である。本罪では、「人の電子計算機における実行の用に供する目的」で作成されたものには限定されていない。

（主要判例等）　自ら運営するインターネット上のウェブサイトに設置した、閲覧者の同意を得ることなく閲覧者の電子計算機に仮想通貨の取引履歴の承認作業（マイニング）を実行させるプログラムコードは、不正指令電磁的記録保管罪にいう「不正な指令を与えるプログラム」に該当する（東京高判令2.2.7判タ1476・123）

取得し、又は保管したこと

＊「取得」とは、不正指令電磁的記録等であることの事情を知った上でこれを自己の支配下に移す一切の行為をいい、「保管」とは、その電磁的記録等を自己の実力支配内に置いておくことをいう。

擬▶ 単にコンピュータ・ウイルスを送り付けられて感染させられたにすぎない場合には、そもそもウイルスであるとの認識を欠く場合も多いと考えられる上、仮にウイルスであることを知ったとしても「人の電子計算機における実行の用に供する目的」を満たさないので、本罪は成立しない。

罪　数

＊作成罪及び保管罪は、供用目的で行われる犯罪類型であることから、供用罪とは基本的に牽連犯と考えられる。

＊作成罪及び保管罪と提供罪についても、同様に牽連犯となると考えられる。

＊取得罪及び保管罪も、供用目的で行われる犯罪類型であることから、供用罪とは相互に牽連犯になると考えられる。取得罪及び保管罪と提供罪との関係も同様に牽連犯となると考えられる。

＊提供罪と取得罪とは、対向犯の関係に立つ（相手方の存在を必要とする）。したがって、提供者が取得罪の共犯となることはなく、取得者が提供罪の共犯となることもない。

＊供用罪と電子計算機損壊等業務妨害罪とは、保護法益が異なることから、観念的競合となると考えられる。

第4章 風俗秩序に対する罪

① わいせつ、強制性交等及び重婚の罪

CHECK

わいせつ、強制性交等及び重婚の罪は、国民の健全な性秩序・性的風俗や個人の性的自由を保護法益とするもので、一般に風俗犯と呼ばれる。

性犯罪に対する厳正な対処の必要から、平成29年改正により、従前の強姦罪を強制性交等罪（177条）に改めて構成要件及び法定刑を見直し、監護者わいせつ及び監護者性交等罪（179条）を新設し、強盗強姦罪を強盗・強制性交等罪（241条）と構成要件を見直し、親告罪の規定（旧180条）を削除するとともに、集団強姦罪（178条の2）・同致死傷罪（181条3項）が削除された。

なお、この改正の施行（平成29年7月13日）前にした行為の処罰については、改正前の規定が適用され、親告罪とされた強姦罪等の施行前にした行為については、施行時において法律上告訴がされることがなくなっているものを除き、非親告罪として取り扱われる。

― **第1 公然わいせつ罪**（174条） ―

第174条 公然とわいせつな行為をした者は、6月以下の懲役若しくは30万円以下の罰金又は拘留若しくは科料に処する。

成立要件

① 犯人（主体）
② 公然とわいせつな行為をすること（行為）
③ 故意

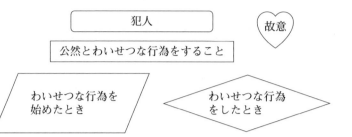

犯人

故意

公然とわいせつな行為をすること

わいせつな行為を
始めたとき

わいせつな行為
をしたとき

公 然

*不特定又は多数の人が認識できる状態である（最決昭32.5.22刑集11・5・1526）。→現実に不特定・多数人が認識する必要はない。認識の可能性があれば足りる。例えば、不特定・多数の客を勧誘して観覧の機会を提供した場合は、たとえ会場に特定・少数の者しか来なかったとしても、公然性は肯定される。

わいせつな行為

*性欲を興奮又は刺激させ、かつ、普通人の性的羞恥心を害し、善良な性的道義観念に反する行為である。

主要判例等　ストリップガールが、多数の観客の前で陰部を露出する等の行為は、公然わいせつ行為に当たる（最決昭30.7.1刑集9・9・1769）。

*接吻などは、それのみでは本条のわいせつな行為とはいいがたい。

故 意

*「公然とわいせつな行為」をすることの認識が必要である。
*客観的な状況と自己の行為を認識していれば足りる。必ずしもそれが「公然」や「わいせつ」といえるということまで分かっていることは要しない。

成立時期

*わいせつな行為をすれば直ちに成立する（未遂処罰規定はない。）。

罪 数

*舞台上で演じられた男女2組のショーに照明をあてて公然わいせつの犯行を容易ならしめた行為は、1個の公然わいせつ行為を幇助したものである

（最判昭56.7.17刑集35・5・563）。

＊ストリップショーにおいて、複数回それぞれ異なる観客の前でわいせつな
　演技をした場合は、その回数に相当する個数の本罪が成立する（最判昭25.
　12.19刑集4・12・2577）。

── 第2　わいせつ物頒布等罪（175条1項）──

第175条　わいせつな文書、図画、電磁的記録に係る記録媒体その他の物を
　頒布し、又は公然と陳列した者は、2年以下の懲役若しくは250万円以下
　の罰金若しくは科料に処し、又は懲役及び罰金を併科する。電気通信の送
　信によりわいせつな電磁的記録その他の記録を頒布した者も、同様とする。
2　〔略〕

成立要件

① 犯人（主体）
② わいせつな文書・図画・電磁的記録に係る記録媒体・その他の物（前
　段）（客体）
③ わいせつな電磁的記録・その他の記録（後段）（客体）
④ 頒布すること・公然と陳列すること（前段）（行為）
⑤ 電気通信の送信により頒布すること（後段）（行為）
⑥ 故意

犯人

故意

わいせつな文書、図画、電磁的
記録に係る記録媒体その他の物

わいせつな電磁的記録
その他の記録

頒布、公然と陳列すること

電気通信の送信により（わいせ
つな電磁的記録その他の記録を）
頒布すること

頒布・公然陳列
を始めたとき

電気通信の送信
を始めたとき

配布先の者の支配下に至った
（と同視できる）状態になった
とき（頒布）
人がその内容を認識できる状態
に置いたとき（公然陳列）

わいせつ

＊徒らに性欲を興奮又は刺激せしめ、かつ、普通人の正常な性的羞恥心を害
し、善良な性的道義観念に反するものをいう（最大判昭32.3.13刑集11・3・
997）。

＊わいせつ性は、文書の一部のみを取り上げるのではなく、全体的に考察す
る。

＊わいせつ性は、一般社会における健全な社会通念を基準として判断する。

＊芸術的・文学的・科学的作品としての社会的価値と作品のわいせつ性に
よって侵害される法益との比較衡量により判断される。

主要判例等

① 文章の個々の章句の部分がわいせつであるかどうかは、文書全体との関
連において判断されなければならない。芸術的・思想的価値のある文書で

あっても、わいせつ性があるとすることは差し支えない（最大判昭44.10.
15刑集23・10・1239―「悪徳の栄え」事件―）。
② 文書のわいせつ性の判断に当たっては、㋐当該文書の性に関する露骨で
詳細な描写・叙述の程度と手法、㋑その描写・叙述の文書全体に占める比
重、㋒文書に表現された思想等とその描写・叙述との関連性、㋓文書の構
成や展開、㋔さらには芸術性・思想性等による性的刺激の緩和の程度、㋕
これらの観点から文書を全体としてみたときに、主として読者の好色的興
味に訴えるものと認められるか否かなどの諸点を検討することが必要であ
り、これらの事情を総合し、その時代の健全な社会通念に照らして、それ
が「徒らに性欲を興奮または刺激せしめ、かつ、普通人の正常な性的羞恥
心を害し、善良な性的道義観念に反するもの」といえるか否かを決すべき
である（最判昭55.11.28刑集34・6・433―「四畳半襖の下張」事件―）。

文書、図画、電磁的記録に係る記録媒体その他の物

＊文書とは、文字によって一定の意思内容を表示したものである。
＊図画とは、象形的方法によって一定の意思内容を表示したものである。例
えば、絵画・写真・映画フィルム・ビデオテープなどが、これに当たる。
＊電磁的記録に係る記録媒体とは、コンピュータにより情報処理されたハー
ドディスクやCD-ROMなどである。画像処理がされていても比較的容易
に元の映像に戻すことができれば、わいせつなものといえる（最決平13.7.
16刑集55・5・317）。
擬▶ 性器や周辺部分が塗りつぶしてあっても、それが不十分であるような場
合は、わいせつ図画に当たる。
＊その他の物には、例えば、彫刻・模造性器などがある。

頒 布

＊わいせつな文書等の物の頒布（前段）は、不特定又は多数人に対して物を
交付・譲渡することをいう。
＊わいせつな電磁的記録等の頒布（後段）は、不特定又は多数人の記録媒体
上に電磁的記録その他の記録を存在するに至らしめることをいう（最決平
26.11.25刑集68・9・1053）。
＊頒布は、有償又は無償を問わず、賃貸行為も含まれる。

主要判例等

① たまたま1名の顧客に無償交付したにとどまる場合であっても、それが
不特定・多数人に無償交付する意思でなされたものであれば、これに当た

る（東京高判昭47.7.14判タ288・381）。
② 顧客のダウンロード操作に応じて自動的にデータを送信する機能を備えた配信サイトを利用してわいせつな動画等のデータファイルを同人の記録媒体上に記録、保存させる行為は、わいせつな電磁的記録の「頒布」に当たる（最決平26.11.25刑集68・9・1053）。

成立時期

＊配布先の者の支配下に至った時点、又はこれと同視できる状態になった時点である。郵便機関などに受け付けられただけでは足りない。

＊電磁的記録の電気通信による頒布の場合は、データを送信するだけでは足りず、相手方に受信させ、存在させることが必要である。一時的な保存でもよい。

＊電気通信は、有線、無線その他の電磁的方式により、符号、音響又は映像を送り、伝え、又は受けることをいう（電気通信事業法2条参照）。

> **主要判例等** 有償譲渡は売買に限らない。例えば、酒代の不足分の代償として渡す場合なども、これに当たる（大判昭10.11.11刑集14・1165）。

公然陳列

＊「公然」の意味については、公然わいせつ罪（174条・296頁）参照。

＊「陳列」とは、人が物の内容を認識できる状態に置くことである。必ずしも、特段の行為を要せずに直ちに内容を認識できる状態にすることは要しない。視覚による場合だけでなく、聴覚による場合（音声の再生など）も含まれる。

> **主要判例等**
> ① Yが、A又はその得意先の者が不特定・多数の人に観覧させるであろうと知りながら、わいせつ映画フィルムをAに貸与したところ、Aの得意先であるXが、Aからそのフィルムを借り受けて、上映により公然陳列するに至ったときは、公然陳列した正犯者Xの犯行を間接に幇助したものとして、Yには従犯が成立する（最決昭44.7.17刑集23・8・1061）。
> ② 不特定・多数の会員が、自己のパソコンから電話回線を通じて、ハードディスクにアクセスしてわいせつな画像データをダウンロードし、画像表示ソフトを使用してパソコン画面にわいせつな画像として顕出させ、これを閲覧することができる状態にした行為は、わいせつ物の公然陳列に当た

る（最決平13.7.16刑集55・5・317）。

③ 元交際相手が撮影された私事性的画像記録をオンライン・ストレージ
サービスにアップロードし、ストレージサービスが提供する機能を用いて、
同画像記録を「公開設定」したが、これにアクセスするために必要な公開
URLを被害者以外の第三者に明らかにしなかったという場合「公然と陳
列した」には当たらない（大阪高判平29.6.30判タ1447・114）。

故　意

＊本罪の故意は、当該文書等の記載の存在の認識と、これを頒布等すること
の認識があれば足り、当該文書等がわいせつ性を具備することの認識まで
必要とするものではない（最大判昭32.3.13刑集11・3・997）。

共　犯

◗本条１項の行為の相手方は、原則として、共犯とならない。

想定問答

問　Ｙが、Ｘに、わいせつ物の頒布等を教唆して、これを譲り受けたという
ような場合、Ｙをわいせつ物頒布等罪の教唆犯として処罰できないか。

答　原則として、できない（最判昭43.12.24刑集22・13・1625参照）。頒布行
為等は、当然、相手方の存在を前提とする。それにもかかわらず、頒布等
については処罰規定がありながら、その相手方を処罰する規定は設けられ
ていない。これは、相手方については処罰しないという立法者の意思の表
れにほかならず、これを教唆や幇助として処罰することは法の意図しない
ところというべきだからである。もっとも、相手方の関与行為が通常の程
度を超え、積極的・執拗な働きかけをしたような場合には、共犯の成立を
認めるべきであるとする見解が有力である。

— 第3 わいせつ物頒布等罪（175条2項）—

第175条〔略〕
2 有償で頒布する目的で、前項の物を所持し、又は同項の電磁的記録を保管した者も、同項と同様とする。

成立要件

① 犯人（主体）
② わいせつな文書・図画・電磁的記録に係る記録媒体・その他の物（前段）（客体）
③ わいせつな電磁的記録（後段）（客体）
④ 所持すること（前段）（行為）
⑤ 保管すること（後段）（行為）
⑥ 故意
⑦ 有償で頒布する目的

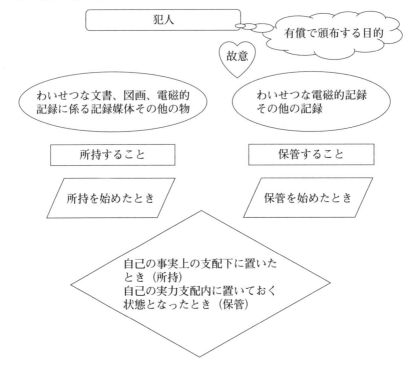

＊日本国内で、有償でわいせつな物等を頒布する目的をいう（最判昭52.12.22刑集31・7・1176）。

＊「有償で」とは、対価ないし代償を得ることをいう。

主要判例等

① 本条の規定は、わが国における健全な性風俗維持のため、日本国内でわいせつ文書等が頒布等されることを禁じようとする趣旨に出たものであるから、「販売の目的」とは、わいせつ文書等を日本国内で販売する目的をいい、日本国外で販売する目的を含まない（最判昭52.12.22刑集31・7・1176）。

② 児童の姿態に係る画像データを記憶、蔵置させて児童ポルノ・わいせつ物である光磁気ディスクを製造し、これを所持する行為は、販売用コンパクトディスク作成に備えてのバックアップのためのものである場合には、コンパクトディスク作成の際に児童の目の部分にぼかしを入れるなどの加工を施す意思であっても、児童買春、児童ポルノに係る行為等の処罰及び児童の保護等に関する法律（平成16年法律第106号による改正前のもの）7条2項にいう「前項に掲げる行為の目的」のうちの児童ポルノを販売する目的及び刑法175条後段にいう「販売の目的」で行われたものということができる（最決平18.5.16刑集60・5・413）。

これらの物

＊「わいせつな文書、図画その他の物」である。その意味については、わいせつ物頒布等罪（175条1項前段・299頁）参照。

所 持

＊自己の事実上の支配下に置くことである。必ずしも握持することを要しない。

保 管

＊電磁的記録を自己の実力支配内に置いておくことをいう。他人のためであってもよい。遠隔地のサーバにデータを蔵置する場合も含まれる。

主要判例等 有料配信に備えてのバックアップ等のために、DVDやハードディスクにわいせつな動画等のデータを保管したのは、わいせつ電磁的記録有償頒布目的保管に当たる（最決平26.11.25刑集68・9・1053）。

＊同一の意思に基づく一連の行為であれば、その類型が異なっていても、包括一罪である。

> （主要判例等）　児童ポルノであり、かつ、刑法175条のわいせつ物である物を、不特定又は多数の者に販売して提供するとともに、不特定又は多数の者に販売して提供する目的で所持した場合、わいせつ物販売と同販売目的所持が包括して一罪を構成すると認められるときには、全体が一罪となる（最決平21.7.7刑集63・6・507）。

第4　強制わいせつ罪（176条）

緊逮可

> 第176条　13歳以上の者に対し、暴行又は脅迫を用いてわいせつな行為をした者は、6月以上10年以下の懲役に処する。13歳未満の者に対し、わいせつな行為をした者も、同様とする。

(1)　強制わいせつ罪（前段）

成立要件
① 　犯人（主体）
② 　13歳以上の者（性別を問わない）（客体）
③ 　暴行・脅迫を用いてわいせつな行為をすること（行為）
④ 　故意

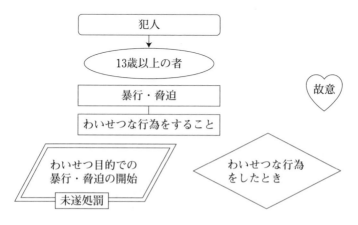

13歳以上の者

＊相手方（被害者）は、13歳以上の者で性別を問わない。

暴 行

＊身体に対する不法な有形力の行使をいう。

＊被害者の意思に反してわいせつ行為を行うに必要な程度に抗拒を抑制するもので足りる（名古屋高判平15.6.2判時1834・161。学説は、被害者の反抗を著しく困難にする程度が必要とする）。

＊暴行自体がわいせつな行為に当たる場合（不意に股間に手を差し入れるなど）でもよい。

脅 迫

＊害悪の告知をいう。

＊被害者の意思に反してわいせつな行為を行うに足りる程度のものであればよい。必ずしも反抗を著しく困難にする程度のものであることを要しない。

わいせつな行為

＊性欲を興奮又は刺激させ、かつ、普通人の性的羞恥心を害し、善良な性的道義観念に反する行為である。

＊強制わいせつ罪は被害者の性的自由を保護法益とするので、客観的に、社会通念上、被害者の性的自由を侵害する行為が「わいせつな行為」である。

＊わいせつな行為をするとは、例えば、陰部や乳房をもてあそんだり、自己の陰部を押し当てたり、接吻したり、人前で裸にしたりなどである。単なる抱擁はわいせつ行為とはいえない。裸にして写真を撮るなど被害者の身体に接触することは要しない。

> **主要判例等** 被害者が被告人から接吻されてもよいと認める態度に出たとか、被告人において同女の同意を得られる事情があったとかいう事実は認められない場合、被告人の接吻行為は強制わいせつ行為に当たる（最決昭50.6.19裁判集196・653）。

故 意

＊暴行・脅迫を用いてわいせつな行為をすることの認識が必要である。

＊被害者が13歳以上であることの認識は不要である。

想定問答

問　①13歳以上の者を13歳未満と誤信して、暴行・脅迫を用いてわいせつ行為をした場合、②13歳以上の者を13歳未満と誤信して、暴行・脅迫を用いずわいせつ行為をした場合の刑責はどうか。

答　前段は、13歳以上であることの認識は不要である。①の場合、暴行・脅迫を用いてわいせつ行為をした以上、前段が成立する。②の場合、暴行・脅迫を用いていないので処罰されない（ただし、後段の罪の未遂が成立し得るとの学説もある。）。

性的意図

＊「わいせつな行為」に当たるか否かの判断を行うための個別具体的な事情の一つとして、行為者の目的等の主観的事情を判断要素として考慮すべき場合はあり得るが、行為者の性的意図は強制わいせつ罪の成立要件ではない（最大判平29.11.29刑集71・9・467）。

着手時期・成立時期

＊着手時期は、手段となる暴行・脅迫を開始したときである。
＊わいせつな行為をしたときに成立する。

罪　数

（被害者が1人の場合）
＊同一の被害者に対して、わいせつな行為をした場合、㋐同一の機会にされた一連のものであるときは一罪となり、㋑機会を異にするときは併合罪となる。
＊共犯者らが、順次、同一の被害者にわいせつな行為をした場合も、同様である。

（被害者が複数の場合）
＊複数の被害者に対して、わいせつな行為をした場合は、それが同一の機会にされたものであっても、併合罪となる（性的自由を侵害された者の数に応じた個数の犯罪が成立する。）。
＊共犯者らが複数に分かれて、それぞれわいせつな行為をした場合も、同様である。

＊住居侵入を手段として強制わいせつをした場合、住居侵入罪と強制わいせつ罪が成立して牽連犯となる。

＊公然と強制わいせつ行為をした場合、公然わいせつ罪と強制わいせつ罪が成立して観念的競合の関係に立つ。

＊逮捕監禁を手段として強制わいせつをした場合、㋐逮捕監禁行為が同時に強制わいせつ罪の手段たる暴行となっているときは逮捕監禁罪と強制わいせつ罪の観念的競合となり、㋑それ以外のときは両罪の併合罪となる。

＊強制わいせつ罪と強盗罪の犯意をもって暴行・脅迫を加えるように、暴行・脅迫が両罪の手段であるときは、両罪が成立して観念的競合の関係に立つ。

＊強制わいせつの途中で、被害者の畏怖状態を利用して強盗を犯した場合のように、両者が重ならないときは、強制わいせつ罪と強盗罪が成立して併合罪となる。

＊性交・肛門性交・口腔性交は、強制性交等罪が成立する場合は、強制わいせつ罪は成立しない。

＊強制わいせつ罪が成立する場合には、強要罪は成立しない。

(主要判例等) 被告人が強制性交等及び強制わいせつの犯行の様子を隠し撮りしたデジタルビデオカセットは刑法19条1項2号にいう「犯罪行為の用に供した物」に当たる（最決平30.6.26刑集72・2・209）。

⑵ 強制わいせつ罪（後段）

成立要件
① 犯人（主体）
② 13歳未満の者（性別は問わない）（客体）
③ わいせつな行為をすること（行為）
④ 故意

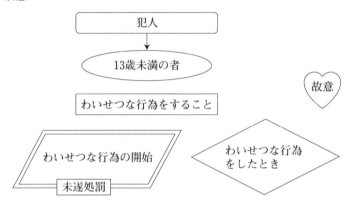

13歳未満の者

＊相手方（被害者）は、13歳未満の者で性別を問わない。

故 意

＊わいせつな行為をすることの認識が必要である。
＊被害者が13歳未満であることの認識が必要である。

> **想定問答**
> 問 13歳未満の者を13歳以上と誤信して、暴行・脅迫を用いることなくわい
> せつ行為をした場合の刑責はどうか。
>
> 答 後段は、13歳未満であることの認識が必要である。したがって、暴行・
> 脅迫を用いることなくわいせつ行為をすれば、本罪は成立しない。

着手時期

＊わいせつな行為を開始したときに認められる。

成立時期

＊わいせつな行為をしたときである。

罪　数

＊13歳未満の者の心神喪失・抗拒不能に乗じてわいせつな行為をした場合、本条が適用される（準強制わいせつ罪ではない。）。

＊13歳未満の者に対し、暴行・脅迫を用いて、わいせつな行為をした場合は、176条一罪が成立する（最決昭44.7.25刑集23・8・1068）。

第5　強制性交等罪（177条）

緊逮可

第177条　13歳以上の者に対し、暴行又は脅迫を用いて性交、肛門性交又は口腔性交（以下「性交等」という。）をした者は、強制性交等の罪とし、5年以上の有期懲役に処する。13歳未満の者に対し、性交等をした者も、同様とする。

(1)　強制性交等罪（前段）

成立要件

①　犯人（性別を問わない）（主体）

②　13歳以上の者（客体）

③　暴行・脅迫を用いて性交等をすること（行為）

④　故意

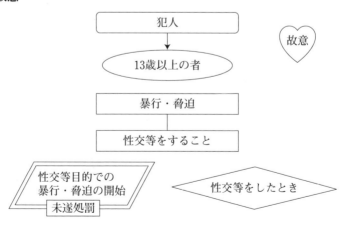

主 体

＊主体は性別を問わない。

　なお、女性が男性を利用して性交等をさせれば、本罪の共犯や間接正犯（120頁参照）が成立する。

暴行・脅迫

＊暴行とは、身体に向けられた不法な有形力の行使をいう。脅迫とは、害悪の告知をいう。

＊暴行・脅迫は、被害者に対してなされる必要がある。

＊脅迫は、虚偽の内容でもよい。

＊暴行・脅迫は、被害者の反抗を抑圧する程度に達する必要はないが、反抗を著しく困難にする程度のものでなければならない。

擬▶ 暴行・脅迫は、性交等の時点まで継続する必要はないが、反抗を著しく困難にする状態が性交等の時点においても存在する必要がある。

> **主要判例等**　被告人の発した文言自体に性交等を強制する文言を含まない強制性交において、被告人の言動、現場の状況、被告人と被害者との関係等から、被害者が抵抗することを心理的に著しく困難にするものであるなどとして、強制性交等罪が成立するとした（東京高判令2.1.14判タ1481・79）。

想定問答

問　強制性交等罪と準強制性交等罪とはどのように区別されるのか。

答　性交等の意図で「暴行・脅迫」を加え、被害者を心神喪失・抗拒不能の状態にさせて、性交等をした場合は、準強制性交等罪ではなく、強制性交等罪が成立する。

　性交等の意図なく暴行・脅迫を加え、被害者の反抗を著しく困難な状態にした後、性交等の犯意を生じ、その状態を利用して性交等をした場合、㋐強制性交等罪が成立するとの見解と、㋑準強制性交等罪が成立するとの見解がある。もっとも、このような場合、性交等の犯意を生じた後にも暴行・脅迫が存在したと認定できることが多く、そうであれば、いずれにせよ強制性交等罪が成立する。

　なお、無関係な第三者が加えた暴行・脅迫によって被害者が心神喪失・抗拒不能の状態にあるのを利用して性交等をした場合は、心神喪失・抗拒不能に「乗じ」たものといえるので、準強制性交等罪となる。

13歳以上の者

＊被害者は男女を問わない。

性交等

＊性交等とは、性交・肛門性交・口腔性交をいう。

＊性交とは、腟内に陰茎を入れる行為をいう。肛門性交とは、肛門内に陰茎を入れる行為をいい、口腔性交とは口腔内に陰茎を入れる行為をいう。

想定問答

問　被害者の承諾があった場合はどうか。承諾があると誤信した場合はどうか。

答　被害者の真意に基づく承諾があれば、13歳未満の者の場合を除いて、本罪は成立しない。黙示の承諾でもよいが、自由な意思決定による真意の承諾と認められるものでなければならない。

被害者が真意の承諾をしたものと誤信したときは、故意を欠く。しかし、被害者を騙して承諾を得たとしても、錯誤に基づくもので、承諾があったとはいえない。

承諾は、暴行・脅迫の開始時にすでに存在していなければならない。開始後、性交等までの間に真意の承諾がなされたときは、既遂とはならない（未遂にとどまる）。

夫婦間においても、暴行・脅迫を伴う場合は、承諾を推認できず本罪が成立する（東京高判平19.9.26判タ1268・345）。

故　意

＊被害者が「13歳以上」であることを認識している必要はない。13歳以上の女子を13歳未満と誤信していても、暴行・脅迫を用いた以上、本条前段に当たる。

着手時期

＊手段となる暴行・脅迫を開始したときに認められる。

＊手段となる暴行・脅迫には、性交等の遂行を可能にするような客観的事情が必要である。

主要判例等　被告人らが、夜間、通行中の女性をダンプカーの運転席に引きずり込み、同所から5キロメートル離れた工事現場で強制性交をしたときは、女性を引きずり込もうとした段階において、すでに強制性交に至る客観

的な危険性が明らかに認められるから、強制性交等罪の実行の着手がある（引きずり込む際に負傷させた場合、強制性交等致傷罪が成立する。）（最決昭45.7.28刑集24・7・585）。

成立時期
＊性器の一部を没入すれば既遂となり、射精は要しない。
＊性器の接触では足りない。幼女や鎖陰等のために一部没入できない場合は、未遂にとどまる。

罪　　数
＊同一被害者に対して、同一の機会になされた数回の性交等は本罪一罪となり、機会を異にした場合には併合罪となる。同じ行為を複数回行った場合だけでなく、異なる性交等の行為を行った場合でも同様である。
＊わいせつな行為と性交等が接着した機会に同一の被害者に対して行われた場合は、本罪一罪が成立する（東京地判平成元.10.31判時1363・158）。

他罪との関係
＊強盗犯人がその機会に強制性交等の行為をした場合、また、強制性交等の犯人がその機会に強盗の行為をした場合には、強盗・強制性交等罪が成立する。
＊暴行・脅迫により被害者を心神喪失又は抗拒不能の状態にして性交等をした場合には、本罪が成立し、準強制性交等罪は問題とならない。
＊住居侵入を手段として本罪を犯した場合、両罪は牽連犯である。
＊逮捕監禁を手段として本罪を犯した場合、逮捕監禁行為が同時に本罪の手段である暴行となっているときは、観念的競合であるが、それ以外のときは、併合罪である。

(2) 強制性交等罪（後段）

① 犯人（性別を問わない）（主体）
② 13歳未満の者（客体）
③ 性交等をすること（行為）
④ 故意

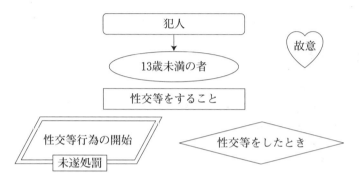

13歳未満の者

＊被害者の性別は問わない。

＊被害者が13歳未満の者であれば、その心神喪失・抗拒不能に乗じて性交等をした場合でも、本罪が適用される。

故　意

＊被害者が13歳未満であることの認識が必要である。

着手時期・成立時期

＊着手時期は、性交等に至る客観的な危険性が認められる行為を開始した時点である。

＊成立時期は、性交等を行った時点である。

罪　数

＊13歳未満の者に対し、暴行・脅迫を用いて性交等をした場合は、本条一罪が成立する。

第6　準強制わいせつ罪（178条 1 項）

緊速可

第178条　人の心神喪失若しくは抗拒不能に乗じ、又は心神を喪失させ、若しくは抗拒不能にさせて、わいせつな行為をした者は、第176条の例による。

2　〔略〕

成立要件

① 　犯人（主体）

② 　人（客体）

③ 　心神喪失若しくは抗拒不能に乗じること・心神喪失若しくは抗拒不能にさせること（行為）

④ 　わいせつな行為をすること（行為）

⑤ 　故意

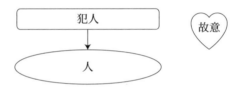

心神喪失若しくは抗拒不能に乗じ、又は心神を喪失させ、若しくは抗拒不能にさせて

＊「心神喪失」とは、精神的な障害によって正常な判断力を失った状態である。

＊「抗拒不能」とは、心理的又は物理的に抵抗ができない状態である。

＊「乗じ」てとは、利用することをいう。

想定問答

問　心神喪失や抗拒不能に当たるというのはどのような場合か。

答　被害者が、①わいせつな行為について認識できない場合（睡眠・酩酊・高度の精神遅滞など）と、②わいせつな行為については認識しながらも、錯誤により自由意思に従って行動する能力を失っている場合（医療行為であると誤信したときなど）がある。②の類型については、本罪の成立を認めない裁判例もあるが、多数の裁判例はこれを認めている（東京高判昭56.1.27刑裁月報13・1=2・50など）。

主要判例等　瞑想セミナーを主宰する被告人が、受講生に対し睡眠導入剤デパスを入れたコーヒーを飲ませて意識もうろう状態に陥らせて抗拒不能にし、陰部を弄ぶなどした準強制わいせつが成立する（大阪高判平27.9.29未登載（平成26年（う）第1390号）。

わいせつな行為

＊その意味については、強制わいせつ罪（176条前段・305頁）参照。

＊本罪においては、①心神喪失・抗拒不能の状態を利用し、又は②行為者・共犯者が暴行・脅迫によらずに心神喪失・抗拒不能にさせて、わいせつな行為をすることが必要である。

＊被害者の真意による承諾があれば本罪は成立しない。もっとも、被害者は、心神喪失・抗拒不能の状態にあるので、真意に基づく承諾と認めることは一般に困難であろう。

故　意

＊わいせつな行為をすることの認識とともに、被害者が心神喪失・抗拒不能の状態にあることの認識が必要である。

＊被害者の真意の同意があると誤信した場合、故意を欠く。

着手時期

（心神喪失・抗拒不能に乗じる場合）

＊わいせつな行為を開始したときであり、例えば、下着を脱がせて陰部を観

察したり、裸にして写真を撮ろうとし始めたときである。

＊客観的にみて、わいせつな行為に着手したと認められるような行為（必ずしもわいせつ行為自体であることは要しないが、わいせつな行為に向けて通常行われる、これに接着する行為）を開始することが必要である。

（心神喪失・抗拒不能にさせる場合）

＊わいせつ行為をする目的をもって心神喪失・抗拒不能にさせる行為を開始したときに認められる。

成立時期

＊わいせつな行為をしたときに成立する。

── 第7　準強制性交等罪（178条2項）

緊速可

第178条

1　〔略〕

2　人の心神喪失若しくは抗拒不能に乗じ、又は心神を喪失させ、若しくは抗拒不能にさせて、性交等をした者は、前条の例による。

成立要件

① 犯人（性別を問わない）（主体）

② 人（客体）

③ 心神喪失若しくは抗拒不能に乗じること・心神喪失若しくは抗拒不能にさせること（行為）

④ 性交等をすること（行為）

⑤ 故意

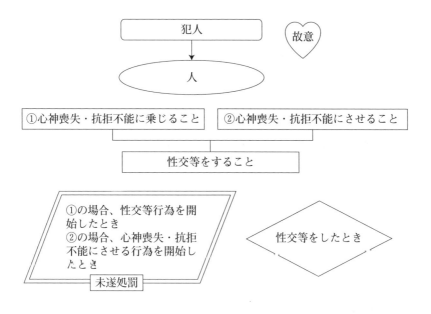

心神喪失若しくは抗拒不能

＊その意義については、準強制わいせつ罪（178条1項・314頁）参照。

性交等

＊その意義については、強制性交等罪（177条・311頁）参照。

主要判例等
① 被告人は、同居の実子が、かねてから被告人による暴力や性的虐待等により被告人に抵抗できない精神状態で生活しており、抗拒不能の状態に陥っていることに乗じて性交したとして、準強制性交等罪を肯定した（名古屋高判令2.3.12判時2467・137）。
② 被告人は、婚活アプリで知り合った複数女性に対し、酔い止めの薬と偽って睡眠導入剤を飲ませて抗拒不能の状態にさせ、自宅に連れ込んで性交したなどとして準強制性交等罪を認めた（名古屋地判平31.1.11未登載、京都地判平30.10.22未登載）。

着手時期・成立時期

＊心神喪失・抗拒不能に乗じた場合、性交等に接着した行為を始めた時点で着手がある。例えば、抗拒不能の女性に乗りかかった時点である（大阪高

判昭33.12.9高刑集11・10・611）。

＊性交等を行った時点で成立する。

─ 第8 監護者わいせつ及び監護者性
交等罪（179条）

第179条　18歳未満の者に対し、その者を現に監護する者であることによる
　影響力があることに乗じてわいせつな行為をした者は、第176条の例による。

2　18歳未満の者に対し、その者を現に監護する者であることによる影響力が
　あることに乗じて性交等をした者は、第177条の例による。

成立要件
①監護者（主体）（身分犯）
②18歳未満の者（性別を問わない）（客体）
③18歳未満の者を現に監護する者であることによる影響力があることに乗じ
　て（行為）
④わいせつな行為・性交等（行為）
⑤故意

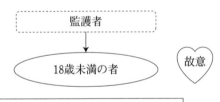

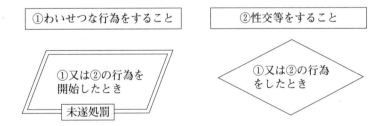

＊18歳未満の者を現に監督し、保護している者をいう（民820参照）。

＊事実上、現に18歳未満の者を監督し、保護する者であれば該当する。

想定問答

問 「現に監護する者」に当たるといえるかの判断基準は何か。

答 ①同居の有無、居住場所に関する指定等の状況、②指導状況、身の回りの世話等の生活状況、③生活費の支出などの経済的状況、④未成年者に関する諸手続等を行う状況などの諸事情を考慮して、経済的・精神的な観点から、依存・被依存ないし保護・被保護の関係が認められ、かつ、その関係に継続性が認められるかにより判断される。

18歳未満の者

＊18歳未満の者であれば性別を問わない。

現に監護する者であることによる影響力があることに乗じて

＊「影響力」とは、人の意思決定に何らかの作用を及ぼし得る力をいう。

＊「乗じて」とは、行為時において、影響力を及ぼしている状態でわいせつな行為をすることである。

擬▶ 監護者がその影響力のあることに乗じていればよく、被害者である18歳未満の者の同意の有無は本罪の成否に関係がない。

わいせつな行為をすること・性交等をすること

＊「わいせつな行為」（1項）は、176条の「わいせつな行為」と、「性交等」（2項）は、177条の「性交等」と、それぞれ同じ意味である（176条・305頁・177条・311頁参照）。

故　意

＊現に監護する者であることを基礎づける事実についての認識があれば足りる。

罪　数

＊同一被害者に対して数回にわたってわいせつな行為又は性交等をした場合、各犯行の時間的・場所的接着性等に照らして一個の行為と評価できる場合

には一罪となる。

他罪との関係

＊強制わいせつ罪・準強制わいせつ罪又は強制性交等罪・準強制性交等罪が成立する場合には、重ねて監護者わいせつ罪又は監護者性交等罪が成立するものではない。

＊児童福祉法の淫行させる罪（同法60条1項、34条1項6号）と本罪とは観念的競合となる。

共犯と身分

＊本罪は、身分犯であるから、「現に監護する者」でない者が、「現に監護する者」に加功してわいせつな行為又は性交等をすれば、身分のない者には65条1項が適用され、監護者わいせつ罪又は監護者性交等罪の共犯が成立する。

第9　未遂罪（180条）

第180条　第176条から前条までの罪の未遂は、罰する。

第10　強制わいせつ等致死傷罪（181条1項）

第181条　第176条、第178条第1項若しくは第179条第1項の罪又はこれらの罪の未遂罪を犯し、よって人を死傷させた者は、無期又は3年以上の懲役に処する。

2　〔略〕

成立要件

① 犯人（主体）

② 人（客体）

③ 176条・178条1項・179条1項の罪又はこれらの罪の未遂罪を犯すこと（行為）

④ 人を死傷させること（行為）

⑤ 人の死傷（結果）

⑥ 行為と結果との間の因果関係（③・④→⑤）

⑦ 故意

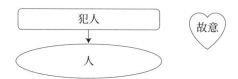

第176条、第178条第1項若しくは第179条第1項の罪又はこれらの罪の未遂罪

＊本罪は、強制わいせつ・準強制わいせつ・監護者わいせつ又はそれらの罪の未遂罪を犯したときに成立し得る。

＊本罪は、未遂罪も含まれるから、基本犯が既遂に達する必要はなく、基本犯の実行行為の着手があれば足りる。

よって

＊本罪が成立するためには、基本犯と死傷結果との間に、因果関係がなければならない（結果的加重犯）。

＊死傷の結果は、㋐わいせつ行為自体から生じた場合にかぎられず、㋑わいせつ行為の手段たる暴行・脅迫によって生じた場合でもよく（最決昭43.9.17刑集22・9・862）、さらに、㋒わいせつ行為の機会に随伴して、又は基本犯を実行する際に生じた場合でもよい（大判明44.6.29刑録17・1330）。

主要判例等

① 電車内でわいせつ行為をした直後、逮捕を免れる目的で、その場所で被害者につかまれた腕を強く振り払って同人に傷害を負わせた場合には、その行為は強制わいせつ行為に随伴する行為であり、強制わいせつ致傷罪が成立する（東京高判平12.2.21判時1740・107）。

② 被告人がわいせつな行為を行う意思を喪失した後に、その場から逃走するため、被害者に対して暴行を加え傷害を負わせた場合にも、被告人のこのような暴行はわいせつ行為に随伴するものといえることから、強制わいせつ致傷罪が成立する（最決平20.1.22刑集62・1・1）。

死 傷

＊傷害の程度については、傷害罪の傷害と同様である。

主観的要件

＊死傷の結果の発生について過失（予見可能性）は必ずしも要しない。

共 犯

＊基本犯の共同正犯のうちの誰かの行為によって死傷の結果が生じた場合、それが誰の行為か判明しないときであっても、共犯者（共謀共同正犯を含む。）全員に本罪が成立する。

第11 強制性交等致死傷罪
（181条2項）

緊逮可　裁判員

第181条

1　〔略〕

2　第177条、第178条第2項若しくは第179条第2項の罪又はこれらの罪の
　未遂罪を犯し、よって人を死傷させた者は、無期又は6年以上の懲役に処
　する。

成立要件

① 犯人（主体）

② 人（性別を問わない）（客体）

③ 177条・178条2項・179条2項の罪又はこれらの罪の未遂罪を犯すこと
　（行為）

④ 人を死傷させること（行為）

⑤ 人の死傷（結果）

⑥ 行為と結果との間の因果関係（③、④→⑤）

⑦ 故意

177条、178条2項若しくは179条2項の罪又はこれらの罪の未遂罪

＊本罪は、強制性交・準強制性交・監護者性交等又はそれらの罪の未遂罪を
　犯したときに成立し得る。

＊本罪は、基本犯の未遂罪も含まれるから、基本犯が既遂に達する必要はなく、基本犯の実行行為の着手があれば足りることになる。

＊性交自体は未遂でも、強制性交等に着手し傷害を負わせば強制性交等致傷罪が成立する（最決昭34.7.7裁判集130・515等）。
＊死傷の結果は、わいせつ行為と同様に、㋐性交等の行為自体、㋑手段である暴行・脅迫によって生じた場合、㋒性交等の行為の機会に随伴して生じた場合でもよい。
＊強制性交等の犯罪が終了した後、それに随伴するとはいえない暴行等によって死傷の結果が生じても、本罪は成立しない。

死　傷

＊その意味については、強制わいせつ等致死傷罪（181条1項・322頁）参照。
＊処女膜裂傷についても、本罪の成立が認められる（最大判昭25.3.15刑集4・3・355）。

罪　数

＊殺意をもって強制性交等の行為を行い死亡させたときは、殺人罪と強制性交等致死罪とは観念的競合となる（最判昭31.10.25刑集10・10・1455）。
＊強制性交目的で暴行を加えた結果、被害者を死亡させた直後の性交は、包括して強制性交致死罪となる（最判昭36.8.17刑集15・7・1244）。
＊強制性交等致傷罪の未遂罪はない。

第12　淫行勧誘罪（182条）

第182条　営利の目的で、淫行の常習のない女子を勧誘して姦淫させた者は、3年以下の懲役又は30万円以下の罰金に処する。

第13　重婚罪（184条）

第184条　配偶者のある者が重ねて婚姻をしたときは、2年以下の懲役に処する。その相手方となって婚姻をした者も、同様とする。

② 賭博及び富くじに関する罪

第1 賭博罪（185条）

第185条　賭博をした者は、50万円以下の罰金又は科料に処する。ただし、一時の娯楽に供する物を賭けたにとどまるときは、この限りでない。

第2 常習賭博等罪（186条）

第186条　常習として賭博をした者は、3年以下の懲役に処する。
2　賭博場を開張し、又は博徒を結合して利益を図った者は、3月以上5年以下の懲役に処する。

第3 富くじ発売等罪（187条）

第187条　富くじを発売した者は、2年以下の懲役又は150万円以下の罰金に処する。
2　富くじ発売の取次ぎをした者は、1年以下の懲役又は100万円以下の罰金に処する。
3　前2項に規定するもののほか、富くじを授受した者は、20万円以下の罰金又は科料に処する。

③ 礼拝所及び墳墓に関する罪

第1 礼拝所不敬罪・説教等妨害罪 （188条）

第188条　神祠、仏堂、墓所その他の礼拝所に対し、公然と不敬な行為をした者は、6月以下の懲役若しくは禁錮又は10万円以下の罰金に処する。
　2　説教、礼拝又は葬式を妨害した者は、1年以下の懲役若しくは禁錮又は10万円以下の罰金に処する。

第2 墳墓発掘罪 （189条）

第189条　墳墓を発掘した者は、2年以下の懲役に処する。

第3 死体損壊等罪 （190条）

第190条　死体、遺骨、遺髪又は棺に納めてある物を損壊し、遺棄し、又は領得した者は、3年以下の懲役に処する。

第4 墳墓発掘死体損壊等罪 （191条）

第191条　第189条の罪を犯して、死体、遺骨、遺髪又は棺に納めてある物を損壊し、遺棄し、又は領得した者は、3月以上5年以下の懲役に処する。

第5 変死者密葬罪 （192条）

第192条　検視を経ないで変死者を葬った者は、10万円以下の罰金又は科料に処する。

刑の一部執行猶予制度

$$\begin{bmatrix} 平成25年6月19日法律第49号 \\ 平 成 28 年 6 月 1 日 施 行 \end{bmatrix}$$

　「刑の一部執行猶予制度」は、①刑法上の一部執行猶予と②薬物法（薬物使用等の罪を犯した者に対する刑の一部の執行猶予に関する法律（平成25年6月19日法律第50号））上の一部執行猶予の2種類がある。

　「刑法上の一部執行猶予」の要件は、①前科要件と②再犯防止の必要性・相当性である。①の前科要件は全部執行猶予とほぼ同様である（保護観察付きも含めて全部猶予中の者も対象となるという点が異なる。）。②の再犯防止の必要性・相当性とは、「犯情の軽重及び犯人の境遇その他の情状を考慮して、再び犯罪をすることを防ぐために必要であり、かつ、相当であると認められるとき」（27条の2第1項）とされている。なお、猶予期間中、保護観察に付するかどうかは任意である。

　「薬物法上の一部執行猶予」は、薬物使用等の罪を犯した者に対して適用がある（この場合でも刑法上の一部執行猶予の適用対象者は刑法が優先適用される。つまり、薬物法による刑の一部執行猶予の対象者は、いわゆる累犯者ということとなる。）。主に、覚醒剤の所持・使用などの場合である（窃盗罪や住居侵入罪等と併合審理された場合でも適用がある。）。

　「刑法上の一部執行猶予」と異なるのは、①の前科要件がなく、対象犯罪については何度でも適用できることである。また、②の再犯防止の必要性・相当性も、「刑事施設における処遇に引き続き社会内において規制薬物等に対する依存の改善に資する処遇を実施することが」再犯防止にとって必要かつ相当かという視点が加わる。そして、必ず保護観察に付され、薬物防止プログラムの受講も義務付けられることとなる。

　例えば「懲役2年、うち懲役6月は2年間の保護観察付き執行猶予」との判決の場合、受刑者は1年6か月を刑務所で過ごして出所し、その後は保護観察を受けつつ2年の社会生活を送り、何事もなければ残り半年間の刑を受ける必要がなくなる。

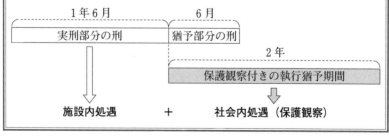

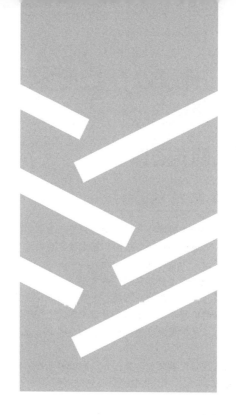

第3編

国家の法益を侵害する罪

第1章　国家の存亡を危うくする罪

① 内乱に関する罪

第1　内乱罪（77条）

第77条　国の統治機構を破壊し、又はその領土において国権を排除して権力を行使し、その他憲法の定める統治の基本秩序を壊乱することを目的として暴動をした者は、内乱の罪とし、次の区別に従って処断する。

(1)　首謀者は、死刑又は無期禁錮に処する。

(2)　謀議に参与し、又は群衆を指揮した者は無期又は3年以上の禁錮に処し、その他諸般の職務に従事した者は1年以上10年以下の禁錮に処する。

(3)　付和随行し、その他単に暴動に参加した者は、3年以下の禁錮に処する。

2　前項の罪の未遂は、罰する。ただし、同項第3号に規定する者については、この限りでない。

第2　内乱予備陰謀罪（78条）

第78条　内乱の予備又は陰謀をした者は、1年以上10年以下の禁錮に処する。

第3　内乱等幇助罪（79条）

第79条　兵器、資金若しくは食糧を供給し、又はその他の行為により、前2条の罪を幇助した者は、7年以下の禁錮に処する。

第4　自首による刑の免除（80条）

第80条　前2条の罪を犯した者であっても、暴動に至る前に自首したときは、その刑を免除する。

② 外患に関する罪

第1 外患誘致罪（81条）

第81条 外国と通謀して日本国に対し武力を行使させた者は、死刑に処する。

第2 外患援助罪（82条）

第82条 日本国に対して外国から武力の行使があったときに、これに加担して、その軍務に服し、その他これに軍事上の利益を与えた者は、死刑又は無期若しくは2年以上の懲役に処する。

第3 未遂罪（87条）

第87条 第81条及び第82条の罪の未遂は、罰する。

第4 外患予備陰謀罪（88条）

第88条 第81条又は第82条の罪の予備又は陰謀をした者は、1年以上10年以下の懲役に処する。

③ 国交に関する罪

第1 外国国章損壊等罪 (92条)

第92条　外国に対して侮辱を加える目的で、その国の国旗その他の国章を損壊し、除去し、又は汚損した者は、2年以下の懲役又は20万円以下の罰金に処する。

2　前項の罪は、外国政府の請求がなければ公訴を提起することができない。

第2 私戦予備陰謀罪 (93条)

第93条　外国に対して私的に戦闘行為をする目的で、その予備又は陰謀をした者は、3月以上5年以下の禁錮に処する。ただし、自首した者は、その刑を免除する。

第3 中立命令違反罪 (94条)

第94条　外国が交戦している際に、局外中立に関する命令に違反した者は、3年以下の禁錮又は50万円以下の罰金に処する。

第 2 章　国家の作用を害する罪

① 公務の執行を妨害する罪

CHECK　公務執行妨害罪は、国家作用としての公務を保護するため、適法な公務の円滑な遂行を妨害する行為を処罰するものである。公務執行妨害罪の保護法益は、公務員ではなく、公務の執行そのものである（最判昭28.10.2刑集7・10・1883）。

公務執行妨害罪は公務員の現在の職務執行を対象とするが、職務強要罪は将来の職務行為に向けられた犯罪であり、公務執行妨害罪を補充するものである。

── 第 1　公務執行妨害罪（95条1項）

緊逮可

第95条　公務員が職務を執行するに当たり、これに対して暴行又は脅迫を加えた者は、3年以下の懲役若しくは禁錮又は50万円以下の罰金に処する。
2　〔略〕

成立要件

① 犯人（主体）
② 公務員（客体）
③ 職務を遂行するに当たり、暴行・脅迫をすること（行為）
④ 職務行為の適法性
⑤ 故意

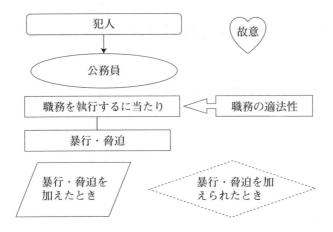

公務員

＊「公務員」とは、国又は地方公共団体の職員その他法令により公務に従事する議員、委員その他の職員をいう（7条1項）（最判昭25.2.28刑集4・2・268）。

職務を執行するに当たり

＊「職務」とは、公務員が取り扱う事務のすべてをいう（最判昭53.6.29刑集32・4・816）。非権力的な公務も含まれる。

擬▶ 職務は、刑法上、適法でなければならない。適法かどうかは、事後的に純客観的な立場から判断されるべきでなく、行為当時の状況に基づいて客観的・合理的に判断される（最決昭41.4.14判時449・64）。

【主要判例等】　**警察官の行為が適法な職務執行とされた例**
① 客観的には現行犯人でない者を現行犯人と誤認して逮捕しようとした場合でも、現行犯人と判断したことが社会通念上一般に認容されるとき（大阪高判昭28.10.1高刑集6・11・1497）
② 職務質問に際して逃走した者を追跡し、その腕に手をかけて停止を求める行為（最決昭29.7.15刑集8・7・1137）
③ 挙動不審者として職務質問を受け、派出所まで任意同行を求められた者が突如逃走した場合に、さらに職務質問をしようとして追跡した場合（最判昭30.7.19刑集9・9・1908）

① 逮捕状により被疑者を逮捕するに際し、これを被疑者に呈示しなかった場合（大阪高判昭32.7.22高刑集10・6・521）
② 逮捕状の緊急執行に際し、被疑事実の要旨を告知しなかった場合（東京高判昭34.4.30高刑集12・5・486）

＊「職務を執行するに当たり」とは、現に職務を執行中という場合だけでなく、職務を執行するに「際して」という意味であり、職務の執行に着手しようとする場合も含まれる（最判昭45.12.22刑集24・13・1812、最判昭53.6.29刑集32・4・816）。

主要判例等 生活保護受給手続のため区役所保護課を訪れた者の言動に対し、事務を円滑に遂行するため、これを阻害する要因を排除ないし是正することも、相当な範囲にとどまる限り、本来の職務に付随するものとして、その適正な職務に含まれる（東京高判平27.7.7高裁速報平成27・141）。

＊交替制当直勤務中の警察官でも、当直室で休憩中の場合及び休憩のため当直室に赴こうとしていた場合は、たとえ勤務時間内であっても、公務の執行中に当たらない（大阪高判昭53.12.7高刑集31・3・313）。

暴　行

＊「暴行」とは、公務員に向けられた有形力の行使であればよい。公務員に対して直接向けられる必要はなく、間接的に公務員に物理的・心理的に影響を与えるようなものでもかまわない（最判昭37.1.23刑集16・1・11、最判昭41.3.24刑集20・3・129）。

＊暴行の程度は、公務員の職務の執行を妨げる程度のものでなければならない。「脅迫」は、人を畏怖させるに足る害悪の告知をいい、その方法や程度を問わない。現に相手方が畏怖したことは必要とされない（暴行の意味については、22頁参照。）。

＊本罪における暴行・脅迫は、これによって現実に職務執行妨害の結果が発生したことを必要とするものではなく、妨害となるべきものであれば足りる（最判昭25.10.20刑集4・10・2115）。また、公務員に対して積極的なものとしてなされなければならない（最大判昭26.7.18刑集5・8・1491）。

主要判例等 司法巡査が覚醒剤取締法違反の現行犯人甲を逮捕する現場で、証拠物として覚醒剤注射液入りアンプルを適法に差し押さえ、整理のため同所

に置いたところ、乙がこれを足で踏みつけて損壊した行為は、本条の暴行に当たる（最決昭34.8.27刑集13・10・2769）。

罪　数

＊本罪の罪数は、公務員の数ではなく、公務の数によって決まる。

他罪との関係

＊公務執行妨害罪が成立するときは、その手段たる暴行、脅迫について、暴行罪や脅迫罪が別途成立するわけではない。

＊公務員が暴行により負傷した場合には、傷害罪も成立し、本罪と観念的競合の関係となる。

故　意

＊公務執行妨害罪の故意は、公務員が職務執行中であること、これに対して暴行・脅迫を加えることの認識が必要である。公務の執行を妨害する目的は必要ではない。

＊職務執行中であることの認識については、公務員が職務行為の執行に当たっていることの認識があれば足り、具体的にいかなる内容の職務の執行中であるかまでも認識することを要しない（最判昭53.6.29刑集32・4・816）。

第2　職務強要罪（95条2項）

第95条

1　〔略〕

2　公務員に、ある処分をさせ、若しくはさせないため、又はその職を辞させるために、暴行又は脅迫を加えた者も、前項と同様とする。

第3　封印等破棄罪（96条）

第96条　公務員が施した封印若しくは差押えの表示を損壊し、又はその他の方法によりその封印若しくは差押えの表示に係る命令若しくは処分を無効にした者は、3年以下の懲役若しくは250万円以下の罰金に処し、又はこれを併科する。

第4　強制執行妨害目的財産損壊等罪（96条の2）

第96条の2　強制執行を妨害する目的で、次の各号のいずれかに該当する行
　為をした者は、3年以下の懲役若しくは250万円以下の罰金に処し、又は
　これを併科する。情を知って、第3号に規定する譲渡又は権利の設定の相
　手方となった者も、同様とする。
　(1)　強制執行を受け、若しくは受けるべき財産を隠匿し、損壊し、若しく
　　　はその譲渡を仮装し、又は債務の負担を仮装する行為
　(2)　強制執行を受け、又は受けるべき財産について、その現状を改変して、
　　　価格を減損し、又は強制執行の費用を増大させる行為
　(3)　金銭執行を受けるべき財産について、無償その他の不利益な条件で、
　　　譲渡をし、又は権利の設定をする行為

第5　強制執行行為妨害等罪（96条の3）

第96条の3　偽計又は威力を用いて、立入り、占有者の確認その他の強制執
　行の行為を妨害した者は、3年以下の懲役若しくは250万円以下の罰金に
　処し、又はこれを併科する。
2　強制執行の申立てをさせず又はその申立てを取り下げさせる目的で、申
　立権者又はその代理人に対して暴行又は脅迫を加えた者も、前項と同様と
　する。

第6　強制執行関係売却妨害罪（96条の4）

第96条の4　偽計又は威力を用いて、強制執行において行われ、又は行われ
　るべき売却の公正を害すべき行為をした者は、3年以下の懲役若しくは
　250万円以下の罰金に処し、又はこれを併科する。

第7　加重封印等破棄等罪（96条の5）

第96条の5　報酬を得、又は得させる目的で、人の債務に関して、第96条か
　ら前条までの罪を犯した者は、5年以下の懲役若しくは500万円以下の罰
　金に処し、又はこれを併科する。

第8 公契約関係競売等妨害罪（96条の6）

第96条の6　偽計又は威力を用いて、公の競売又は入札で契約を締結するための公正を害すべき行為をした者は、3年以下の懲役若しくは250万円以下の罰金に処し、又はこれを併科する。

2　公正な価格を害し又は不正な利益を得る目的で、談合した者も、前項と同様とする。

② 逃走の罪

　　国家の刑事司法に関する拘禁作用を保護するために、拘禁されている者自身が逃走した場合、他の者が拘禁されている者を逃走させた場合に処罰することとしている。

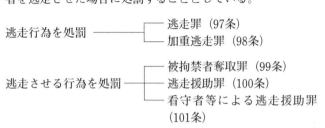

逃走行為を処罰 ─────┬── 逃走罪（97条）
　　　　　　　　　　　└── 加重逃走罪（98条）

逃走させる行為を処罰 ──┬── 被拘禁者奪取罪（99条）
　　　　　　　　　　　　├── 逃走援助罪（100条）
　　　　　　　　　　　　└── 看守者等による逃走援助罪
　　　　　　　　　　　　　　（101条）

第1　逃走罪（97条）

第97条　裁判の執行により拘禁された既決又は未決の者が逃走したときは、1年以下の懲役に処する。

成立要件

① 　裁判の執行により拘禁された既決・未決の者（主体）
② 　逃走すること（行為）
③ 　看守者の実力支配を脱したこと（結果）
④ 　故意

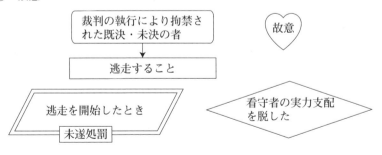

裁判の執行により拘禁された既決又は未決の者

＊裁判の執行により拘禁された既決又は未決の者とは、裁判の執行により刑

事施設に拘禁されている者をいう。警察の留置施設も含まれる。

* 拘禁とは、身体の自由の拘束をいう。看守者の実力支配内にあればよい。移送や出廷のための護送中の者も含まれるが、勾留状や収容状が執行されて（刑訴法70条、489条参照）引致途中の者は当たらない。

* 既決の者とは、確定判決により刑の執行として現に拘禁されている者又は死刑執行のために拘置されている者をいう。労役場に留置されている者も含む。

* 未決の者とは、被疑者又は被告人として勾留状の執行により拘禁された者をいう（札幌高判昭28.7.9高刑集6・7・874）。少年で勾留に付された者や少年法45条4号によりみなし勾留されている者も含まれる。勾引状の執行を受けて勾引された者（98条）や逮捕された者は「未決の者」には含まれない。

* 鑑定留置に付された者も、留置中の身柄の処遇が勾留と同一視される限り「未決の者」に当たる（仙台高判昭33.9.24高刑集11・追録1頁、福井地判昭46.2.16刑裁月報3・2・105）。

逃走する（行為）

* 逃走したとは、拘禁を離脱することをいう。手段・方法を問わないが、加重逃走罪が規定する手段を用いた場合には、同罪が成立する。

* 逃走は、既遂に達したと同時に終了する。したがって、既遂となった瞬間から公訴時効が進行する。

着手時期・既遂

* 拘禁から離脱する行為に着手したときに、実行の着手があり、看守者の実力支配を脱したときに既遂となる（福岡高判昭29.1.12高刑集7・1・1）。

故　意

* 自己が裁判の執行により拘禁された既決又は未決の者であること、及び逃走をすることを認識していることが故意の内容である。

─ 第2　加重逃走罪（98条）

> 第98条　前条に規定する者又は勾引状の執行を受けた者が拘禁場若しくは拘束のための器具を損壊し、暴行若しくは脅迫をし、又は2人以上通謀して、逃走したときは、3月以上5年以下の懲役に処する。

成立要件

① 　裁判の執行により拘禁された既決・未決の者（主体）
② 　勾引状の執行を受けた者（主体）
③ 　拘禁場若しくは拘束のための器具を損壊すること（行為）
④ 　暴行・脅迫を加えること（行為）
⑤ 　通謀して逃走すること（行為）
⑥ 　拘禁状態から離脱したこと（結果）
⑦ 　故意

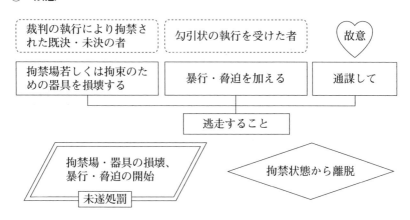

前条に規定する者（既決・未決の被拘禁者）又は勾引状の執行を受けた者（主体）

＊既決、未決の被拘禁者の意味については、逃走罪（97条・339頁）参照。

＊勾引状の執行を受けた者とは、刑訴法の規定する勾引状に限られず、身体の自由を拘束する令状の執行を受けた者をいう。逮捕状の執行を受けた者はこれに当たる（東京高判昭33.7.19高刑集11・6・347）。しかし、現行犯人として逮捕された者、緊急逮捕されて逮捕状が発付される前の者については、これに含まれない。

＊勾引状の執行を受ければ足り、必ずしも一定の場所に拘禁されたことを要しない。

拘禁場若しくは拘束のための器具を損壊し、暴行若しくは脅迫をし、又は２人以上通謀して

＊拘禁場若しくは拘束のための器具を損壊とは、刑事施設、警察の留置施設等の拘禁の用に供される施設をいう。

＊拘束のための器具とは、被収容者の身体の自由を拘束する器具をいう。手錠、捕縄も器具である。

＊損壊とは、物理的にその効用を害することをいう。拘禁場の鍵を破壊するのは、拘禁場の損壊に当たるが、合鍵を用いて扉を開くのは損壊ではない。

＊拘禁場又は拘束のための器具の損壊は、逃走の手段としてなされたものであることが必要である。

＊暴行・脅迫は、逃走の手段としてなされたものであることを要する。

＊暴行とは、看守者に向けられた不法な有形力の行使をいう。

＊脅迫とは、看守者に向けられた害悪の告知をいう。

＊通謀とは、示し合わすことをいう。お互いに相手が逃走することを認識しているだけでは足りず、ともに同一の機会を利用して逃走する旨の意思を連絡していることを要する。

擬▶　２人以上の通謀の場合には、２人以上の通謀者が共に少なくとも逃走に着手したことを必要とする。２人以上の者が通謀し、１人が逃走に着手したにすぎないときは、逃走罪の成立のみが問題となる。

逃　走
＊逃走については、逃走罪（97条・340頁）参照。

着手時期
＊拘禁場若しくは拘束のための器具を損壊し又は暴行・脅迫して逃走する場合は、拘禁場若しくは拘束のための器具を損壊し又は暴行・脅迫に着手した時点で実行の着手が認められる。

＊判例は、拘禁場又は械具（拘束のための器具）の損壊による加重逃走罪は、逃走の手段としての損壊が開始されたときは、逃走行為自体に着手しなくても、実行の着手があるとする（最決昭54.12.25刑集33・7・1105）。これに対し、２人以上通謀して逃走した場合は、逃走に着手した時点で実行の着手が認められる。

＊被拘禁者が本条の損壊、暴行・脅迫、通謀等を併せて逃走したときは包括
一罪となる。

＊逃走に着手した後に、損壊、暴行・脅迫に着手した場合は、加重逃走罪だ
けが成立する。

他罪との関係

＊逃走が既遂に達した後に看守者等に対して暴行を加えた場合は公務執行妨
害罪が成立する。

＊逃走の手段として、放火、殺人、傷害、逮捕監禁等が行われた場合は、そ
れぞれの罪と観念的競合となる。

第3　被拘禁者奪取罪（99条）

第99条　法令により拘禁された者を奪取した者は、３月以上５年以下の懲役
に処する。

成立要件

① 犯人（主体）
② 法令により拘禁された者（客体）
③ 奪取すること（行為）
④ 自己・第三者の実力支配下に移したこと（結果）
⑤ 故意

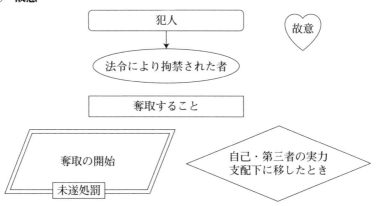

＊法令により拘禁された者は、既決、未決の被拘禁者、勾引状、逮捕状、勾留状、収容状、引致状の執行を受けた者に限らず、現行犯人として逮捕された者、緊急逮捕された者、出入国管理及び難民認定法による被収容者等を含む。警職法3条の保護対象者は含まれないと解される。

＊法令により拘禁された者に当たるかは、必ずしも一定の場所に拘禁されたことを必要としない。

奪　取

＊奪取とは、被拘禁者を看守者の実力的支配から離脱させて、これを自己又は第三者の実力的支配下に置くことをいう。したがって、被拘禁者を看守者の実力支配から解放して逃走させたにすぎない場合は、逃走援助であって奪取ではない。

＊奪取の手段は、暴行、脅迫、欺罔その他いかなる方法でもよい。

＊拘禁から離脱させるための行為に着手したときに実行の着手があり、自己又は第三者の実力支配下に置いたときに既遂となる。

罪　数

＊1個の奪取行為で数名の被拘禁者を奪取した場合は、観念的競合となる。

他罪との関係

＊逃走させる目的で奪取したときは、本条と逃走援助罪との観念的競合となる。

＊公務員に暴行・脅迫を加えて本罪を犯せば、公務執行妨害罪との観念的競合となる。

── 第4 逃走援助罪（100条）

第100条　法令により拘禁された者を逃走させる目的で、器具を提供し、その他逃走を容易にすべき行為をした者は、3年以下の懲役に処する。
2　前項の目的で、暴行又は脅迫をした者は、3月以上5年以下の懲役に処する。

成立要件

① 犯人（主体）
② 法令により拘禁された者（客体）
③ 器具を提供し、その他逃走を容易にすべき行為をすること（1項）（行為）
④ 暴行・脅迫をすること（2項）（行為）
⑤ 逃走を容易にする行為が終了したこと（結果）
⑥ 故意
⑦ 逃走させる目的

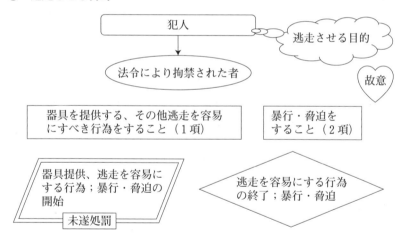

法令により拘禁された者

＊その意味については、被拘禁者奪取罪（99条・344頁）参照。

逃走させる目的

＊本罪は、逃走させる目的を要件とする目的犯である。行為者に逃走させる目的がなければならない。

＊器具を提供し、その他逃走を容易にすべき行為での、器具の提供は、逃走を容易にすべき行為の例示であり、その他逃走の方法や機会を教示するなど言語による場合と器具を除去するなど動作による場合を含む。

擬▶ 具体的状況において、被拘禁者の逃走を容易にさせる性質をもつものであれば器具に当たる。

暴行又は脅迫

＊暴行又は脅迫は、逃走を容易にする性質のものでなければならないが、必ずしも看守者に向けられたものである必要はなく、拘禁場や拘禁のための器具の損壊等、物に対する暴行も含まれる。

着手時期・既遂

＊本罪は、逃走を容易にすべき行為を開始することで実行の着手があり、被拘禁者がその行為を終了させれば既遂となる。現実に逃走を遂げることは必要でない。

＊暴行・脅迫を手段とする場合は、暴行・脅迫の開始により実行の着手があり、暴行・脅迫が行われれば既遂となる。

第5　看守者等による逃走援助罪（101条）

第101条　法令により拘禁された者を看守し又は護送する者がその拘禁された者を逃走させたときは、1年以上10年以下の懲役に処する。

第6　未遂罪（102条）

第102条　この章の罪の未遂は、罰する。

③ 犯人蔵匿及び証拠隠滅の罪

CHECK　刑事事件の捜査・審判及び刑の執行等、広く国家の刑事司法作用の円滑な運用を保護するために、それに対する侵害行為を処罰するものである。

─ 第1　犯人蔵匿等罪（103条）

緊逮可

第103条　罰金以上の刑に当たる罪を犯した者又は拘禁中に逃走した者を蔵匿し、又は隠避させた者は、3年以下の懲役又は30万円以下の罰金に処する。

※　平成28年6月に、法定刑の上限が引き上げられた。

成立要件

① 犯人（主体）
② 罰金以上の刑に当たる罪を犯した者（客体）
③ 拘禁中に逃走した者（客体）
④ 蔵匿・隠避させること（行為）
⑤ 妨害のおそれが生じたこと（犯罪の成立）
⑥ 故意

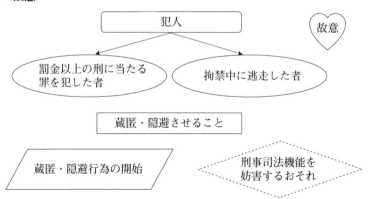

罰金以上の刑に当たる罪を犯した者又は拘禁中に逃走した者

＊ 「罰金以上の刑に当たる罪」とは、法定刑が罰金以上の重い刑が規定されている罪をいう。すなわち、拘留、科料のみが法定刑とされている罪以外

の罪をいう（10条）。

擬▶ 罪を犯した者という場合には、

①真実その罪を犯した者（その犯罪又は犯人についての捜査開始の有無を
問わない。）（最判昭25.10.2刑集7・10・1879）

②その罪を犯したとして、起訴され又は捜査の対象とされている者（真実
その罪を犯したか否かを問わない。）（最判昭24.8.9刑集3・9・1440）

③罰金以上の刑に当たる罪の有罪判決が確定した者（最判昭33.2.18刑集
12・3・359）

が含まれる。

なお、①、②の場合、いずれもその後において不起訴となり又は無罪の
判決を受けたとしても、本条の罪の成立には影響しない。

＊罪を犯した者には、犯人として逮捕勾留されている者も含まれる（最決平
元.5.1刑集43・5・405）。

＊その罪が親告罪であっても、告訴の有無は問わない。もっとも、告訴権者
全員の告訴権が消滅したり、公訴時効が完成するなど、公訴提起の可能性
がなくなった後は、本罪は成立しない。

＊拘禁中に逃走した者とは、法令により拘禁中に逃走した者をいう（99条・
344頁参照）。

蔵匿し、又は隠避させた

＊蔵匿とは、捜査機関による発見、逮捕を免れる隠れ場所を提供することを
いう。

＊隠避とは、蔵匿以外の方法で捜査機関による発見、逮捕を妨げる行為をい
う（大判昭5.9.18刑集9・668）。犯人に、逃避を可能にするため金品、衣服
を与え、逃避の場所を教え、犯人の自首を阻止し又はその身代わりとなっ
て自分が犯人であると虚偽の申立てをする行為（大判昭5.2.7刑集9・51）
などは、いずれも隠避である。

主要判例等　犯人として逮捕勾留されている者をして現になされている身
柄の拘束を免れさせるような性質の行為も本条にいう「隠避」に当たるので、
犯人が逮捕勾留された後、被告人が他の者を教唆して身代わり犯人として警
察署に出頭させ、自己が犯人である旨の虚偽の陳述をさせる行為は犯人隠避
教唆罪を構成する（最決平元.5.1刑集43・5・405）。

＊蔵匿、隠避行為が、具体的事情において、一時的にせよ捜査機関による発
見、逮捕又は現になされている身柄の拘束を免れさせるに足るものである

ことが必要である。

故　意

＊本罪が成立するためには、蔵匿・隠避の客体が、罰金以上の刑に当たる罪を犯した者又は拘禁中逃走した者であること、及び、その者を蔵匿・隠避させることの認識をもつことが必要であるが、その犯人がどんな犯罪を犯したものであるか、また、犯人が何某であるかを知ることを要しない（大判大4.3.4刑録21・231）。

罪　数

＊同一事件で同一人を蔵匿し、かつ隠避させた場合は包括一罪となる。また、同一事件で数名の者を1個の行為で蔵匿し又は隠避させた場合は観念的競合となる。

他罪との関係

＊他人を教唆して自己を隠避させたときは、犯人隠避罪の教唆犯が成立する（最決昭40.2.26刑集19・1・59）。

── 第2　証拠隠滅等罪（104条）

緊逮可

第104条　他人の刑事事件に関する証拠を隠滅し、偽造し、若しくは変造し、又は偽造若しくは変造の証拠を使用した者は、3年以下の懲役又は30万円以下の罰金に処する。

※　平成28年6月に、法定刑の上限が引き上げられた。

成立要件

①　犯人（主体）
②　他人の刑事事件に関する証拠（客体）
③　隠滅・偽造・変造すること（行為）
④　偽造・変造した証拠を使用すること（行為）
⑤　捜査・審判を妨害するおそれが生じたこと
⑥　故意

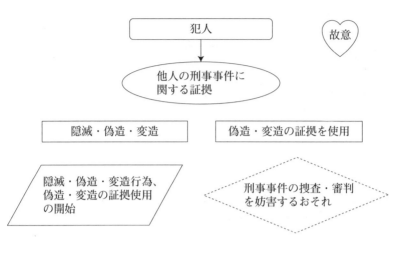

他人の刑事事件に関する証拠

＊他人とは、自己以外の者をいう。

> **主要判例等** 他人の刑事被告事件に関して証拠を偽造するときは、たまたまその偽造証拠が自己の刑事被告事件に関係を有する場合でも、本罪が成立する（大判昭12.11.9刑集16・1545）。もっとも、自己の刑事事件に関する証拠が、同時に、共犯者の刑事事件に関する証拠である場合でも、自己の利益のためにこれを隠滅するときは本罪を構成しないと解するのが相当である（東京地判昭36.4.4判時274・34）。

＊刑事事件とは、公訴提起後の被告事件だけでなく、公訴提起前の被疑事件も含まれる（大判明45.1.15刑録18・1）。

＊刑事事件が不起訴あるいは無罪となっても本罪の成否には影響しない。

＊証拠とは、刑事事件についての捜査機関又は裁判機関が国家刑罰権の有無を判断するに当たり関係があると認められる一切の資料である（大判昭7.12.10刑集11・1817）。捜査段階における参考人も、他人の刑事被告事件に関する証拠であり、これを隠匿すれば証拠隠滅罪が成立する（最決昭36.8.17刑集15・7・1293）。

擬▶ 証拠は刑事事件に関するものに限られるので、民事や行政事件等の証拠は含まれない。

＊隠滅とは、証拠そのものを滅失させる行為のほか、証拠の顕出を妨げ又は
その証拠価値を減失減少させる一切の行為をいう（大判明43.3.25刑録16・
470）。証拠物件の廃棄、隠匿、証人となるべき者を逃避させることなどが
その例である。

＊偽造とは、新たに内容虚偽の証拠を作出することをいう。それが文書であ
る場合、作成名義人によってなされても偽造となる。偽証を教唆する行為
は実質的には証拠の偽造であるが、偽証罪が設けられていることから、偽
証教唆が成立し、本罪は成立しない。

＊他人の刑事被疑事件について参考人として取調べを受け、捜査官に対して
虚偽の事実を述べ、供述調書が作成された場合には、捜査官に対して虚偽
の供述をすることが証拠偽造罪に当たらないのと同様に、証拠偽造罪を構
成し得ない（千葉地判平7.6.2判時1535・144）。

擬▶ 虚偽供述、虚偽内容の供述調書は、証拠隠滅罪に該当しないが、虚偽の
供述書、上申書は同罪に該当する。

＊変造とは、現存の証拠に加工してその性質、形態、意味、内容を変更する
ことをいう。文書である場合、作成名義人によってなされても変造となる。

＊偽造、変造の証拠の使用とは、それを、偽造又は変造されていない証拠と
して裁判所又は捜査機関に提供することをいう。使用は進んでこれをする
と、求めによってするとを問わない。

＊証拠の隠滅、偽造、変造、使用により捜査、審判に実害が生じなくとも本
罪は成立する。

（主要判例等） 第三者の覚醒剤所持という架空の事実に関する令状請求のた
めの証拠を作り出す意図で、捜査官と相談しながら虚偽の供述内容を創作、
具体化させ、供述調書を作成した行為は証拠偽造罪に当たる（最決平28.3.
31刑集70・3・58）。

（故 意）

＊他人の刑事事件に関する証拠を隠滅等する認識があれば足り、必ずしも他
人の利益又は不利益を図り、国家権力等を妨害する積極的意思は要件では
ない。

共　犯

＊証拠の隠滅、偽造、変造、使用は、他人の利益のためになされると不利益のためになされるとを問わない。犯人又は逃走者が、自己の利益を図るのではなく、専ら自己の共犯の利益を図るために、自己の親族を教唆して本罪を犯させたときは、本罪の教唆犯が成立する（大判大8.4.17刑録25・568）。

罪　数

＊本罪の罪数は、証拠を基準として判断される。
＊数個の証拠について１個の隠滅行為があれば観念的競合であり、それぞれについて隠滅行為があれば併合罪である。

他罪との関係

＊本罪の行為が他罪にも触れる場合は本罪との観念的競合となる。例えば、他人の窃盗事件の証拠である盗品等を預かって隠匿すれば本罪と盗品等保管罪との観念的競合であるし、証人・参考人を証拠隠滅のために殺害したり、監禁したりすれば本罪と殺人罪、監禁罪との観念的競合となる。
＊103条及び104条の罪が親族により犯される場合には、適法行為の期待可能性が低く責任が軽くなるとして、任意的な刑の免除を認めている（105条）。

第3　親族による犯罪に関する特例（105条）

第105条　前２条の罪については、犯人又は逃走した者の親族がこれらの者の利益のために犯したときは、その刑を免除することができる。

─ 第4　証人等威迫罪（105条の2）─

第105条の2　自己若しくは他人の刑事事件の捜査若しくは審判に必要な知識を有すると認められる者又はその親族に対し、当該事件に関して、正当な理由がないのに面会を強請し、又は強談威迫の行為をした者は、2年以下の懲役又は30万円以下の罰金に処する。

※　平成28年6月に、法定刑の上限が引き上げられた。

成立要件

① 犯人（主体）
② 自己若しくは他人の刑事事件の捜査若しくは審判に必要な知識を有すると認められる者又はその親族（客体）
③ 当該事件に関して正当な理由なく面会を強請すること（行為）
④ 強談威迫の行為をすること（行為）
⑤ 刑事事件の捜査・審判を妨害するおそれ
⑥ 故意

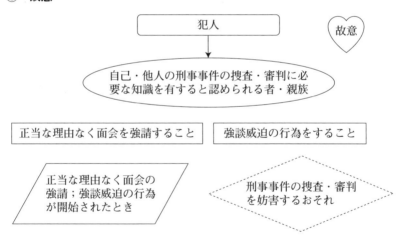

自己若しくは他人の刑事事件の捜査若しくは審判に必要な知識を有すると認められる者又はその親族に対し

＊本罪は自己若しくは他人の刑事事件とされ、他人の刑事事件に限られる104条の客体よりも広い。

＊捜査若しくは審判に必要な知識を有すると認められる者とは、捜査機関又は裁判機関において、刑罰権の有無を判断するのに必要な一切の知識を有

する者をいう。

想定問答

問 「捜査若しくは審判に必要な知識を有すると認められる者」といえるかはどのようにして判断すればよいか。

答 客観的な諸般の状況から合理的に判断して知識を有している可能性があると認められる者であれば足り、現実には知識をもっていなくても、知識をもっていると認めるのが相当な場合にはこれに当たる。例えば、犯罪現場に居合わせたが、たまたま犯行を目撃しなかった者などもこれに含まれると解される。

＊既に捜査機関に対し供述を終えた者、公判廷における証人尋問を終えた者であっても本罪の客体となりうる。

擬▶ 「捜査若しくは審判に必要な知識」とされているので、当該事件が未確定状態にある間の本条所定の行為が処罰の対象であり、一度証人として証言を終えた者を事件の確定前に威迫したときは、本罪が成立する（大阪高判昭35.2.18下刑集2・2・141、東京高判昭35.11.29高刑集13・9・639）。

＊親族とは、民法上の親族をいう。内縁の妻は含まれない。

正当な理由がないのに面会を強請し、又は強談威迫の行為をする（行為）

＊正当な理由がないのにの判断は、行為者の動機によって決まるのではなく、社会通念上正当といいうるか客観的事情から判断される。

＊面会を強請しとは、相手方において面会する意思のないことを知りながら、直接、言語、挙動等により強いて面会を求めることをいう（福岡高判昭38.7.15下刑集5・7=8・653）。

＊強談威迫の行為とは、強談と威迫の両行為を含む概念であって、強談とは、他人に対し言語をもって強いて自己の要求に応ずべきことを迫ることをいい、威迫とは、他人に対し、言語挙動をもって気勢を示し、不安困惑の念を生ぜしめることをいう。

＊105条の2にいう「威迫」には、不安、困惑の念を生じさせる文言を記載した文書を送付して相手にその内容を了知させる方法による場合が含まれ、直接相手と相対する場合に限られるものではない（最決平19.11.13刑集61・8・743）。

本条は、いわゆる抽象的危険犯と解すべきものであるから、強談威迫の行為は、刑事司法の適正な作用を侵害する可能性があれば足り、相手方の供述に不当な影響を及ぼすべき具体的危険性を要しない（福岡高判昭51.9.22判時837・108）。

＊強談又は威迫のいずれかをすれば本罪が成立する。

擬▶ 当該事件に関し面会の強請、強談威迫がなされた場合でなければならないから、事件に無関係な目的で面会の強請、強談威迫がなされようとも、本罪は成立しない。しかし、本罪の成立のためには、面会強請等により捜査・審判に影響を与えようとの目的までも必要とするものではなく、また、面会強請等により捜査・審判に影響を及ぼすおそれの存在も必要ではない。

故　意

＊本罪の故意は、自己若しくは他人の刑事事件の捜査・審判に必要な知識を有すると認められる者又はその親族であることを認識し、かつ、これらの者に対して、当該事件に関し、正当な理由がないのに面会を強請し、又は強談威迫の行為をすることの認識があれば足り、公判の結果に何らかの影響を及ぼそうとの積極的な目的意識を必要としない（東京高判昭35.11.29高刑集13・9・639）。

親族による犯罪に関する特例（105条）との関係

＊本罪には105条の適用はないから、犯人の親族が犯人のために本罪を犯したとしても、その刑を免除されることはない。

罪　数

＊罪数は、客体を基準として判断される。面会を強請し、かつ、強談威迫に及べば、本罪だけが成立する。

他罪との関係

＊本罪の犯人が暴行・脅迫の手段に出たときは、暴行罪、脅迫罪も成立する。

④ 偽証の罪

第1 偽証罪 (169条)

第169条 法律により宣誓した証人が虚偽の陳述をしたときは、3月以上10年以下の懲役に処する。

第2 自白による刑の減免 (170条)

第170条 前条の罪を犯した者が、その証言をした事件について、その裁判が確定する前又は懲戒処分が行われる前に自白したときは、その刑を減軽し、又は免除することができる。

第3 虚偽鑑定等罪 (171条)

第171条 法律により宣誓した鑑定人、通訳人又は翻訳人が虚偽の鑑定、通訳又は翻訳をしたときは、前2条の例による。

⑤ 虚偽告訴の罪

第1 虚偽告訴等罪 (172条)

第172条 人に刑事又は懲戒の処分を受けさせる目的で、虚偽の告訴、告発その他の申告をした者は、3月以上10年以下の懲役に処する。

第2 自白による刑の減免 (173条)

第173条 前条の罪を犯した者が、その申告をした事件について、その裁判が確定する前又は懲戒処分が行われる前に自白したときは、その刑を減軽し、又は免除することができる。

⑥ 汚職の罪

第1　公務員職権濫用罪（193条）

第193条　公務員がその職権を濫用して、人に義務のないことを行わせ、又は権利の行使を妨害したときは、2年以下の懲役又は禁錮に処する。

第2　特別公務員職権濫用罪（194条）

第194条　裁判、検察若しくは警察の職務を行う者又はこれらの職務を補助する者がその職権を濫用して、人を逮捕し、又は監禁したときは、6月以上10年以下の懲役又は禁錮に処する。

第3　特別公務員暴行陵虐罪（195条）

第195条　裁判、検察若しくは警察の職務を行う者又はこれらの職務を補助する者が、その職務を行うに当たり、被告人、被疑者その他の者に対して暴行又は陵辱若しくは加虐の行為をしたときは、7年以下の懲役又は禁錮に処する。
2　法令により拘禁された者を看守し又は護送する者がその拘禁された者に対して暴行又は陵辱若しくは加虐の行為をしたときも、前項と同様とする。

第4　特別公務員職権濫用等致死傷罪
（196条）

第196条　前2条の罪を犯し、よって人を死傷させた者は、傷害の罪と比較して、重い刑により処断する。

第5 単純収賄罪・受託収賄罪・事前収賄罪
（197条）

第197条 公務員が、その職務に関し、賄賂を収受し、又はその要求若しく
　は約束をしたときは、5年以下の懲役に処する。この場合において、請託
　を受けたときは、7年以下の懲役に処する。
2　公務員になろうとする者が、その担当すべき職務に関し、請託を受けて、
　賄賂を収受し、又はその要求若しくは約束をしたときは、公務員となった
　場合において、5年以下の懲役に処する。

第6 第三者供賄罪 （197条の2）

第197条の2　公務員が、その職務に関し、請託を受けて、第三者に賄賂を
　供与させ、又はその供与の要求若しくは約束をしたときは、5年以下の懲
　役に処する。

第7 加重収賄罪・事後収賄罪 （197条の3）

第197条の3　公務員が前2条の罪を犯し、よって不正な行為をし、又は相
　当の行為をしなかったときは、1年以上の有期懲役に処する。
2　公務員が、その職務上不正な行為をしたこと又は相当の行為をしなかっ
　たことに関し、賄賂を収受し、若しくはその要求若しくは約束をし、又は
　第三者にこれを供与させ、若しくはその供与の要求若しくは約束をしたと
　きも、前項と同様とする。
3　公務員であった者が、その在職中に請託を受けて職務上不正な行為をし
　たこと又は相当の行為をしなかったことに関し、賄賂を収受し、又はその
　要求若しくは約束をしたときは、5年以下の懲役に処する。

第8 あっせん収賄罪 （197条の4）

第197条の4　公務員が請託を受け、他の公務員に職務上不正な行為をさせ
　るように、又は相当の行為をさせないようにあっせんをすること又はした
　ことの報酬として、賄賂を収受し、又はその要求若しくは約束をしたとき
　は、5年以下の懲役に処する。

第9 没収・追徴（197条の5）

第197条の5 犯人又は情を知った第三者が収受した賄賂は、没収する。その全部又は一部を没収することができないときは、その価額を追徴する。

第10 贈賄罪（198条）

第198条 第197条から第197条の4までに規定する賄賂を供与し、又はその申込み若しくは約束をした者は、3年以下の懲役又は250万円以下の罰金に処する。

POINT 罪数

観念的競合・牽連犯

1個の行為が2個以上の罪名に触れる場合を観念的競合といい（54条前段）、犯罪の手段又は結果である行為（例えば、住居侵入→窃盗、偽造文書行使→詐欺）が他の罪名に触れる場合を牽連犯（54条後段）という。これらは、本来2個以上の犯罪が成立しているのだが、刑を科す場合には一罪として取り扱われることから科刑上一罪と呼ばれる。

包括一罪

構成要件的評価の対象として1個又は数個の行為が存在するがそれらが包括的に評価され一罪として処断される場合で、数個の罪は犯罪事実として事実認定される必要はあるが、法令の適用としては重い罪の1個だけが示され、その罰条で処断される。包括一罪となしうるか否かの判断要素としては、①構成要件の同一（ないし同質）性、②被害法益の共通性、③行為の時間的・場所的接着性、④犯意の1個性などが挙げられるのが一般である。

併合罪

同一人の犯した2個以上の犯罪であって、同時審判が可能であり又は可能であったものをいう。すなわち、確定裁判を経ない数罪は原則として併合罪である（45条前段）。

一罪か数罪かというのは、刑の重さ（一罪であれば、そのうち最も重い刑となるが、数罪であれば、それぞれの刑の合計又は重い刑の1.5倍の刑になる）だけではなく、手続上も、一罪なら重ねて逮捕や勾留が許されないし、訴因変更が可能であるが、数罪であれば重ねて逮捕や勾留が許されるし、追起訴によらなければならない。

編著 安冨　潔
(慶應義塾大学名誉教授・弁護士)

著 清水　真
(明治大学法科大学院教授)

布野貴史
(弁護士)

第三版

擬律判断ハンドブック　刑法編
〜急訴事案への適切・迅速な対応のために〜

平成17年9月30日　初　版　発　行
平成22年8月1日　改　訂　版　発　行
令和4年3月15日　第　三　版　発　行

編著者　安　冨　　　潔
発行者　星　沢　卓　也
発行所　東京法令出版株式会社

112−0002　東京都文京区小石川5丁目17番3号　03(5803)3304
534−0024　大阪市都島区東野田町1丁目17番12号　06(6355)5226
062−0902　札幌市豊平区豊平2条5丁目1番27号　011(822)8811
980−0012　仙台市青葉区錦町1丁目1番10号　022(216)5871
460−0003　名古屋市中区錦1丁目6番34号　052(218)5552
730−0005　広島市中区西白島町11番9号　082(212)0888
810−0011　福岡市中央区高砂2丁目13番22号　092(533)1588
380−8688　長野市南千歳町1005番地
　　　　〔営業〕TEL 026(224)5411　FAX 026(224)5419
　　　　〔編集〕TEL 026(224)5412　FAX 026(224)5439
　　　　　　　https://www.tokyo-horei.co.jp/

ISBN978-4-8090-1440-6